U0732119

权威·前沿·原创

皮书系列为
"十二五""十三五"国家重点图书出版规划项目

中国社会科学院创新工程学术出版资助项目

农村绿皮书

GREEN BOOK OF
RURAL AREA

中国农村经济形势分析与预测
（2018~2019）

ANALYSIS AND FORECAST ON CHINA'S RURAL ECONOMY
(2018-2019)

主　编／魏后凯　黄秉信
副主编／李国祥　孙同全　韩　磊

社会科学文献出版社
SOCIAL SCIENCES ACADEMIC PRESS (CHINA)

图书在版编目（CIP）数据

中国农村经济形势分析与预测. 2018~2019 / 魏后
凯，黄秉信主编. -- 北京：社会科学文献出版社，
2019.5
　（农村绿皮书）
　ISBN 978 - 7 - 5201 - 4648 - 7

　Ⅰ.①中… Ⅱ.①魏… ②黄… Ⅲ.①农村经济发展
- 经济分析 - 中国 - 2018 - 2019 ②农村经济发展 - 经济预测
- 中国 - 2018 - 2019　Ⅳ.①F323

　中国版本图书馆 CIP 数据核字（2019）第 061998 号

农村绿皮书
中国农村经济形势分析与预测（2018~2019）

主　　编 / 魏后凯　黄秉信
副 主 编 / 李国祥　孙同全　韩　磊

出 版 人 / 谢寿光
责任编辑 / 宋　静

出　　版 / 社会科学文献出版社·皮书出版分社（010）59367127
　　　　　地址：北京市北三环中路甲 29 号院华龙大厦　邮编：100029
　　　　　网址：www.ssap.com.cn
发　　行 / 市场营销中心（010）59367081　59367083
印　　装 / 天津千鹤文化传播有限公司

规　　格 / 开 本：787mm × 1092mm　1/16
　　　　　印 张：19.75　字 数：297 千字
版　　次 / 2019 年 5 月第 1 版　2019 年 5 月第 1 次印刷
书　　号 / ISBN 978 - 7 - 5201 - 4648 - 7
定　　价 / 99.00 元

本书如有印装质量问题，请与读者服务中心（010 - 59367028）联系

▲▲ 版权所有 翻印必究

《中国农村经济形势分析与预测（2018～2019）》编委会

主　编　魏后凯　黄秉信

副主编　李国祥　孙同全　韩　磊

编　委（按姓氏笔画为序）

于法稳　白　描　刘子飞　刘长全　刘洪波

孙同全　孙若梅　苏红键　杜志雄　李国祥

李婷婷　张海鹏　张瑞娟　孟光辉　苑　鹏

赵　黎　胡冰川　柏先红　郜亮亮　秦　轲

黄秉信　黄超峰　崔红志　彭　华　董　翀

蒋宏飞　韩　磊　曾俊霞　谭秋成　潘　劲

檀学文　魏后凯

主要编撰者简介

魏后凯　经济学博士，第十三届全国人大农业与农村委员会委员，中国社会科学院农村发展研究所所长、研究员，中国社会科学院大学特聘教授、博士生导师。兼任中国社会科学院城乡发展一体化智库常务副理事长、中国城郊经济研究会和中国林牧渔业经济学会会长，中央农办、农业农村部、民政部、北京市、山东省等决策咨询委员。长期从事区域经济、产业经济、资源与环境经济研究。入选文化名家暨"四个一批"人才和国家"万人计划"哲学社会科学领军人才。

黄秉信　国家统计局农村社会经济调查司司长，高级统计师。北京大学新农村发展研究院理事。长期从事农村统计工作。多次主持或参与国家重大研究项目。多年为农村绿皮书撰稿，参与编写《中国粮食问题研究》《中国农村投资问题研究》《中国建制镇研究》等多部著作。在全国权威期刊上公开发表多篇学术文章和研究报告。曾获国家粮食局优秀软科学研究一等奖、中国测绘学会测绘科技进步三等奖。

李国祥　农学博士，中国社会科学院农村发展研究所研究员、农产品市场与贸易研究室主任，中国社会科学院大学教授、农产品市场与贸易方向博士生导师，农业农村部农产品市场预警专家组成员、国家粮食安全政策咨询委员会委员。长期从事粮食安全研究和中国农业农村经济形势跟踪分析，为年度《中国农村经济形势分析与预测》（农村绿皮书）撰写报告10多年，发表论文和研究报告多篇，出版《中国粮食安全评论》等专著。

孙同全 管理学博士，中国社会科学院农村发展研究所研究员、农村金融研究室主任。兼任中国县镇经济交流促进会副秘书长、中国社会科学院贫困问题研究中心副秘书长、中国小额信贷联盟副理事长。主要研究方向为农村普惠金融、小额信贷、合作金融、扶贫。

韩　磊 管理学博士，中国社会科学院农村发展研究所助理研究员、农村产业经济研究室副主任。兼任中国林牧渔业经济学会副秘书长。主要研究方向为农产品市场、奶业经济，主持国家社科基金、人社部择优资助课题多项，公开发表学术论文和研究报告多篇。

摘　要

2018 年，农业高质量发展取得成效。农产品质量安全状况进一步改善，农业绿色发展有力推进，化肥农药使用量实现双下降，农林牧渔业生产总体稳定增长，综合效益得到提高。第一产业增加值 64734 亿元，比上年实际增长 3.5%；第一产业增加值在国内生产总值中比重下降到 7.2%，比上年下降 0.4 个百分点。

2018 年，粮食生产结构调整优化。粮食种植面积 11704 万公顷，比上年减少 0.8%；总产量 65789 万吨，比上年减产 0.6%，粮食总产量接近历史最高水平。大豆种植面积 840 万公顷，比上年增长 1.9%；总产量 1600 万吨，比上年增长 4.8%。

2018 年，棉花和糖料生产扩大。棉花种植面积增加到 335 万公顷，比上年增长 4.9%；油料种植面积减少到 1289 万公顷，比上年下降 2.5%；糖料种植面积增加到 163 万公顷，比上年增长 5.5%。全年棉花产量 610 万吨，比上年增产 7.8%；油料产量 3439 万吨，比上年减产 1.0%；糖料产量 11976 万吨，比上年增产 5.3%。

2018 年，肉类产量略有下降。猪牛羊禽肉产量 8517 万吨，比上年下降 0.3%。其中，猪肉产量 5404 万吨，比上年下降 0.9%；牛肉产量 644 万吨，比上年增长 1.5%；羊肉产量 475 万吨，比上年增长 0.8%；禽肉产量 1994 万吨，比上年增长 0.6%。

2018 年，水产品产量 6469 万吨，比上年增长 0.4%。其中，养殖水产品产量 5018 万吨，比上年增长 2.3%。

2018 年，农产品生产者价格比上年下跌 0.9%。其中，农业产品生产者价格比上年上涨 1.2%，林业产品生产者价格比上年下跌 1.1%，饲养动物及其产品生产者价格比上年下跌 4.4%，渔业产品生产者价格比上年上涨 2.6%。全年城乡居民食品消费价格比上年上涨 1.8%。

2018 年，农村居民人均可支配收入 14617 元，比上年实际增长 6.6%；贫困地区农村居民人均可支配收入 10371 元，比上年实际增长 8.3%；城乡居民收入倍差 2.69，比上年下降 0.02。在农村居民人均可支配收入中，工资性收入 5996 元，对农民增收贡献率 42.0%；经营净收入 5358 元，对农民增收贡献率 27.9%；转移净收入 2920 元，对农民增收贡献率 26.8%；财产净收入 342 元，对农民增收贡献率 3.3%。

2018 年，农村居民人均消费支出 12124 元，比上年实际增长 8.4%。其中食品烟酒支出 3646 元，在消费支出中比重（恩格尔系数）为 30.1%，比上年下降 1.1 个百分点，农村居民消费结构加快升级。

2018 年，农村生产生活条件持续改善，新增耕地灌溉面积 72 万公顷，新增高效节水灌溉面积 144 万公顷；"宽带乡村""百兆乡村"示范工程，新一代信息基础设施建设工程加快推进实施；大力发展智慧农业，农业生产、经营、管理、服务数字化水平进一步提升；以生活污水和垃圾治理以及"厕所革命"为重点的农村环境治理不断推进。

展望 2019 年，农业农村经济总体上将继续保持稳步增长，农产品市场可能会出现波动，但农产品价格运行在平衡生产者和消费者利益方面发挥积极作用。预测 2019 年第一产业增加值将达到 6.7 万亿元，实际增长 3.5%；粮食总产量将增加到 6.7 亿吨，猪肉将减产到 5200 万吨；农产品生产者价格和食品消费价格上涨幅度在 5% 以内，农民人均可支配收入将增加到 1.6 万元，实际增长 6.5%，城乡居民收入倍差将下降到 2.66。

前　言

　　《中国农村经济形势分析与预测》（以下简称"农村绿皮书"）初版于1992年，是由中国社会科学院农村发展研究所和国家统计局农村社会经济调查司共同组织编撰的年度系列研究报告，2019年出版的是第27本。农村绿皮书以年度农村经济形势分析与预测为特色，主要是对上一年度农业农村经济运行和市场状况进行客观评价分析，并对当年农业农村经济形势和发展趋势进行展望，在此基础上根据国家和社会需求对一些重大和热点问题进行专题研究，为中国农业农村经济研究、决策和实践提供重要参考。

　　《中国农村经济形势分析与预测（2018~2019）》继续秉承客观公正、科学中立的宗旨和原则，关注中国农业农村经济发展中的重大和热点问题，在翔实数据分析的基础上，力求得出深刻且具有前瞻性和指导意义的观点和结论。全书包括总报告、专题篇和热点篇三个部分。总报告重点分析了2018年中国农业农村经济的运行特点、市场状况和重要进展，对2019年的发展趋势和主要指标进行了预测，并在此基础上提出了促进粮食生产及农业高质量发展的对策措施。专题篇共有7篇研究报告，着重对2018年农业农村经济重要领域的变化和2019年走势进行深入评价分析，其内容涵盖了农村居民收支与贫困人口状况、主要农产品生产和价格运行状况、种植业与林牧渔业经济的发展状况以及农业对外开放形势等。热点篇共有6篇研究报告，涉及农业绿色发展中化肥减量与有机肥替代、新型职业农民培育、农村土地制度三项改革试点、农村宅基地闲置及整治、农地与农房融资担保、乡村振兴多元投入保障机制等重大和热点问题。需要说明的是，本报告中提出的各种观点均为作者个人观点，不代表作者所在机构或部门。

　　本报告的总体框架结构经过多次集体讨论，并广泛征求了相关方面的意见。参与报告撰写的作者中，除了中国社会科学院农村发展研究所和国家统计局农村社会经济调查司、住户调查办公室的人员外，还有中国林业科学研究院、中国水产科学研究院、山东农业大学的研究人员。在全书编撰和出版的过程中，魏后凯、李国祥、孙同全、韩磊分别对报告进行了审校，赵黎翻译并校核了全书英文部分，韩磊、孙同全承担了具体组织协调工作，彭华和秦轲参与了支持协调等工作。全部书稿由韩磊、孙同全、李国祥统稿，最后由魏后凯审定。

本报告的编辑出版，得到中国社会科学院科研局、创新工程办、社会科学文献出版社以及国家有关部门的大力支持和帮助，在此表示衷心感谢！

魏后凯

2019 年 3 月 27 日

目　录

Ⅲ 热点篇

皮书数据库阅读**使用指南**

G.1

2018年中国农业农村经济形势分析及
2019年预测*

总报告课题组**

摘　要：　2018 年，农业农村经济总体上保持持续发展并出现一些新的
形势。农业高质量发展取得成效，农产品质量安全水平和农
业综合效益提高，第一产业增加值近 6.5 万亿元，实际增长
3.5%，在 GDP 中比重稳定下降到 7.2%；农业结构调整有效
地改善了农产品供求关系，粮食减产 0.6%，但总产量仍然
接近 6.6 亿吨，国内产需缺口大的大豆增产 4.8%，产量达到
1600 万吨；猪肉受多种不利因素影响减产 0.9%，产量为

---

* 本报告仅代表课题组观点，主要是执笔人观点，与课题组成员所属机构及研究资料来源部门
无关。

** 本报告执笔人：李国祥（博士，中国社会科学院农村发展研究所研究员、农产品市场与贸易
研究室主任，博士生导师）。审定：魏后凯。

5404万吨，但牛羊肉和禽肉继续增产。农产品进口增长较快，贸易逆差扩大。农产品生产者价格总体小幅度下跌0.9%，食品消费价格温和上涨1.8%。农民人均可支配收入近1.5万元，实际增长6.6%，城乡居民收入倍差下降到2.69，农村内部居民收入分配状况有所改善，贫困地区农民人均可支配收入突破万元。农民消费结构不断升级，乡村消费持续扩大。农业农村经济对经济社会稳定和发展发挥了重要支撑作用。展望2019年，农业农村经济运行呈现的一些规律性变化将会延续，在国家宏观调控和"三农"政策措施等积极作用下，农业农村经济稳定发展格局仍将保持，粮食等重要农产品继续保持增产，预测2019年第一产业增加值将达到6.7万亿元，实际增长3.5%；粮食总产量将增加到6.7亿吨，猪肉将减产到5200万吨；农产品生产者价格上涨5%以内，食品消费价格上涨4%；农民人均可支配收入将增加到1.6万元，实际增长6.5%，城乡居民收入倍差将下降到2.66。2019年，发展农业特别是粮食生产，保障重要农产品有效供给，实现农民较快增收，有利因素很多，但也面临一些困难和不利因素，需要采取切实措施抓好农业特别是粮食生产。

关键词： 农业农村经济　农产品生产　农产品进出口　农产品价格　农民收入

一　2018年中国农业农村经济形势主要特点

2018年，多数农产品连续增产，即使粮食出现减产，但仍属于丰收年景，全年粮食总产量近 6.6 亿吨；农产品市场供应充裕，除少数畜产品价格波动幅度较大外，农产品和食品价格总体基本稳定；农民人均可支配收入近 1.5 万元，城乡居民收入相对差距继续缩小。农业稳定发展，农民持续较快增收，有力地支撑了消费扩大和国民经济健康运行，促进了居民生活水平提高。

（一）农业高质量发展取得成效

深入推进农业供给侧结构性改革，走农业高质量发展道路，重要目标是提高农业质量效益和竞争力。2018 年，中国深入推进粮食价格形成机制改革，扩大绿色发展补贴试点范围，着力农业结构优化升级，虽然很难说农业国际竞争力全面提高，但是农产品质量安全保障水平和综合效益衡量的农业高质量发展取得进展。

农产品质量安全保障水平进一步提高。根据农业农村部按季度组织开展的农产品质量安全例行监测结果[1]，按照 2017 年同口径抽检的反映农产品质量安全的指标，2018 年总体合格率为 98.2%，比上年上升 0.3 个百分点。即使按照扩大监测范围和重点增加农药及兽用抗生素等指标后的监测结果，2018 年农产品质量安全抽检总体合格率也达到了 97.5%。其中畜禽产品质量安全抽检合格率近 99%，"瘦肉精"抽检合格率高达 99.7%。

农业绿色发展有力推进。根据 2019 年政府工作报告[2]，2018 年化肥农药使用量实现双下降。全年化肥生产量 5424.4 万吨，比上年下降 7.9%。化肥产量明显下降，虽然给化肥价格带来一定影响，但对农业绿色发展起的积极作用更加突出。

农林牧渔业生产总体上保持稳定增长态势。虽然在农林牧渔业生产中占比高的粮食和生猪出现减产，但是反映农林牧渔业生产综合效益的第一产业

---

[1] 农业农村部新闻办公室：《2018 年农产品抽检总体合格率 97.5%》，农业农村部网站，2019 年 1 月 30 日。

[2] 李克强：《政府工作报告——2019 年 3 月 5 日在第十三届全国人民代表大会第二次会议上》，新华网，2019 年 3 月 5 日。为避免重复，后文有关 2019 年政府工作报告的出处来源相同，不再标注。

增加值保持稳定增长态势。2018 年，第一产业增加值 64734 亿元[①]，比上年增加 2635 亿元，名义增长 4.2%，实际增长 3.5%。

第一产业综合效益提升。2018 年，在农产品价格总体略有下降的情况下，加上粮食、猪肉产量等主要农牧产品产量有所减产，但是第一产业增加值仍然保持稳定增长，表明第一产业综合效益有所提升，其中第一产业内部结构调整优化是重要来源。非粮食和猪肉等优势农产品效益较好，实现增长，从而改善了第一产业综合效益，这是农业供给侧结构性改革成效的体现。

第一产业在国民经济中所占比重稳步下降。2018 年，第一产业增加值在国民经济中所占比重为 7.2%，比上年下降 0.4 个百分点（见图 1）。在中国发展面临多年少有的国内外复杂严峻形势和经济运行出现新的下行压力情况下，第一产业保持稳定增长，农业质量效益提高，农产品供给充裕，表明农业继续在经济社会发展大局中发挥着"稳定器"和"压舱石"的积极作用。

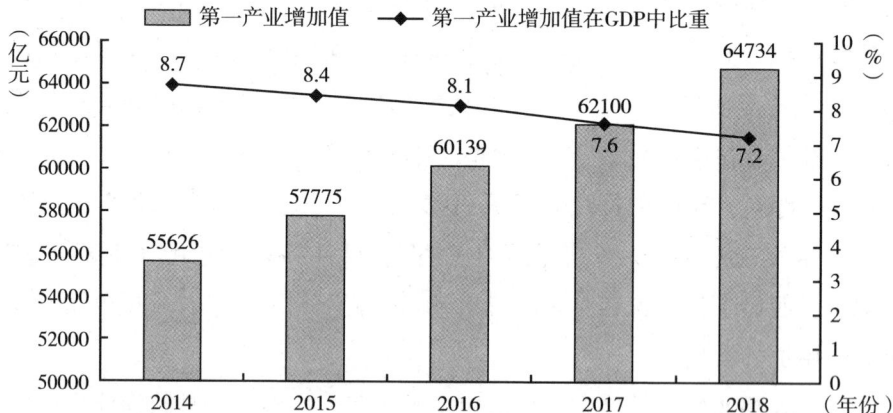

图 1　2014～2018 年第一产业增加值和在 GDP 中比重情况

资料来源：国家统计局网站数据库和《中华人民共和国 2018 年国民经济和社会发展统计公报》。

---

① 除特别注明外，本报告第一部分的数据主要来源于国家统计局官方和本书各专题报告，重点来源为《中华人民共和国 2018 年国民经济和社会发展统计公报》，国家统计局网站，2019 年 2 月 28 日。为简化篇幅，文中分析使用该出处数据不再一一标注。

（二）农业结构调整中多数农产品保持增产

2018 年，中国在深入推进农业供给侧结构性改革进程中，着力通过农业结构调整，改善农产品市场供求关系，提高农产品质量。粮食生产总体稳定，结构进一步优化，但是粮食供求形势也出现了一些新的变化。生猪生产受到前期价格低迷和后期非洲猪瘟疫情的影响，生猪出栏和猪肉产量都出现了下降。除粮食和猪肉减产外，其他多数农产品生产实现了不同程度增产。

1. 粮食总产量处于历史高位

粮食虽然有所减产，但总产量仍然接近历史最高水平。2018 年，粮食总产量 65789 万吨，比上年减少 371 万吨，减产 0.6%。根据第三次全国农业普查对粮食总产量历史数据的修正，中国粮食总产量最高年份是 2017 年，为 66161 万吨，即略高于 6.6 亿吨，而 2018 年粮食总产量接近 6.6 亿吨，相差不足 1%，表明粮食综合生产能力没有明显变化，粮食国内供给总体来源主要依赖国内生产的格局没有明显变化。

国内产需缺口较大的大豆①生产进一步扩大，而市场竞争处于劣势的稻谷生产有所缩小。根据有关资料②计算，2018 年，大豆产量 1600 万吨，比上年增加 73 万吨，增长 4.8%。其中，大豆种植面积 840 万公顷，比上年增加 15.5 万公顷，增长 1.9%。一些地方根据市场供求形势、库存情况及资源条件，积极调减价格较低、库存消化困难、资源条件较差的稻谷种植面积。总体上说，粮食种植结构进一步调整优化。

2. 粮食供求形势特别是玉米供求形势发生了一些新变化

值得关注的是，中国粮食供求结构性关系正在发生深刻变化。2018 年，中国玉米产量已经连续第 3 年减少，由 2016 年的 26449 万吨下降到 25733 万吨，累计减少 716 万吨。与玉米产量不断减少态势截然不同的，近年来中国玉米需求量和消费量持续增加，平衡玉米产需缺口的主要途径是消化库

---

① 按照现行统计框架，粮食总产量包括大豆产量，与进口统计口径中将大豆作为油籽相区别。

② 《2018 年全国粮食产量在种植结构调整优化基础上继续保持高位水平——国家统计局农村司首席统计师侯锐解读粮食生产情况》，国家统计局网站，2018 年 12 月 14 日。

存。据资料①，2018 年消化政策性粮食库存 2600 亿斤（1.3 亿吨）。消化的政策性粮食库存，大多是玉米库存，显示出自 2017 年以来玉米年度产需缺口迅速扩大。2016 年时中国玉米是最大的阶段性过剩粮食品种，2017 年和 2018 年动用玉米库存属于去库存性质，玉米减产和消化玉米库存具有明显的积极意义。但是，当玉米库存降到合理水平，如果再大规模动用库存平衡不断扩大的产需缺口，就可能带来较大的负面效应，甚至最终无法通过动用库存来平衡不断扩大的玉米产需缺口。

中国粮食种植面积已经连续 2 年减少。2018 年，粮食播种面积 11703.7 万公顷（175555.5 万亩），比上年减少 95.2 万公顷，下降 0.8%；比 2016 年累计减少 219.3 万公顷，两年累计下降 1.8%。其中，玉米种植面积连续 3 年减少。2018 年，玉米播种面积 4212.9 万公顷，比上年减少 27 万公顷，下降 0.6%；比 2015 年累计减少 283.9 万公顷，三年累计下降 6.3%。受玉米播种面积持续减少影响，2018 年谷物播种面积已经下降到 1 亿公顷以下。全年谷物播种面积 9968.5 万公顷，比上年减少 1079 千公顷，下降 1.1%。粮食播种面积，特别是玉米播种面积，是否会进一步减少以及会带来怎样的影响？值得关注。

从波动态势来看，中国粮食总产量在从 2004 年到 2016 年连续增产后，出现年际增产减产交替现象，特别是粮食种植面积在从 2004 年到 2015 年连续增加 12 年之后出现连续 3 年下降；2018 年稻谷、小麦和玉米都出现减产，其中小麦减产幅度最大，全年小麦产量 13143 万吨，比上年减产 290 万吨，下降 2.2%。无论这是粮食结构调整优化的表现，还是反映粮食形势的潜在转化，都表明中国粮食形势发生了新的变化。

3. 粮食外其他多种作物实现增产

主要农作物种植结构进一步调整。在粮食种植面积继续减少的同时，棉花种植进一步向新疆优势产区集中，油料种植面积持续减少。在食糖采取保

---

① 《深化改革 转型发展 切实提高粮食和物资储备安全保障能力——2019 年全国粮食和物资储备工作会议在京召开》，国家粮食和物资储备局网站，2019 年 1 月 18 日。

障措施后国内食糖价格合理运行的作用下糖料种植面积有所扩大。2018年，棉花种植面积增加到335万公顷，比上年增长4.9%，其中新疆棉花种植面积增加到249.1万公顷，比上年增长12.4%；新疆棉花种植面积在全国比重上升到74.3%，比上年提高了4.9个百分点。油料种植面积减少到1289万公顷，比上年下降2.5%；糖料种植面积增加到163万公顷，比上年增长5.5%。

受农作物种植结构继续调整影响，除粮食外其他主要农产品产量发生不同方向的波动。2018年，全国棉花产量610万吨，比上年增产7.8%，其中新疆棉花产量511万吨，比上年增产11.9%，在全国棉花总产量中比重上升到83.8%，比上年提高3个百分点；油料产量3439万吨，比上年减产1.0%；糖料产量11976万吨，比上年增产5.3%。

4. 生猪生产受不利因素影响出现波动

受生猪生产持续调减影响，主要畜禽肉产量略有下降。2018年上半年市场猪肉价格持续低迷，养殖户缩小了养猪规模以减少亏损；下半年虽然猪肉价格呈现恢复性上涨，但8月开始非洲猪瘟疫情在全国多地呈点状发生，生猪产区和猪肉销区价格明显分化，生猪出栏头数减少，猪肉产量也进一步下降。2018年，生猪出栏69382万头，比上年下降1.2%；猪肉产量5404万吨，比上年减少47.8万吨，下降0.9%。2018年生猪生产缩小和猪肉产量下降，主要应该是市场周期性波动的表现，虽然8月开始全国多地发生非洲猪瘟疫情，影响局部地区生猪出栏，疫区按照防疫相关规定对生猪进行了扑杀，但这种影响总体上有限。受猪肉减产影响，虽然牛羊禽肉保持稳步增长，但猪牛羊禽肉总量呈现减少态势。全年猪牛羊禽肉产量8517万吨，比上年减少23万吨，下降0.3%。

5. 牛羊肉和禽肉禽蛋生产扩大

除猪肉小幅度减产外，牛羊肉市场价格上涨幅度虽然较大，进口量也比较大，但是国内生产保持稳定增长态势。2018年，牛肉产量644万吨，比上年增加9万吨，增长1.5%；羊肉产量475万吨，比上年增加4万吨，增长0.8%。国内牛羊等动物生产稳定扩大，产量比上年增长1%左右，进口量增长又较快，供给无疑是增加的。国内牛羊肉和禽肉市场价格上涨且保持高位运行,主要原因估计是居民消费需求强劲,反映了居民生活水平提高对动物源性食物消费结构的升级,不完全属于市场周期性波动,估计这一形势变化包含长期趋势。

禽肉禽蛋小幅度增产。2018 年,禽肉产量 1994 万吨,比上年增加 12 万吨,增长 0.6%;禽蛋产量 3128 万吨,比上年增加 32 万吨,增长 1.0%。禽肉禽蛋增产,市场价格出现上涨,这一形势变化与牛羊肉市场形势变化并不完全相同,主要属于市场周期性波动。在市场价格上涨的驱动下,禽肉和禽蛋生产扩大,产量增加。

6. 水产品生产结构发生变化

水产品生产结构变化显著,人工养殖水产品产量比重提高到近八成。2018 年水产品产量总体稳定,全年水产品产量 6469 万吨,比上年增加 24 万吨,增长 0.4%。受长江流域水生生物保护、休渔禁渔制度和水产养殖绿色发展推进等因素影响,捕捞水产品产量明显下降,养殖水产品生产持续扩大。全年捕捞水产品产量 1451 万吨,比上年减少 88 万吨,下降 5.7%;养殖水产品产量 5018 万吨,比上年增加 112 万吨,增长 2.3%。随着水产品生产结构的变化,养殖水产品产量比重进一步提高。全年养殖水产品产量比重提高到 77.6%,比上年增加 1.5 个百分点。

(三)农产品进口增速明显快于出口

2018 年,中国采取一系列举措促进进口。虽然受到中美经贸摩擦影响,从美国进口的农产品减少,特别是自美国进口的大豆量减少,但是部分农产品进口同比增长速度明显快于出口增长速度,农产品国际贸易逆差进一步扩大。特别的,全年菜油进口量比上年增长约 70%,蔬菜进口额比上年增长约 50%。与农产品进口增长速度形成鲜明对比的是,多数农产品出口增长速度相对缓慢。长期具有优势和竞争力的农产品进出口格局正在发生变化,水果国际贸易出现了逆差。

1. 中国对进口美国农产品采取反制措施

2018 年,中美经贸摩擦发生,中国对进口美国农产品采取反制措施,加征关税。2018年3月8日，美国认定包括从中国进口在内的进口钢铁和铝产品威胁美国国家安全，决定于3月23日起，对进口钢铁和铝产品加征关税。作为反制措施，中国自4月2日起对原产于美国的农产品等进口中止了关税减让义务，即在现行适用关税税率基础上，对进口原产于美国的水果及制品加征15%的关税，对进口原产于美国的猪肉及制品加征25%的关税[1]。

2018年6月15日，美国宣布对原产于中国的500亿美元商品加征25%的进口关税，其中7月6日起对约340亿美元中国输美商品加征关税。作为反制措施，中国同日起对进口原产于美国的大豆、牛肉、水产品等多类农产品对等采取加征关税措施，税率为25%[2]。

2. 农产品国际贸易逆差扩大

中美经贸摩擦虽然给中国进口美国农产品带来影响，从而改变了中国进口农产品来源地结构，但是中国农产品进出口格局总体没有根本性改变。

根据农业农村部资料[3]，2018年，中国进口农产品1371.0亿美元，比上年增长8.9%，比同年出口农产品增长速度快3.4个百分点；农产品国际贸易逆差573.8亿美元，比上年增加70.6亿美元，增长14.0%。相对农产品进口，2018年中国农产品出口增长幅度较小，继续呈现稳定增长态势。全年农产品出口797.1亿美元，比上年增长5.5%，但是农产品出口增长速度估计高于国内农产品市场扩大的增长速度。

2018年，粮油继续保持较大规模进口和较小规模出口态势，其中食用油籽和食用油（包括国内油料和粮食口径中的大豆）净进口额最大，粮油净进口合计金额接近农产品国际贸易逆差总体规模。全年进口食用油籽（含大豆）417.5亿美元，出口食用油籽17.1亿美元，净进口食用

---

① 《今日起我国对原产于美国的部分进口商品中止关税减让义务》，人民网，2018年4月2日。

② 《关于对原产于美国的部分商品加征关税的公告》，商务部网站，2018年6月16日。

③ 本报告中有关农产品进出口历史数据来源于农业农村部国际合作司往年在农业农村部网站发布的相关报告。2018年数据来源于该司《2018年我国农产品进出口情况》，农业农村部网站，2018年2月1日。后文不再一一标注。

油籽 400.4 亿美元；进口食用植物油 58.6 亿美元，出口食用植物油 3.1 亿美元，净进口食用植物油 55.5 亿美元；进口谷物 59.4 亿美元，出口谷物 11.0 亿美元，净进口谷物 48.4 亿美元。三项合计为 504.3 亿美元，与农产品国际贸易逆差相差 69.5 亿美元，占农产品国际贸易逆差的 87.9%。

2018 年，尽管中国粮油国际贸易逆差占比高，但是谷物进口继续较大幅度减少。全年进口谷物 2050.2 万吨，比上年减少 509.9 万吨，下降 19.9%，这是自 2015 年中国谷物进口超过 3000 万吨后第 2 年较大幅度的减少。大豆虽然进口规模有所缩小，但是规模仍然庞大，数倍于国内产量。2018 年，进口大豆 8803.1 万吨，比上年减少 749.5 万吨，下降 7.9%；进口大豆大约是国内当年产量的 5 倍。

3. 水果国际贸易出现逆差

一些农产品及其制品进口数量出现快速增长。2018 年，进口菜油 129.6 万吨，比上年增加 53.9 万吨，增长 71.2%；进口食糖 279.6 万吨，比上年增加 50.6 万吨，增长 22.1%；进口棉花 162.7 万吨，比上年增加 26.4 万吨，增长 19.4%。

水果国际贸易罕见地出现逆差。2018 年，进口水果 84.2 亿美元，比上年增长 34.5%；出口水果 71.6 亿美元，比上年增长 1.2%。水果进出口规模都较大，但 2018 年水果进口额呈现快速增长态势，改变了长期以来中国水果出口额大于进口额的格局。全年水果国际贸易逆差 12.6 亿美元。

进口增长较快的，还包括贸易顺差较大的蔬菜和水产品。2018 年，进口蔬菜 8.3 亿美元，比上年增长 50.0%；进口水产品 148.6 亿美元，比上年增长 31.0%。虽然蔬菜和水产品进口全年高速增长，但蔬菜和水产品保持较大规模贸易顺差的格局没有改变。蔬菜和水产品是两大类出口农产品，出口金额大约占农产品出口总额的一半，其中蔬菜贸易顺差超过 140 亿美元，水产品贸易顺差接近 75 亿美元。

2018 年，出口蔬菜 152.4 亿美元，由于蔬菜出口增长速度明显低于进口，但是蔬菜进口基数较小，虽然导致蔬菜贸易顺差小幅度下降，但全年蔬菜贸易顺差仍然达到144.1亿美元，比上年减少3.7%。

水产品出口增速虽然有所加快，但进口增长更快，国际贸易顺差进一步缩小。2018年，中国水产品出口223.3亿美元，比上年增加11.8亿美元，增长5.6%，增速比上年加快3.6个百分点；水产品进口148.6亿美元，比上年增加35.1亿美元，增长31.0%，增速比上年加快9.8个百分点。受进口增速明显快于出口增长影响，水产品国际贸易顺差缩小到74.7亿美元，比上年下降23.9%。

水产品在中国农产品出口中占有重要地位，一直在国际市场上具有明显的竞争优势。近年来，受国际市场环境和一些贸易伙伴改变对中国出口政策等的影响，加上国内加大渔业结构调整和转型升级力度，以及中国居民食物消费结构升级，中国水产品出口面临越来越多的不利因素，而水产品进口则出现需求强劲势头。

4. 国内供给偏紧的农产品进口增长较快

总体上说，国内市场农产品价格波动，会影响农产品进出口格局变化。国内某种农产品价格下跌幅度较大，表明该种农产品国内市场供给过于充裕，则该种农产品当年进口量可能下降明显。国内某种农产品价格上涨幅度较大，表明该种农产品国内市场供求关系偏紧，则该种农产品当年进口量增长较快。

受国内玉米供求关系变化和价格上涨并保持高位运行影响，在谷物进口总量减少的情况下，玉米进口较快增长。2018年，中国进口玉米352.4万吨，比上年增长24.7%；出口玉米1.2万吨，比上年减少85.8%。2018年中国进口玉米快速增长，出口玉米快速下降，尽管进口玉米规模相比国内产量很小，出口玉米规模几乎可以忽略不计，但是玉米进出口格局变化反映国内市场价格走势会影响玉米国际贸易变化。

2018年，中国牛羊肉进口规模大，增长快，估计受国内市场供求关系偏紧、价格上涨预期明显等影响大。全年进口牛肉103.9万吨，比上年增加34.4万吨，增长49.5%；进口羊肉31.9万吨，比上年增加7.0万吨，增长28.1%（见表1）。

表1　近年来中国主要畜产品进口数量及同比增长情况

单位：万吨，%

年份	猪肉进口		猪杂碎进口		牛肉进口		羊肉进口		奶粉进口	
	数量	增长	数量	增长	数量	增长	数量	增长	数量	增长
2015	77.8	37.8	81.7	-0.4	47.4	59.0	22.3	-21.2	73.4	-30.3
2016	162.0	108.2	149.1	82.5	58.0	22.4	22.0	-1.3	84.6	15.3
2017	121.7	-24.9	128.2	-14.0	69.5	19.8	24.9	13.2	104.0	22.9
2018	119.3	-2.0	96.1	-25.0	103.9	49.5	31.9	28.1	115.3	10.9

资料来源：农业农村部（及原农业部）网站发布的历年《我国农产品进出口情况》。

2018 年，国内猪肉价格波动幅度大，虽然下半年猪肉价格恢复性上涨，但全年猪肉价格水平总体低迷。受国内猪肉价格波动影响，2018 年猪肉猪杂碎进口都出现下降。全年进口猪肉 119.3 万吨，比上年减少 2.0%；进口猪杂碎 96.1 万吨，比上年减少 25.0%。

与国内猪牛羊肉产量比较，发现国内猪肉产量减少与进口猪肉和猪杂碎数量减少方向相同，牛肉和羊肉产量增长与进口牛肉和羊肉数量增长方向也是相同的。这一现象表明，进口猪牛羊肉已经成为国内供给的一部分，共同构成国内猪牛羊肉市场运行的组成部分，而不是国内产量与进口量之间"此增彼减"关系，或者说进口量增长过快冲击国内市场和国内养殖业。

这几年中国通过反倾销反补贴（简称"双反"）等有效贸易救济措施，而不是单纯地靠提高国内农业补贴和价格支持力度来"抵御"进口冲击，同时又有效地避免 WTO 成员对中国农业国内支持政策的非议，"双反"等措施总体有效。受对原产于澳大利亚的进口大麦进行反倾销立案调查等因素影响，2018 年中国大麦进口明显减少。全年进口大麦 681.5 万吨，比上年减少 204.8 万吨，下降 23.1%。

部分农产品进口快速增长，甚至水果等由长期国际贸易顺差转变为逆差格局，反映了国内市场需求的变化、国内外贸易条件的变化。构建农业对外开放新格局，如何更加合理地利用国外国内农业资源以及协整国际国内农产品市场运行？这将是迫切需要破解的难题。

（四）农产品生产者价格和食品消费价格涨跌方向相反

1. 农产品生产者价格小幅度下跌

2018年，农产品生产者价格略有下降，比上年下跌0.9%，跌幅有所回落，波动幅度在改革开放40年中属于较低的年份。全年农产品生产者价格经历了由上半年同比下跌到下半年同比上涨的变化。不同类别农产品生产者价格和不同季度农产品生产者价格波动幅度存在明显差异。小麦和稻谷生产者价格相对稳定，玉米生产者价格出现上涨，而生猪生产者价格明显下跌，活羊、活家禽和禽蛋生产者价格明显上涨。比较而言，畜禽产品生产者价格波动幅度明显大于粮油等重要农产品。

2. 农业产品生产者价格小幅度上涨

农业产品生产者价格波动幅度较小，在农产品生产者价格中属于比较稳定的。全年农业产品生产者价格同比上涨1.2%。其中，小麦和稻谷生产者价格同比上涨0.1%和下跌0.3%，玉米生产者价格同比上涨5.1%。主要经济作物生产者价格年度波动幅度也普遍较小。全年油料生产者价格同比下跌0.9%，基本保持稳定；棉花生产者价格同比下跌2.1%；糖料生产者价格同比下跌1.2%；蔬菜生产者价格同比上涨3.6%；水果生产者价格同比上涨1.1%。

部分经济作物生产者价格不同季度波动呈现明显不同态势，特别是蔬菜和水果生产者价格季度波动幅度较大。2018年，第三季度蔬菜生产者价格同比上涨6.4%，到了第四季度蔬菜生产者价格同比下跌0.9%；第二季度水果生产者价格同比下跌5.4%，到了第四季度水果生产者价格同比上涨9.0%。

小麦和稻谷生产者价格运行态势表明，最低收购价政策对市场的影响没有显现，标志着以"政策市"为主要特征的小麦稻谷价格运行时代的结束，市场供求关系决定价格机制在小麦稻谷价格形成中已经成为主导力量。根据国家发展和改革委员会等部门公布的政策，2018年，小麦最低收购价（三等，下同）每公斤同比下调0.06元，下降2.5%[①]；早籼稻、中晚籼稻和粳

---

① 《国家公布2018年小麦最低收购价》，国家发改委网站，2017年10月27日。

稻最低收购价每公斤同比分别下调 0.2 元、0.2 元和 0.4 元，分别下降 7.7%、7.4% 和 13.3%①。现实经济运行中小麦生产者价格小幅度上涨与其最低收购价下调方向完全相反，稻谷生产者价格下跌幅度明显低于其最低收购价下调幅度。小麦和稻谷最低收购价走势与生产者价格走势呈现差异化态势。

尽管小麦和稻谷最低收购价政策对全年小麦稻谷生产者价格影响不明显，但是小麦和稻谷最低收购价政策公布后，特别是新季小麦稻谷上市初期，最低收购价水平调整可能还是对小麦和稻谷生产者价格的形成产生了一定的预期影响。2018 年，第二季度新麦上市初期，小麦生产者价格同比下跌 2.7%，其他季度小麦生产者价格走势与最低收购价调整方向和涨跌幅度基本不一致；稻谷最低收购价政策公布后，实际市场运行中稻谷生产者价格运行做出了一定反应，第三季度和第四季度稻谷生产者价格同比分别下跌 3.9% 和 3.6%，其他季度稻谷生产者价格走势与最低收购价政策调整关联也不紧密。

3. 林业产品生产者价格小幅度波动

林业产品生产者价格年度下跌幅度也较小。全年林业产品生产者价格同比下跌 1.1%。

4. 畜禽产品生产者价格波动幅度较大

饲养动物及其产品生产者价格年度波动明显。全年饲养动物及其产品生产者价格同比下跌 4.4%，跌幅比上年缩小 4.8 个百分点。影响农产品和饲养动物及其产品生产者价格的最主要因素，是生猪生产者价格较大幅度的下跌。全年生猪生产者价格同比下跌 14.4%，下跌幅度比上年进一步扩大 0.4 个百分点。与生猪不同，其他主要畜禽产品生产者价格普遍上涨，且活羊和蛋类生产者价格同比上涨幅度达到两位数，波动幅度较大。全年活牛生产者价格同比上涨 4.9%，改变了连续多年小幅度下跌态势；活羊生产者价格同比上涨 14.7%，涨幅比上年扩大 7.6 个百分点；活家禽生产者价格同比上

---

① 《关于公布 2018 年稻谷最低收购价格的通知》，国家发改委网站，2018 年 2 月 9 日。

涨 7.7%；禽蛋生产者价格同比上涨 17.6%。禽蛋生产者价格波动幅度是主要动物及其产品生产者价格年度波动幅度最大的。

长期以来，过度波动是中国农牧产品市场价格运行的常态。一般认为，规模化生产经营，市场集中度提高，会促进农牧产品市场价格运行波动幅度降低。但是，尽管中国畜牧业发展规模化生产经营占比明显高于种植业，但 2018 年主要畜禽产品生产者价格波动幅度明显高于主要粮食品种。

根据国家统计局数据①，2016 年末全国规模化经营耕地占实际耕种面积的比重为 29%，而根据农业农村部资料②，2018 年初中国畜禽养殖规模化率达到了 58%，畜牧养殖中大型龙头企业在畜产品供给中越来越发挥主导作用。比较而言，种植业规模化经营比重明显低于畜牧业。但是，畜牧业规模化生产促进畜禽产品市场价格稳定的效应没有显现。

考察 2012 ~ 2018 年农牧产品生产者价格年度涨跌幅度变化，不难发现，2015 年前饲养动物及其产品生产者价格年度涨跌幅度和农业产品生产者价格波动差异并不明显，二者波动幅度差绝对值一般在 5% 以内（见图 2）。到了 2016 年及以后年份，饲养动物及其产品生产者价格与农业产品生产者价格波动幅度差绝对值超过 5%，甚至超过 10%。2018 年，饲养动物及其产品生产者价格与农业产品生产者价格波动幅度差绝对值超过 5%，且饲养动物及其产品生产者价格波动幅度绝对值是农业产品生产者价格波动幅度的近 4 倍。

从不同季度来看，不同类型的农业产品和畜禽产品生产者价格波动幅度差异更加明显。2018 年，小麦生产者价格不同季度同比涨跌幅度在 3% 以内（见表 2），稻谷生产者价格不同季度同比涨跌幅度在 4% 以内；玉米生产者价格第一、二季度同比涨跌幅度在 8% 以内，到了第三、四季度同比涨跌幅度降到 4% 以内；生猪生产者价格第一、二季度同比下降幅度超过 16%，到了第三、四季度同比下降幅度虽然有所缩小，但都超过 6%；活牛生产者价

---

① 黄秉信：《我国粮食生产基本面良好》，国家统计局网站，2018 年 8 月 24 日。
② 《农业农村部就一季度农业农村经济运行情况举行发布会》，中国网，2018 年 4 月 23 日。

格第一、二季度同比上涨幅度都超过 6%；活羊生产者价格不同季度上涨幅度都超过 11%；活家禽生产者价格前三季度每季同比上涨幅度都超过 8%；禽蛋生产者价格第一、二季度同比上涨幅度超过 23%，第三季度仍然超过 18%。畜禽产品生产者价格波动幅度大，对不断升级的居民食品消费影响也会更加明显。

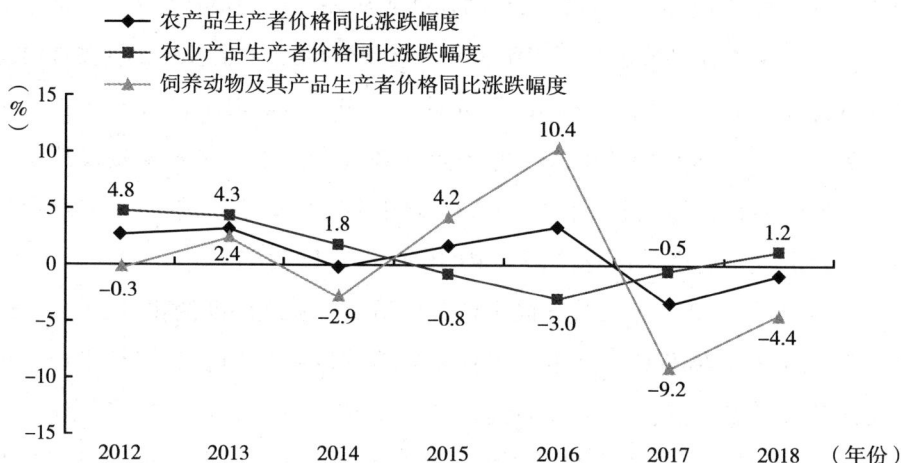

图 2　2012 年以来中国农产品生产者价格年度涨跌幅度比较

资料来源：国家统计局 2018 年发布的《一季度国民经济实现良好开局》、《上半年国民经济总体平稳、稳中向好》、《前三季度经济运行总体平稳转型升级深化发展》和《2018 年经济运行保持在合理区间发展的主要预期目标较好完成》。

表 2　2018 年主要谷物和畜禽产品生产者价格不同季度同比涨跌幅度情况

单位：%

分季	小麦	稻谷	玉米	生猪	活牛	活羊	活家禽	禽蛋
一季度	1.8	1.2	6.9	-16.7	6.4	14.3	10.0	23.9
二季度	0.8	0.3	7.8	-25.5	7.5	12.6	9.5	27.4
三季度	-2.7	-3.9	2.4	-8.8	4.0	18.1	8.2	18.6
四季度	2.7	-3.6	3.3	-6.3	2.2	11.9	3.7	6.1

资料来源：国家统计局 2018 年发布的《一季度国民经济实现良好开局》、《上半年国民经济总体平稳、稳中向好》、《前三季度经济运行总体平稳转型升级深化发展》和《2018 年经济运行保持在合理区间发展的主要预期目标较好完成》。

渔业产品生产者价格小幅度上涨，继续呈现总体较稳定态势。2018 年，渔业产品生产者价格比上年上涨 2.6%。分季来看，全年除第一季度渔业产品生产者价格同比上涨 6.5% 外，其他季度渔业产品生产者价格同比上涨都在 1% 左右；分不同类型渔业产品来看，全年除第一季度海水捕捞水产品生产者价格同比上涨 9.6% 外，其他类型水产品，尤其是占比高的淡水养殖水产品生产者价格都呈现相对稳定态势。

从宏观上说，农产品价格总体稳定，虽然对农民增收是中性的，但为食品消费价格乃至 CPI 运行保持合理区间奠定物质基础。农产品价格总体稳定，使其市场调控任务减轻，改变了过去在农产品价格过度波动情况下要依赖经常使用调控手段的做法。农产品市场调控主要是防风险。2018 年农产品价格总体稳定，主要是国内农业生产发展和农业产品市场机制趋于完善，以及国内供应偏紧的农产品进口高速增长，使多数农产品市场供给充裕，这为实施农业结构性转型升级和农业高质量发展创造了宽松环境。

5. 食品消费价格温和上涨

2018 年，与农产品生产者价格下跌不同，食品消费价格出现上涨，但基本走势相同。农产品生产者价格下跌幅度缩小，食品消费价格由上年下跌转变为上涨态势（见图 3）。

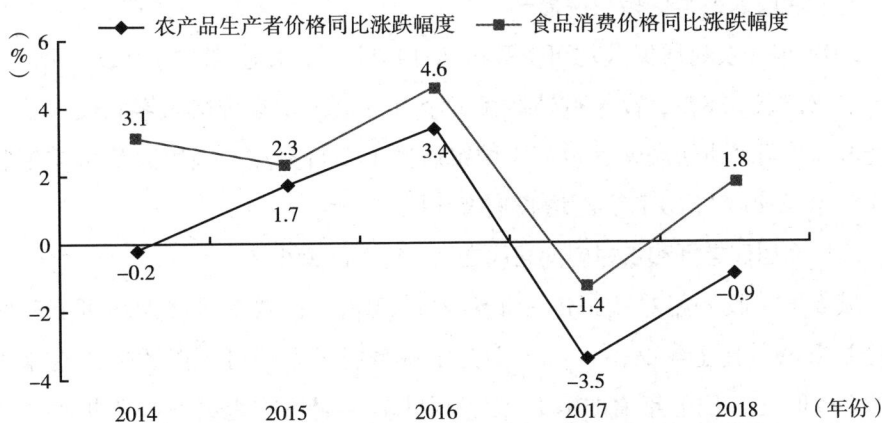

图 3　2014～2018 年农产品生产者价格和食品消费价格同比涨跌幅度比较

资料来源：《中国统计年鉴 2018》和国家统计局网站发布的《2018 年经济运行保持在合理区间发展的主要预期目标较好完成》。

2018年，居民食品消费价格比上年上涨1.8%。其中，全年粮食消费价格同比上涨0.8%，不同月份波动幅度小，而猪肉消费价格同比下跌8.1%，主要是3～5月连续下跌，到6月后呈现恢复性上涨态势。

2018年，上涨幅度比较大的有鲜菜、羊肉和蛋类，全年同比分别上涨7.1%、12.6%和12.0%。鲜菜消费价格上涨主要是7～9月台风等恶劣天气影响带来市场供应偏紧所造成的。羊肉和蛋类消费价格上涨主要是周期性市场运行特定阶段呈现的变化。水产品和奶类产品消费价格上涨幅度较小，全年分别上涨2.3%和1.4%。水产品和奶类产品消费价格涨幅不明显，与这两类消费品市场结构相对完善直接相关。

水产品消费价格总体继续保持稳定上涨态势，年度涨幅与渔业产品生产者价格相近。2018年，水产品消费价格同比涨幅比上年缩小2.1个百分点，水产品市场稳定性进一步显现。全年除2月受节日因素影响出现水产品消费价格环比上涨8.0%外，其他多数月份水产品消费价格环比涨跌幅度都在1%左右。水产品市场波动程度明显低于畜禽产品的态势反映水产品市场机制更加健全。

（五）工资性收入继续成为农民增收最大贡献因素

1. 农民收入继续保持较快增长

2018年，农村居民人均可支配收入14617元，比上年增加1185元；比上年名义增长8.8%，高于城镇居民1个百分点；扣除价格因素农民人均可支配收入实际增长6.6%，也高于城镇居民1个百分点。农民人均可支配收入实际增长速度与GDP实际增长速度相同。

2. 城乡居民之间和农村内部居民之间相对差距缩小

城乡居民收入相对差距进一步缩小。2018年，城乡居民人均可支配收入倍差2.69，比上年缩小0.02。但是，城乡居民人均可支配收入绝对水平相差24580元，比上年增加1616元，反映城乡居民收入绝对差距扩大态势尚未改变。

农村居民内部收入分配状况有所改善。2018年，农民人均可支配收入中位数 13066 元，比上年名义增长 9.2%，增速快于平均数 0.4 个百分点；农民人均可支配收入平均数是中位数的 1.12 倍，比上年略有下降，表明农村中低收入群体收入水平与平均水平相对差距有所缩小。进一步的，2018 年，农民低收入组居民人均可支配收入比上年名义增长 11.0%，比农民中等收入组居民同比增幅高出 6.4 个百分点，比农民高收入组居民同比增幅高出 2.2 个百分点；农村内部高、低收入组居民人均可支配收入比率（以低收入组居民人均可支配收入为 1）下降到 9.29，比上年减少 0.19。

农村居民内部，特别是高收入组居民和低收入组居民之间收入相对差距有所缩小，但是，农村内部居民之间收入绝对水平差距仍然呈现扩大态势。2018 年，农民人均可支配收入平均水平高出中位数 1551 元，比上年增加 88 元；农村内部高收入组与低收入组居民人均可支配收入之差扩大到 30389 元，比上年增加 2391 元。这些都反映农村居民内部收入绝对差距仍然在扩大，中低收入群体收入水平偏低的状况没有得到根本性改变。

3. 贫困地区农民收入增长较快

农村中低收入群体收入增长较快，与国家加大扶贫力度、进一步聚焦深度贫困地区和农村特殊困难群体直接相关。2018 年中国财政用于扶贫的支出大幅度增加。据资料[①]，全年中央财政补助地方专项扶贫资金规模达 1061 亿元，比上年增加 200 亿元，增长 23.2%，同时全面推进贫困县涉农资金整合试点，全年整合资金超过 3000 亿元。随着脱贫攻坚力度的不断加大，精准扶持精准脱贫对贫困地区农民增收效应充分显现。

贫困地区农民人均可支配收入首次超过万元。2018 年，贫困地区农民人均可支配收入 10371 元，比上年增加 994 元，名义增长 10.6%；扣除价格因素，比上年实际增长 8.3%。贫困地区农民人均可支配收入增长快于其他地区。

特别的，深度贫困地区农民收入保持了与其他贫困地区农民收入大致相

---

① 财政部：《关于 2018 年中央和地方预算执行情况与 2019 年中央和地方预算草案的报告——2019 年 3 月 5 日在第十三届全国人民代表大会第二次会议上》，新华网，2019 年 3 月 17 日。

同的增长速度。2018 年，深度贫困地区农民人均可支配收入 9668 元，比上年增加 935 元，名义增长 10.7%。其中，由西藏、四省藏区、南疆四地州和四川凉山州、云南怒江州、甘肃临夏州构成的"三区三州"农民人均可支配收入 9796 元，比上年增加 938 元，名义增长 10.6%。

贫困地区农民收入增长较快，反映脱贫攻坚力度加大已经让贫困地区农民成为受益者，提升了贫困地区农民获得感，也反映了精准扶贫精准脱贫取得明显成效。随着贫困人口收入水平的不断提高，全年又有 1386 万人实现脱贫。这样，到 2018 年末，全国农村贫困人口还有 1660 万人，贫困发生率下降到 1.7%。

4. 农民增收最主要来源是非农产业收入

从来源来看，工资性收入增加仍然是农民人均可支配收入增加的最大贡献因素。2018 年，农民工资性收入 5996 元，比上年增加 498 元，对农民增收贡献率达 42.0%；经营净收入 5359 元，比上年增加 331 元，对农民增收贡献率为 27.9%；转移净收入 2920 元，比上年增加 317 元，对农民增收贡献率为 26.8%；财产净收入 342 元，比上年增加 39 元，对农民增收贡献率为 3.3%。

农民工资性收入保持较快增长，主要是转移农村劳动力工资水平提高的结果。2018 年，国民经济运行总体平稳，农民工就业形势保持稳定，农民工就业人数小幅度增长，全年农民工总量达到 28836 万人（见表 3），比上年增长 0.6%。其中外出农民工 17266 万人，比上年增长 0.5%；本地农民工 11570 万人，比上年增长 0.9%。在农民工人数稳定增长的同时，农民工人均月收入 3721 元，比上年名义增长 6.8%。

分就业区域来看，主要是中西部地区农民工数量增加。2018 年，在东部地区务工的农民工人数 15808 万人，比上年减少 185 万人；东部地区务工的农民工在全国占比 54.8%，比上年下降 1 个百分点；在中西部地区务工的农民工人数 12044 万人，比上年增加 378 万人；中西部地区务工的农民工在全国占比 41.8%，比上年增加 1.1 个百分点。

随着农村土地制度改革的深化，农村土地流转加快，非农产业发展，农民由此获得的相关收入增长也较快。2018年，农民流转承包土地经营权租金收入和出租房屋净收入分别比上年增长13.6%和19.4%，带动农民人均财产净收入比上年增长12.9%，达到342元。全年农民人均二、三产业经营净收入1869元，比上年增加232元，增长14.2%，对农民增收的贡献率为19.6%。

表3 2015年以来中国农民工总量及在东部和中西部务工情况

单位：万人，%

年份	农民工总量		在东部地区务工的农民工			在中西部地区务工的农民工		
	数量	增量	数量	增量	比重	数量	增量	比重
2015	27747	352	16008	−417	57.7	10808	−90	39.0
2016	28171	424	15960	−48	56.7	11230	422	39.9
2017	28652	481	15993	33	55.8	11666	436	40.7
2018	28836	184	15808	−185	54.8	12044	378	41.8

注：增量为较上年增量；比重是指在全国农民工总量中的占比。

资料来源：国家统计局网站公布的《2014年农民工监测调查报告》、《2016年农民工监测调查报告》和《2017年农民工监测调查报告》及李希如《就业形势总体稳定　服务业就业进一步扩大》，中国经济网，2019年1月22日。

2018年，非农收入继续成为农民增收的最大贡献因素。全年工资性收入和转移净收入增加对农民增收的贡献率近70%，加上经营净收入中二、三产业增加的净收入，三项合计近90%。在经营净收入中，农业净收入增长仍然相对缓慢，而牧业收入则出现了下降。2018年，第一产业经营净收入3489元，比上年增加98元，增长2.9%，对农民增收贡献率仅有8.3%。其中农业经营净收入2608元，比上年增加84元，增长3.3%；牧业经营净收入575元，比上年减少11元，下降1.9%。

贫困地区农民增收格局与全国农民基本一致，主要来源于工资性收入和转移净收入。2018年，贫困地区农民人均工资性收入3627元，对贫困地区农民增收的贡献率达42.0%；人均转移净收入2719元，对贫困地区农民增收的贡献率达39.6%（见表4），贫困地区转移净收入对农民增收的贡献率明显高于其他地区。

表4 2018年贫困地区农民人均可支配收入水平及来源与全国农民的比较

单位：元，%

指标	贫困地区农民人均可支配收入			全国农民人均可支配收入		
	水平	贡献率	比上年增长	水平	贡献率	比上年增长
可支配收入	10371	—	10.6	14617	—	8.8
工资性收入	3627	42.0	13.0	5996	42.0	9.1
经营净收入	3888	16.6	4.4	5358	27.9	6.6
财产净收入	137	1.8	14.8	342	3.3	12.9
转移净收入	2719	39.6	17.0	2920	26.8	12.2

注：贡献率指人均某项来源收入增量在可支配收入增量中的百分比；比上年增长指比上年名义增长。

资料来源：《2018年居民收入和消费支出情况》，国家统计局网站，2019年1月21日；《2018年全国农村贫困人口减少1386万人》，国家统计局网站，2019年2月15日。

在脱贫攻坚取得明显成效的同时，农村一些居民人均可支配收入虽然较低但没有被纳入建档立卡贫困户，增收十分困难。精准扶贫精准脱贫首要任务是让建档立卡贫困户实现较快增收。2018年，贫困地区农民收入较快增长，占全国20%农民的最低收入组居民收入增长也很快，但是农村中等偏下收入组居民人均可支配收入比上年名义增长仅有1.9%，农村中等偏下收入组居民人均可支配收入2018年仅增加159元，不及低收入组农民的一半，反映这部分群体增收更加困难。脱贫攻坚，如何避免"断崖效应"，采取有效措施让收入水平临近贫困标准但又高于贫困标准的农民实现增收，是需要在脱贫攻坚与实施乡村振兴战略有效衔接时必须着力解决的难题。

（六）农村和农民消费潜力进一步释放

1. 乡村消费继续保持较快增长

国家加大脱贫攻坚力度，实施乡村振兴战略，积极发展农村电子商务，乡村消费环境持续改善，促进了乡村消费市场较快扩大。2018年，乡村消费品零售额55350亿元，比上年名义增长10.1%，比城镇社会消费品零售额增速快1.3个百分点；乡村消费品零售额在全社会消费品零售总额中比重为14.5%，比上年提升0.1个百分点。

乡村消费较快增长，对稳增长做出积极贡献。据测算①，2018 年，最终消费对经济增长的贡献率达到 76.2%，比上年提高 18.6 个百分点。农村消费较快增长，成为稳增长的积极力量。

2. 农民扩大消费倾向更高

乡村消费较快增长，主要是农民消费支出持续保持较快增长。2018 年，农民人均消费支出 12124 元，比上年名义增长 10.7%，比城镇居民人均消费支出增速快 3.9 个百分点；扣除价格因素，农民人均消费支出实际增长 8.4%，比城镇居民人均消费支出实际增速快 3.8 个百分点。与城镇居民相比，全年农民人均消费支出名义增速高出农民人均可支配收入名义增速 1.9 个百分点，表明农民消费倾向更高。

2018 年，农民边际消费倾向（消费支出增量与收入增量之比）达到 0.99，意味着农民几乎把新增收入部分全部用于消费。全年农民人均可支配收入增量为 1185 元，而人均消费支出达到 1169 元，二者仅相差 16 元，表明农民消费增长潜力大。收入是扩大农民消费的最大制约因素，只要农民实现增收，就会转化为消费。

3. 农民消费结构升级加快

农民消费较快增长原因是多方面的。农民提高消费水平更加迫切，近年来工资性收入和转移性收入稳定增加，且具有普遍性，这让广大农民尽快提高消费水平成为可能。比较而言，农民消费水平低于城镇居民。随着收入水平提高，不同群体居民消费改善具有收敛性，农民消费结构变化与城镇居民具有相当大的相似性。2018 年中国农民消费较快变化是居民消费处于加快升级阶段的典型反映。

在农民收入持续较快增长作用下，在农民迫切提高生活质量和追求更好发展推动下，农民消费支出除衣着外其他所有消费项目较上年名义增长速度都呈现加快态势；农民消费结构加快升级，农民居住、生活用品及服务、教育文化娱乐、医疗保健支出等所占比重进一步提高。

---

① 蔺涛：《消费市场提质扩容 消费结构优化升级》，中国经济网，2019 年 1 月 22 日。

2018 年，在农民人均消费支出中，食品烟酒支出金额最高，但增长速度明显低于全部消费支出。全年农民人均食品烟酒消费支出为 3646 元（见表 5），比上年增加 230 元，名义增长 6.7%。农民人均食品烟酒消费支出所占比重（恩格尔系数）为 30.1%，比上年下降 1.1 个百分点。全年农民人均衣着消费支出 648 元，比上年增加 36 元，名义增长 5.9%。

表 5　2018 年农民人均消费支出情况

单位：元，%

项目	食品烟酒	衣着	居住	生活用品及服务	交通通信	教育文化娱乐	医疗保健	其他用品及服务
人均支出	3646	648	2661	720	1690	1302	1240	218
比上年增加	230	36	307	86	181	131	181	17
比上年名义增长	6.7	5.9	13.0	13.6	12.0	11.1	17.1	8.7
在农民消费支出中比重	30.1	5.3	21.9	5.9	13.9	10.7	10.2	1.8

资料来源：《中国统计年鉴 2018》和《2018 年居民收入和消费支出情况》，国家统计局网站。

农民居住消费支出增量最大，作为农民消费的新增长点明显。2018 年，农民人均居住消费支出 2661 元，比上年增加 307 元，名义增长 13.0%，在农民消费支出中比重上升到 21.9%，比上年提高 0.5 个百分点。

农民家庭生活用品及服务消费增速明显加快。2018 年，农民人均生活用品及服务支出 720 元，比上年增加 86 元，名义增长 13.6%，增速比上年提高 7.1 个百分点；农民生活用品及服务在消费支出中所占比重为 5.9%，比上年提高 0.2 个百分点。

农民交通通信消费呈现加快增长态势。2018 年，农民人均交通通信支出 1690 元，比上年增加 181 元，名义增长 12.0%，增速比上年提高 1 个百分点；农民交通通信在消费支出中比重为 13.9%，比上年提高 0.1 个百分点。

农民教育文化娱乐消费支出也呈现加快增长态势。2018 年，农民人均教育文化娱乐支出 1302 元，比上年增加 131 元，名义增长 11.1%，增速比上年提高 1.7 个百分点；农民教育文化娱乐支出在消费支出中比重为

10.7%，与上年基本持平。

农民医疗保健消费支出增长最快，所占比重提高最多。2018年，农民人均医疗保健支出1240元，比上年增加181元，名义增长17.1%，在农民人均消费支出中比重上升到10.2%，比上年提高0.6个百分点。

与城镇居民消费相比，农民消费水平仍然较低，城乡居民消费水平差距明显，但这一差距低于城乡居民收入差距。2018年，城乡居民人均消费支出比率为（农民人均消费支出为1）2.15，比上年下降0.08，表明城乡居民消费水平缩小速度快于城乡居民收入水平缩小速度。

（七）农业农村经济社会发展条件持续改善

农业生产条件进一步改善。2018年，国家和社会加大农业投资，第一产业固定资产投资（不含农户）22413亿元，比上年增长12.9%；第一产业固定资产投资（不含农户）在全社会固定资产投资中所占比重为3.5%，比上年提高0.2个百分点。农业生产能力进一步夯实，新增耕地灌溉面积72万公顷，新增高效节水灌溉面积144万公顷。

农村生产生活生态"三生同步"取得进展。2018年，国家全面启动了农村人居环境整治三年行动，以生活污水和垃圾治理以及"厕所革命"为重点的农村环境治理不断推进；农村水路电信息化等基础设施建设进一步加强，农村自来水更加普及，农村公路建设加快推进。资料显示，2018年农村机井通电、小城镇中心村农网改造升级、贫困村通动力电等顺利完成，"数字乡村"、"宽带乡村"、"百兆乡村"示范工程，新一代信息基础设施建设工程加快推进；大力发展智慧农业，农业生产、经营、管理、服务数字化水平进一步提升。[①]

综合来看，2018年农业农村经济平稳运行，发展取得成效。农业高质量发展取得进展，农业结构调整有效地改善了农产品供求关系，农产品进出

---

① 国家发展和改革委员会：《关于2018年国民经济和社会发展计划执行情况与2019年国民经济和社会发展计划草案的报告——2019年3月5日在第十三届全国人民代表大会第二次会议上》，新华网，2019年3月17日。

口避免了中美经贸摩擦的不利影响，农产品价格总体平稳，食品消费价格温和上涨，农民收入较快增长，农村内部居民收入分配状况有所改善，贫困地区农民人均可支配收入突破万元，农民消费结构不断升级。

农业农村经济发展在取得进展和成效的同时，也面临一些突出的困难和问题。农业农村基础仍然薄弱，农村基本公共服务供给和基础设施建设仍然滞后，农业科技对农业高质量发展支撑作用不足，农民增收困难特别是农民家庭经营中农牧业净收入增长缓慢和农村中等偏下组居民收入增长过于缓慢，扩大农民消费面临收入最大约束，农民贷款难贷款贵问题尚未有效解决，乡村全面振兴面临的优秀人才等稀缺要素瓶颈比较明显；农业结构调整和农业高质量发展中如何处理好确保粮食等重要农产品供给与深化农业供给侧结构性改革关系，国内曾经具有出口优势的农产品进口高速增长，畜禽产品市场价格过于波动等问题比较突出，需要加强监测预警，特别是要在2019年"三农"工作中注重因势利导，化解难题和矛盾，让农民有更多获得感，继续发挥好农业农村对经济社会大局的支撑作用。

二 2019年中国农业农村经济形势展望及预测

2019年，中国农业农村经济运行和发展面临国际不确定因素增多、国内经济下行压力加大等外部环境，以及2018年农业农村经济运行呈现的一些规律性变化将会延续，在国家宏观调控和"三农"政策措施等积极作用下，预期农业农村经济稳定发展格局仍将保持。

中国农业农村经济运行和发展形势与世界经济及全球农产品市场、中国宏观经济及调控政策等密切相关。2019年，虽然全球经济展望不乐观，国际农产品市场波动风险上升，但是中国经济运行将保持在合理区间，立足国内的重要农产品供给保障体系等对缓和国际农产品市场波动对国内的冲击，都是农业农村经济稳定发展的重要积极因素。

2019年政府工作报告确定了国内生产总值预期增长6%～6.5%区间，确立了要坚持实施积极财政政策，一般公共预算支出比上年增长6.5%；坚持实施稳健的货币政策，货币供给增长与经济增长相匹配；扎实推进脱贫攻坚和乡村振兴，抓好农业特别是粮食生产。2019年政府工作报告确定的宏观经济重要指标预期值以及2018年底中央农村工作会议以来确定的相关"三农"政策目标措施，都是本报告展望和预测时考虑的重要因素，并且这些指标值是本报告预测的相关变量的既定值。

（一）农业农村经济稳定发展将继续为经济社会发展全局提供支撑

尽管农业生产，特别是粮食生产，以及生猪生产，面临一些不利因素和困难，部分重要农产品供给和市场波动风险在上升，但是国家确定的支持农业农村经济发展政策措施，以及多年来形成的农业生产能力基础、有效的病虫害和动物疫病防控体系，都有助于降低风险，有效保障重要农产品市场供给，多数农产品将继续增产，主要农产品和食品价格波动可控。

第一产业继续保持稳定增长。国家明确了要稳定粮食等农产品生产。无论是稳定粮食产量，优化品种结构，还是稳定生猪等畜禽生产，做好非洲猪瘟等疫病防控，都从政府工作目标上要求改变2018年粮食生产和生猪生产缩小的态势。如果粮食和生猪产量保持稳定，再考虑到近年来市场经济中特色明显的优势农产品需求强劲和生产持续扩大的态势，估计2019年农林牧渔业总体上继续保持稳定增长态势，综合效益进一步提高。预测2019年第一产业增加值将达到6.7万亿元，比上年实际增长继续保持3.5%水平。

2019年第一产业增加值虽然保持稳定增长，经济运行面临的下行压力加大，但是第一产业增加值增长速度仍然会明显低于国民经济中其他产业，估计第一产业增加值在GDP中比重按照一般趋势下降。借助模型，预测2019年第一产业增加值在GDP中比重下降到7%，比2018年下降0.2个百分点。

在农林牧渔业稳定发展和农产品生产能力持续增强的支撑下，农产品价格波动风险上升，但仍能调控在合理范围内。自2012年以来，中国农产品价格总体持续保持稳定态势，农产品生产者价格年际波动幅度在4%以内，2018年农产品生产者价格下跌幅度低于1%。展望2019年，进入新时代中国宏观经济稳中有进的各种积极因素仍将会发挥作用，农产品供求总体平衡。尽管农产品价格运行受天气和动物疫情，特别是非洲猪瘟等不确定因素影响，但是，考虑到稳定的因素将继续发挥主导作用，估计 2019 年中国农产品价格仍将保持基本稳定，农产品生产者价格可能会上涨，但是上涨幅度在 5% 以内。农产品价格上涨在可控范围内，将有助于物价总水平稳定，对 CPI 保持合理区间运行等具有重要积极意义。

展望 2019 年，食品价格上涨幅度扩大的可能性上升，特别是受非洲猪瘟疫情影响，猪肉产量可能进一步下降，猪肉价格反弹的条件具备，加上居民食品消费结构升级对高品质高价格食物需求强劲，这些都是食品消费价格促涨因素。但是，长期以来，中国食品价格走势及其涨跌幅度主要受粮食消费价格影响。虽然中国粮食生产形势发生了一些新的变化，玉米等的产需关系变化明显，但是稻谷和小麦等的库存水平仍然较高，2019 年国家已经将抓好粮食生产作为"三农"工作的重要目标，估计粮食会增产，供求关系改变带来粮食市场价格大幅度波动的可能性非常小。以稳定为基本格局的粮食价格，可以在很大程度上抵消肉蛋等动物性食物消费价格较大幅度波动的影响，促进食品消费价格在合理区间运行。食品消费价格运行形势受宏观经济及调控政策、农产品供求关系、国际农产品市场形势及中国进出口政策等多种因素影响，考虑国家设定的预期经济增长目标、宏观调控政策和农产品供求关系，特别是国家主动扩大国内供给偏紧农产品进口等因素，借助模型，预测 2019 年食品消费价格上涨 4%。

展望 2019 年，农民消费和乡村消费将进一步较快增长。资料显示[1]，中国将积极培育消费惠民新增长点，推动实施新型职业农民等增收激励计划，农民收入将继续保持较快增长，消费能力进一步提升，特别是国家进一步挖掘农村网购和乡村旅游消费潜力，估计乡村消费将继续较快增长，在全社会消费中比重进一步提高。预计 2019 年乡村消费品零售额将达到 6 万亿元，比上年增长约 10%。

---

[1] 国家发展和改革委员会：《关于 2018 年国民经济和社会发展计划执行情况与 2019 年国民经济和社会发展计划草案的报告——2019 年 3 月 5 日在第十三届全国人民代表大会第二次会议上》，新华网，2019 年 3 月 17 日。

（二）主要农产品供给和市场波动可控

展望2019年，中国农产品市场运行不稳定因素增多，波动风险上升，但是考虑到国家将坚持农业农村优先发展，"三农"政策将进一步促进农业稳定发展，主要农产品供给和市场波动总体上不会对经济社会大局造成明显的不利影响。粮食政策是决定国内粮食生产形势的重要因素。从2018年底召开的中央经济工作会议、中央农村工作会议到2019年中央一号文件，都提出要抓好粮食生产，强化发展农业特别是抓好粮食生产的政策举措，明确要求稳定粮食生产面积、稳定粮食产量。多年来，中国在稳定发展农业生产，特别是稳定粮食生产方面形成了一套行之有效的做法和政策体系。各级政府重视，政策措施力度大且及时实施，估计2019年农业生产发展更加积极，这将有助于促进农产品供给有效宽松，化解农产品市场波动风险。进一步的，估计粮棉油糖等重要农产品产量在基本稳定基础上会有所增产，少数农产品价格可能上涨明显，但不会明显地波及其他农产品。

总体上说，粮食总产量受种植面积和单产水平两个因素影响。稳定粮食种植面积是稳定粮食产量的基础。近年来，中国粮食播种面积，特别是玉米播种面积持续减少，已经引起玉米等农产品国内产需关系的变化。避免玉米生产和优质小麦稻谷生产缩小，继续扩大大豆生产，优化粮食生产与重要经济作物、饲料生产结构，是决定2019年中国粮食生产形势的重要指标。

前期粮食价格及未来预期是影响粮食种植面积的主要市场因素。近年来，受部分粮食品种阶段性过剩影响，粮食市场价格虽然总体稳定，但少数品种市场价格偏低，生产者种植粮食效益不高的问题突出。随着农业供给侧结构性改革的深入推进，玉米等供求关系已经发生变化，市场价格出现恢复性上涨，估计市场主体普遍预期玉米等市场价格将继续保持合理水平，这对于2019年玉米种植面积稳定具有积极影响。

粮食支持保护政策也是影响粮食种植面积的重要因素。考虑到粮食价格在农产品和食品价格中起着基础性作用，一方面，政策上通过补贴等手段保护农民种粮积极性，另一方面，调控上促进粮食市场价格稳定。近年来，受国内外多种复杂因素影响，不同区域不同粮食品种的支持保护政策措施和力度进行了明显调整。2019年，稳定粮食政策将会促进粮食种植面积的稳定。

影响粮食种植面积的因素中，除了粮食生产者种植习惯、市场价格和政策等外，还包括地方抓粮积极性。2019年中央一号文件提出，要通过健全产粮大县奖补政策，压实主销区和产销平衡区稳定粮食生产责任；强化粮食安全省长责任制考核，确保地方抓粮积极性。

影响粮食单产水平的长期因素主要是科技创新，短期因素主要是不确定的气候和不同单产水平的粮食品种生产结构。近年来，随着中国农田水利设施建设持续推进，农业抵御洪涝和干旱等自然灾害能力稳步提高，异常极端气候给粮食生产造成的灾害性影响总体上不断减轻。尽管如此，面对连续多日的低温寡照等极端天气，防御的有效性是极其有限的。粮食生产光热条件不理想，粮食产量和质量将受到明显影响。在借助模型预测2019年粮食产量时，假定2019年自然灾害程度有所加重，受灾面积占播种面积比重（受灾率）为20%，考虑到2019年政策安排上调减稻谷生产，稳定小麦和玉米生产，扩大大豆生产，同时考虑到稻谷市场供求相对宽松、小麦和玉米供求关系转变的可能性上升，国内大豆产需缺口进一步扩大，估计受粮食生产结构调整影响，2019年粮食单产水平大幅度提高的可能性较小。

综合上述因素，借助模型，预测2019年粮食产量近6.7亿吨，比上年增产1.5%，粮食增产主要贡献因素是播种面积的扩大和玉米的增产。

展望2019年棉花生产形势，中国棉纺织品出口形势将面临较大的不确定性，加上国内棉花2018年较大幅度增产，国内棉花供求关系估计偏松，棉花市场价格上涨的可能性非常小。但是，在棉花目标价格政策等积极因素的作用下，在粮食市场价格总体相对稳定的情况下，新疆农民种植棉花比较效益仍比较明显。估计2019年新疆棉花生产基本稳定而全国其他地区棉花可能继续减产。借助模型，与粮食总产量预测模型中有关农业生产资料价格和灾害程度等同样的假设，预测2019年全国棉花产量将达到600万吨，比上年减产约1.6%。

2019年中央一号文件明确提出在提质增效基础上巩固油料等重要农产

品生产能力，支持长江流域油菜生产，推进新品种新技术推广和全程机械化。近年来中国油料生产出现波动，国内油籽产需缺口不断扩大，主要是油菜生产在临时收储政策取消后缺乏有效支持手段，加上油菜生产机械化瓶颈，带来油料种植面积缩小和产量下降。如果长江流域油菜生产在有效支持手段作用下能够恢复，特别是一些地方冬闲田被用来生产油菜，估计中国油料产量将在2019年出现小幅度增产。借助模型，与粮食总产量预测模型中有关农业生产资料价格和灾害程度等同样的假设，预测2019年油料产量3450万吨，比上年增产0.3%。

糖料作为一种需要保障的重要农产品供给之一，国家划定了糖料生产保护区，在国内市场准入方面采取保障措施作用下食糖虽然进口量仍然较大，但是国内价格估计不会出现大幅度下跌，虽然2018年糖料生产者价格略有下跌，而之前2年糖料生产者价格持续明显上涨，在食糖加工需求拉动下，估计2019年糖料继续增产。借助模型，与粮食总产量预测模型中有关农业生产资料价格和灾害程度等同样的假设，预测2019年糖料产量1.21亿吨，比上年增产1%。

受生猪生产者价格较长时间低迷和非洲猪瘟疫情等不利影响，2019年初生猪存栏头数比上年有较大幅度下降，估计全年生猪产量比2018年还会进一步下降。借助模型，预测2019年生猪产量为5200万吨，比上年下降3.8%。

牛羊肉价格虽然保持高位运行的可能性比较大，但受消费支出所占份额较小，且主要对高收入群体消费支出影响，估计对CPI及居民消费支出负担，特别是低收入群体居民消费的经济负担影响较小。

在比较健全的市场机制作用下，中国渔业经济保持稳定发展态势。2019年，中国将加快推进水产养殖业绿色高质量发展，虽然会继续降低天然水域水生生物资源利用强度，但会更好地落实养殖水域滩涂禁养转产不搞"一刀切"，水产养殖与水生态环境改善将更好地良性循环，水产品产量将继续保持稳定增长。预测2019年水产品产量6600万吨，比上年增长2%。

随着中国农业对外开放不断扩大，越来越多的农产品进口已经成为国内农产品市场供给的重要来源。展望 2019 年，尽管国际形势复杂多变，不确定性上升，但是中国农产品进出口格局总体上不会发生根本性变化，农产品进口保持较快增长，进口美国农产品的制约因素将减少。根据 2019 年 1 月底中美经贸高级别磋商的结果①，作为推动中美贸易平衡化发展的举措之一，中国将有力地扩大自美农产品进口。全年农产品国际贸易逆差进一步扩大，估计 2019 年农产品国际贸易逆差将会突破 600 亿元。农产品进口规模扩大具有双重影响，虽然可能对国内农业生产带来冲击，也有可能加剧国内农产品市场波动，但是也有助于丰富和增加国内农产品和食品供给。估计 2019 年有序扩大进口国内供给偏紧农产品将会在平衡国内农产品供求关系和促进食品消费价格稳定方面发挥积极作用。

在水产品供给总量充裕和市场机制健全等积极因素共同作用下，估计 2019 年中国主要农产品市场价格可能会出现一些波动，但是在国家多渠道保障供给和有效调控下，主要农产品市场波动幅度总体上不会超过 5%。

（三）农民增收渠道将进一步拓宽

展望 2019 年，针对农民收入来源中重要的农牧业经营收入增长困难，国家将围绕"巩固、增强、提升、畅通"深化农业供给侧结构性改革，调整优化农业结构、发展乡村特色产业、促进一二三产业整合发展，特别是通过乡村产业振兴、脱贫攻坚和为农民创造更多更加有利的就业条件等有效政策措施，促进农民增收，估计工资性收入、非农产业经营性收入和政策性转移收入仍将成为农民增收的重要贡献来源，农民收入继续较快增长，城乡居民收入相对差距继续有所缩小。

展望 2019 年，中国将就业优先政策置于宏观政策层面，农业富余劳动力转移就业空间将更加有保障，机会进一步增多，估计工资性收入继续保持较快增长。2019 年，中央财政会进一步加大力度支持深度贫困地区脱贫攻坚，新增中央财政扶贫资金主要用于深度贫困地区改善发展条件，提高内生

---

① 《中美经贸高级别磋商结束》，新华网，2019 年 2 月 1 日。

发展能力，以及不断推进农村民生改善，估计转移净收入仍将保持快速增长态势。随着农村土地制度改革的深化，农民承包地和宅基地的盘活，农民土地流转收入和宅基地租赁收入将不断增加，农民财产净收入将保持快速增长态势。农民人均财产净收入基数小，虽然增长速度快，但对农民增收贡献有限。

预测2019年农民人均可支配收入将达到1.6万元，比上年实际增长6.5%，城乡居民收入倍差将下降到2.66。在农民收入来源中，工资性收入和转移净收入是农民增收的主要贡献因素，预测2019年农民人均工资性收入将突破6500元，转移净收入将突破3300元，二项合计大约1万元。

展望2019年，农民消费结构将继续呈现加快升级态势，农民食品烟酒消费支出比重（恩格尔系数）估计会下降到30%以下，而居住、生活用品及服务、教育文化娱乐、医疗保健等消费支出比重将进一步提高。

三　采取切实措施抓好农业特别是粮食生产

农业特别是粮食生产形势对国家粮食安全和经济社会发展全局具有重要影响。2019年，"三农"工作重点之一是抓好农业特别是粮食生产，推动藏粮于地、藏粮于技落实落地，合理调整粮经饲结构，着力增加优质绿色农产品供给。

守住粮食安全底线，已经明确就是要将稻谷、小麦作为必保品种，稳定玉米生产，确保谷物基本自给、口粮绝对安全。确保重要农产品有效供给，已经明确要在提质增效基础上，巩固棉花、油料、糖料生产能力，主要路径就是实施大豆振兴计划，多途径扩大种植面积，支持长江流域油菜生产等。除积极发展主粮、大豆和其他重要农产品生产外，还要根据新时代居民食物消费升级的需要，合理调整粮经饲结构，发展青贮玉米、苜蓿等优质饲草料生产，满足牛羊等食草动物产品生产扩大对优质饲草料的需求。改革开放后中国粮食生产曾在结构调整工作中出现过几轮明显滑坡并对国民经济运行造成不利影响。加入世界贸易组织后，中国曾实施过大豆振兴计划，结果大豆生产不增反减。这些都需要引以为戒。守住粮食安全底线，确保重要农产品有效供给，不仅要有好思路，而且更要有切实有效手段。

在藏粮于地方面，思路和主要路径也十分明确。严守耕地红线，全面落实永久基本农田特殊保护制度，建设高标准农田，估计这方面工作难度不大，中国已经积累了很多经验，有手段确保藏粮于地落实。在藏粮于技方面，明确了要组织实施水稻、小麦、玉米、大豆良种联合攻关，加快选育和推广优质草种，关键看科技支撑能否取得突破性进展。

（一）高度重视抓好农业特别是粮食生产

农业生产特别是粮食生产和农产品进口，是中国农产品市场供给的两个重要来源。中国进口的农产品数量年度波动普遍较大，多数农产品同比增长速度绝对值普遍超过 10%，明显高于国内同类农产品产量等指标的波动幅度。农产品进口量大幅度波动，表明相比国内农业生产来说，中国农产品进口的影响因素更加复杂，特别是不确定性因素更多。2019 年中国农产品进口将继续快速增长，但是农产品进口年度波动大，不确定性因素多。在确保农产品有效供给方面，总体稳定的主导力量和绝大多数农产品有效供给来源是国内农业生产。总体上说，国内农业生产的农产品产量虽然也有波动，但是波动幅度明显低于农产品进口量。

稳定发展国内农业生产，在确保农产品国内市场稳定有效供给方面具有决定性作用。要绝不放松粮食等重要农产品生产，特别是要采取积极措施促进玉米生产扩大，满足国内玉米等重要农产品需求增长。在国际形势严峻复杂多变和中国经济运行面临下行压力的背景下，抓好农业特别是粮食生产，促进农民增收，对于扩大农村消费也具有重要积极意义。中国将进一步增强消费拉动经济增长作用。农民边际消费倾向高，增长潜力大，但是农民收入增长对农民消费影响最大。

现实中粮食等主要农产品供给、数量和结构等问题往往会交织在一起，给形势判断增加了难度，甚至会造成误判，使粮食等农产品有效供给保障措施选用与面对的需要解决的真正问题错配。中国粮食等重要农产品供求关系具有可变性。如果说美国等世界主要农产品出口国家，粮食等重要农产品相对过剩和供求关系长期处于宽松状况是常态，低收入缺粮国家的粮食等重要农产品供求关系偏紧是常态，那么粮食等重要农产品供给阶段性时而偏松时而偏紧（时多时少）则是中国粮食等重要农产品供求关系常态。粮食等重要农产品供求关系的可变性，对农业支持保护政策、农产品市场调控和产业发展等都提出了更高要求。2019年，随着国内外形势变化，确保中国粮食等重要农产品供求关系处于较宽松状态和市场价格相对稳定，对于应对各种风险挑战和社会大局稳定具有重要积极意义。

（二）积极探索建立与WTO农业规则兼容的粮食支持保护制度

中国粮食播种面积是否会继续减少？这一重要指标对粮食供求关系及其预期会产生较大影响。2019年中央一号文件明确提出了中国粮食播种面积的数量底线，要求确保粮食播种面积稳定在16.5亿亩。2018年中国粮食播种面积为17.6亿亩，虽然仍然有一定的调减空间，但也提醒各地在调整农业结构时并不能把粮食播种面积无限地调减下去。如果过度调减粮食播种面积，而又在粮食播种面积过少的情况下遇到较严重的低温阴雨寡照等不可防控不可抵御的自然灾害，那么短期内国内粮食供求关系就可能在产需缺口较大情形下出现明显偏紧状况，从而可能对经济社会全局产生不利影响。

影响中国粮食供求关系的因素很多。自然灾害发生及其程度的不确定性是影响中国粮食供求关系转变的不可控因素。国家对粮食生产的重视程度、地方落实粮食政策力度以及农民种粮积极性等，对粮食供求关系的变化具有较大影响。2019年，从中央经济工作会议到中央一号文件，已经高度重视粮食生产。稳定粮食产量、稳定粮食播种面积已经成为国家粮食政策的重要目标。地方抓粮积极性、农民种粮积极性，将直接关系到2019年甚至今后一段时间内中国粮食供求关系的走向。

近年来，一些地方没有处理好农业供给侧结构性改革与发展粮食产业经济关系，甚至有地方认为农业供给侧结构性改革就是减少玉米等粮食生产。也有一些地方在构建现代农业产业体系实践中演变成发展"大棚房"，对国家粮食安全构成新的威胁。诸如此类，表明地方抓粮食积极性下降，还有一些地方把发展粮食产业经济作为负担。稳定粮食生产，特别是稳定扩大玉米生产，需要从强化粮食省长负责制和粮食首长负责制以及完善产粮大县奖励办法等方面压实地方发展粮食生产责任，调动玉米适宜区域发展玉米生产积极性。

中国粮食供求关系已经发生了一些结构性变化，特别是玉米 2016 年前后相对宽松状况正在改变。玉米临时收储政策取消后，2016 年玉米市场价格曾出现大幅度下跌。虽然国家建立相应生产者补贴制度，但很多地方农民没有享受到生产者补贴，或者享受的玉米生产者补贴不足以弥补市场价格下跌给农民造成的经济损失。2018 年玉米市场价格反弹，估计对于改善玉米生产者收益状况具有积极意义。但是，前几年的玉米市场价格低迷对部分农民种植玉米具有滞后效应，部分农民对扩大玉米生产可能比较谨慎。为此，需要在构建农业对外开放新形势下，积极探索实施与 WTO 农业规则兼容并且能够更大力度激励农民扩大玉米生产的政策。

要探索建立政策性农业保险制度等新型粮食支持手段。中国目前试行的农业保险完全依赖商业保险公司和市场化运作的弊端十分明显。保险公司套保侵吞财政保费补贴的风险很高，农民理赔程序复杂困难，补偿水平低。顺应世界农业支持保护制度深化改革方向，强化对农业风险管理的支持以增强农业生产者韧性，应将农业保险回归到政策公益性上来，应主要由财政主导、农业农村主管部门参与实施政策性农业保险。商业保险公司运作的农业保险全部推行市场化，仅仅作为农业风险管理的一种补充工具，不应再作为农业支持保护政策工具或者手段。

对于一般小农户从事农业生产的，可考虑主要使用政策性收入保险手段，确保专门从事农业生产的小农户收入水平高于绝对贫困线标准，凡是自然灾害和市场价格波动导致专门从事农业生产的小农户减收的，基本上要有财政补助到绝对贫困线标准以上水平。这样，可以确保专门从事农业生产的小农户不返贫，确保脱贫质量，同时也发挥农业支持保护手段对市场的最小扭曲。

对于新型农业经营主体，可考虑主要使用政策性价格保险手段。农业政策性价格保险是选择性的且需要交纳保费，即新型农业经营主体可以参加政策性价格保险，也可以不参加政策性价格保险，且根据自身实际情况选择交纳保费金额。同时，新型农业经营主体是否具有参加政策性价格保险的资格，需要设置一定的门槛和条件。凡是按照绿色生产条件的新型农业经营主体才能参加政策性价格保险。政策性价格保险根据绿色农产品市场价格波动情况，按照补偿平均成本原则，保障新型农业生产经营主体不亏损生产，这部分资金主要来源于财政预算，新型农业生产经营主体交纳的保费适当补充。

要扩大玉米国家储备。短期内口粮安全更有保障，稻谷小麦市场稳定基础较好，而饲料粮，特别是玉米供求关系变化快，近年来国内产需缺口大，主要通过大规模出库稳定市场。从粮食消费变化趋势来看，全国口粮稳定减少，而饲料粮和工业用玉米需求长期呈现增长态势，有时增长速度还比较快。玉米市场价格波动的传导效应更加广泛，不仅直接影响粮食消费价格，而且对动物类产品价格都会产生影响。要适应国家粮食安全保障结构性变化与玉米多用途开发等新情况，国家应扩大玉米储备规模并加快玉米库存周转。

（三）着力寻求破解保持粮食供给宽松带来的市场出清难题

解决粮食丰收后带来的各种难题，有两种基本途径：一是减少粮食生产让粮食供给宽松时的难题消失，二是靠粮食产业发展等途径化解难题。改革开放以来，中国解决粮食丰收后的难题，主要靠减少粮食生产，始终摆脱不了"多了砍，少了喊"的怪圈。

总结中国粮食几轮明显的周期性波动规律，考虑新时代经济社会发展大局和国际环境复杂多变等对粮食供给提出的高要求，必须树立保持粮食供给相对宽松才是守住粮食安全底线的标志的理念。农业无法摆脱"靠天吃饭"局面，天气对粮食等农产品生产具有很大影响。天气正常情况下的种植面积，市场供求基本平衡；一旦遭遇严重自然灾害天气，出现大幅度减产，供给可能偏紧；一旦遇到特别有利的天气，可能明显增产，市场短期内可能很难出清。当市场出清困难时，如果没有库存储备等调节，农产品卖难和价格过低问题就会持续出现，这势必会影响农民生产积极性，影响基层政府抓好农业特别是粮食生产的成效。

过去，供求平衡保障粮食安全的理念在现实经济生活中经常带来困境。摆脱"粮食多了不好，粮食少了不行，粮食不多不少做不到"困境，需要靠产业链、供应链和价值链等产业经济发展，确保粮食供给万无一失，靠现代产业体系解决粮食市场出清难题，而不再主要靠调减粮食生产平衡粮食供求关系。据此，需要大力发展粮食产业经济，并通过现代农业产业园和优质粮食工程等有效手段把粮食产业经济发展纳入现代农业发展体系中，促进粮食产销关系紧密化和稳固化，有效期内市场无法出清的粮食主要通过加工等方式消化。

（四）加快发展畜牧业

生猪生产直接关系到食物消费市场稳定乃至经济社会稳定发展大局。2018年8月初以来，中国多地发生了非洲猪瘟疫情，估计2019年很难完全控制，非洲猪瘟疫情防控难度仍然较大。考虑到频发的境外非洲猪瘟疫情，完全控制非洲猪瘟需经历相当长时间，加上非洲猪瘟潜伏期长，疫病传播规律尚未完全掌握，国内还有相当数量的小散养殖户防护水平低，生猪生产和消费在区域上不均衡，非洲猪瘟疫情防控任务仍然十分艰巨。生猪生产在前几年市场价格低迷影响下进入产能下降阶段，加上非洲猪瘟疫情，猪肉市场供应大幅度波动风险明显上升，要加强非洲猪瘟等重大动物疫病防控。

严防非洲猪瘟等重大动物疫情蔓延，确保生猪生产稳定发展和猪肉市场供给，需要健全管理制度，强化产销对接，把防疫情、稳生产和保供给有机地统筹起来，避免顾此失彼。

要积极发展牛羊肉生产。尽管牛羊肉价格上涨对宏观经济影响较小，但是价格高位运行，特别是大规模进口，反映居民生活水平提高对牛羊肉需求强劲。为了增加牛羊养殖户收益，分享市场需求增长机会，更好地满足市场需求，应针对牛羊产业发展中的瓶颈，主要是优质种源和饲草料供应难题，加快科技创新，优化粮经饲种植结构，扩大籽粒玉米改种青贮玉米及优质苜蓿种植规模，构建适应现代化市场经济发展的产业体系，健全产业链、供应链和价值链。

要加强畜禽生产者社会化组织建设。畜禽产品市场过度波动问题十分突出，已经让越来越多的分散小农户饲养退出了畜牧业。规模化养殖没有改变畜禽产品生产者价格过度波动的市场运行态势，这对于中国畜牧业健康发展的长期不利影响是明显的。在畜牧业规模化养殖发展到一定程度后，提高畜禽生产者社会化组织程度，促进畜禽产品市场发育，规范畜禽产品市场运行，需要加强顶层设计，引导畜禽产业走向高质量发展。

（五）加快实施优势农产品出口提升行动

构建农业对外开放新格局，要系统配置国内国外农业资源，协整农产品国内市场和国际市场，处理好立足国内生产和扩大农产品进出口关系；要树立开放、守规、分享、担当等新理念，回应WTO成员和其他贸易伙伴对中国农产品市场开放的关切，履行中国承诺的多边贸易规则，积极发展国内农业生产，与农产品出口国家共同分享中国不断扩大的农产品需求新机遇，保障国家粮食安全，对全球粮食安全承担责任并做出积极贡献。

针对近年来中国一些传统优势出口农产品，特别是水果和水产品，出现出口难度加大和进口高速增长的态势，要在拓展多元化进口渠道主动扩大国内紧缺农产品进口的同时，迫切需要采取有效措施营造优势农产品出口有利的环境和条件，加快资源优势农产品发展转型升级，持续提高优势农产品国际市场竞争力。要按照《乡村振兴战略规划（2018~2022）》，加快实施特色优势农产品出口提升行动，采取切实有力手段扩大高附加值农产品出口。

要积极发展市场增长潜力大的优势农产品出口。构建农业对外开放新格局，虽然很难实现农产品出口与进口一样快速增长的局面，但是对于国内市场和出口市场增长潜力都很大的优势农产品生产，要深化农业供给侧结构性改革，加快转型升级，着力提高国内国外市场竞争力。2018年中国水果贸易由顺差转为逆差，这种格局的变化显示出要特别重视国内传统优势农产品生产的转型发展。近年来，中国水果生产较快发展，但市场需求增长更快，需求结构层次更高。蔬菜、水产品是中国传统的贸易大顺差农产品。但是，2018 年，蔬菜、水产品进口都高速增长，反映蔬菜、水产品同水果一样，都是国内市场需求和出口市场需求增长潜力大且国内生产具有竞争优势的农产品，不仅需求量将不断增长，而且附加值更高。要打造优势农产品产业体系，在更好满足国内市场需求的同时，促进出口较快增长，特别要注意蔬菜和水产品国际贸易避免出现同水果由顺差转变为逆差一样的格局。

（六）依靠科技创新加快提高农业竞争力

虽然中国农产品质量安全保障水平、农业可持续发展和农业综合效益等方面取得成效，但是农产品进口速度明显快于出口，水果罕见地出现国际贸易逆差，农业竞争力短板更加显现。适应农业对外开放新格局需要，更好地满足国内居民食物消费升级需要，进一步拓宽农民增收渠道，要着力提高国内特色优势农产品竞争力。

提高农业竞争力，根本途径是科技创新。生物技术和机械化应用对农业竞争力具有决定性影响。为此，要深化农业科技体制改革，加快生物科技成果转化，大力发展现代种业，加强先进实用技术集成推广，推进农业全程机械化，促进农业机械化提档升级。

总体上说，国家财政支持农业的项目仍然比较多，但是长期存在的项目分散问题始终没有解决。近几年国家高度重视项目资金的整合，特别是贫困地区项目资金的整合成效明显，已经在贫困地区基础设施建设和公共服务短板及缓解发展瓶颈等方面发挥作用。借鉴财政支农项目资金整合经验，根据国家守住粮食安全底线和粮经饲生产等有关总体规划，在加强项目资金由基层整合的同时，县级以上财政支持的应用类科研项目等也应与抓好农业特别是粮食生产相配套，与大豆振兴计划、粮改饲、轮作休耕等主体项目和试点项目相统一，提高财政支持项目的实际效果。

专 题 篇

Special Reports

G.2

2018年农村居民收支与贫困人口状况

刘洪波[*]

摘　要： 2018年，全国农村居民收入较快增长，消费结构持续优化升级。农村居民人均可支配收入14617元，比上年名义增长8.8%，扣除价格因素影响，实际增长6.6%；农村居民人均消费支出12124元，名义增长10.7%，实际增长8.4%，恩格尔系数继续下降，医疗保健、生活用品及服务、居住、交通通信、教育文化娱乐支出增长较快。脱贫攻坚战取得重大进展，各地区农村贫困人口明显减少，各省份贫困发生率均下降至6%以下。

关键词： 农民收入　消费结构　贫困人口

---

* 刘洪波，硕士，就职于国家统计局住户调查办公室居民收支调查处。

根据国家统计局对全国 31 个省（自治区、直辖市）16 万户居民家庭开展的住户收支与生活状况调查，2018 年，全国农村居民收入较快增长，消费支出加快增长，消费结构持续优化升级，农村贫困人口大幅减少，脱贫攻坚战取得重大进展。

一 农村居民收入较快增长，工资性收入对增长贡献最大

（一）农村居民收入较快增长

2018 年，农村居民人均可支配收入 14617 元，比上年名义增长 8.8%，扣除价格因素影响，实际增长 6.6%，名义增速比上年提高 0.2 个百分点，实际增速比上年回落 0.7 个百分点。

表 1   2018 年全国农村居民收入情况

单位：元，%

指　标	水平	名义增速
人均可支配收入	14617	8.8
一、工资性收入	5996	9.1
二、经营净收入	5358	6.6
（一）一产净收入	3489	2.9
其中:农业	2608	3.3
牧业	575	-1.9
（二）二三产净收入	1869	14.2
三、财产净收入	342	12.9
四、转移净收入	2920	12.2

资料来源：国家统计局开展的全国住户收支与生活状况调查。

1. 工资性收入增长①9.1%

2018 年，农村居民人均工资性收入 5996 元，增长 9.1%，增速比上年

---

①　以下如无特别说明，均为比上年名义增长。

回落0.4个百分点，占人均可支配收入的比重为41.0%。主要是本地农民工就业人数增长0.9%，增速比上年回落1.1个百分点。

2. 经营净收入增长6.6%

2018年，农村居民人均经营净收入5358元，增长6.6%，增速比上年提高0.6个百分点，占人均可支配收入的比重为36.7%。第一产业经营净收入增速有所回落。农村居民人均第一产业经营净收入3489元，增长2.9%，增速比上年回落0.8个百分点。其中，人均牧业净收入下降1.9%，主要是生猪价格同比下降较多，但牛、羊、禽蛋等牧业产品价格同比上升，部分冲抵了猪价下跌的损失。人均种植业（农业）收入增长3.3%，虽然全年粮食小幅减产，但玉米、蔬菜等农产品价格上升，使农村居民种植业收入继续保持稳定增长。二三产业经营净收入加快增长。农村居民人均二三产业经营净收入1869元，增长14.2%，增速比上年加快3.0个百分点。

3. 财产净收入增长12.9%

2018年，农村居民人均财产净收入342元，增长12.9%，增速比上年提高1.5个百分点，占人均可支配收入的比重为2.3%。主要是转让承包土地经营权租金净收入和出租房屋净收入增长较快，分别增长13.6%和19.4%。

4. 转移净收入增长12.2%

2018年，农村居民人均转移净收入2920元，增长12.2%，增速比上年提高0.4个百分点，占人均可支配收入的比重为20.0%。主要是各地继续加大精准扶贫和社会救助力度，人均社会救济和补助收入增长39.6%；城乡居民医保并轨继续推进，人均报销医疗费增长26.1%。

（二）工资性收入对农民增收贡献最大

从增收贡献看，工资性收入对农村居民增收贡献最大。2018年全国农村居民人均工资性收入对农村居民增收的贡献率为42.0%，比上年下降2.6个百分点；经营净收入对农村居民增收的贡献率为27.9%，比上年提高1.1个百分点；财产净收入对农村居民增收的贡献率为3.3%，比上年提高0.4个百分点；转移净收入对农村居民增收的贡献率为26.8%，比上年提高1.1个百分点。

二 农村居民收入增长继续快于城镇，城乡居民间收入差距进一步缩小

（一）农村居民收入增长继续快于城镇居民

2018 年，全国城镇居民人均可支配收入 39251 元，比上年名义增长 7.8%，实际增长 5.6%。农村居民人均可支配收入名义增速和实际增速均快于城镇居民 1.0 个百分点。

（二）农村居民人均可支配收入中位数增速快于平均数

2018 年，全国农村居民人均可支配收入中位数 13066 元，比上年增长 9.2%，增速高于平均数 0.4 个百分点。农村居民人均可支配收入中位数相当于平均数的 89.4%，比上年提高 0.3 个百分点。

（三）城乡居民间收入差距进一步缩小

2018 年，城乡居民间人均可支配收入之比为 2.69，比上年下降 0.02，比 2010 年下降 0.30，城乡居民收入差距进一步缩小。

（四）农村居民内部收入差距有所改善

1. 西部地区[①]农村居民收入增速快于其他地区

分区域看，东部地区农村居民人均可支配收入比上年增长 8.7%，中部地区增长 9.0%，西部地区增长 9.3%，东北地区增长 7.4%。西部地区增长最快，东北地区增长最慢。东部、中部、东北与西部地区农村居民人均可支配收入之比分别为 1.55:1、1.18:1 和 1.19:1，西部地区与其他地区的差距有所缩小。

---

① 按东、中、西、东北分区，东部地区包括北京、天津、河北、上海、江苏、浙江、福建、山东、广东、海南。中部地区包括山西、安徽、江西、河南、湖北、湖南。西部地区包括内蒙古、广西、重庆、四川、贵州、云南、西藏、陕西、甘肃、青海、宁夏、新疆。东北地区包括辽宁、吉林、黑龙江。

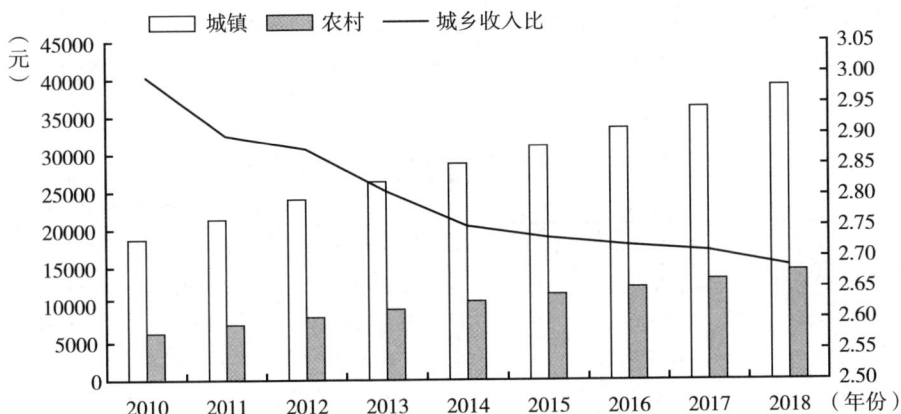

图1　2010～2018年城乡居民收入绝对值及收入比

资料来源：国家统计局开展的全国住户收支与生活状况调查。

2. 高、低收入组相对差距有所缩小

按农村居民人均可支配收入从低到高进行五等份分组，全国低收入组和高收入组农村居民收入增速较快，分别为11.0%和8.8%；中等偏上收入组和中等收入组农村居民收入增速居中，分别为6.5%和4.6%；中等偏下收入组农村居民收入增速最慢，为1.9%。全国农村高、低收入组居民人均可支配收入之比为9.29:1，比上年下降了0.19。

3. 农村低收入组居民收入增长加快

2018年，各地精准扶贫精准脱贫力度进一步加大，农村低收入组居民增收的内生动力不断增强，全年农村居民低收入组人均可支配收入增长11.0%，比上年提高1.2个百分点，增速高于全国农村居民2.2个百分点。

三　消费支出加快增长，消费结构持续优化升级

（一）农村居民消费加快增长

2018年，农村居民人均消费支出12124元，名义增长10.7%，实际增长

8.4%，分别比上年提高 2.6 个和 1.6 个百分点，呈现加快增长态势，其中医疗保健、生活用品及服务、居住、交通通信、教育文化娱乐支出增长较快。

表 2　2018 年农村居民消费支出变化情况

单位：元，%

指　标	水平	名义增速	指　标	水平	名义增速
人均消费支出	12124	10.7	交通通信	1690	12.0
食品烟酒	3646	6.7	教育文化娱乐	1302	11.1
衣着	648	5.9	医疗保健	1240	17.1
居住	2661	13.0	其他用品及服务	218	8.7
生活用品及服务	720	13.6			

资料来源：国家统计局开展的全国住户收支与生活状况调查。

1. 食品烟酒支出增长6.7%

2018 年，农村居民人均食品烟酒支出 3646 元，增长 6.7%。其中，受猪肉价格同比下跌影响，农村居民食品支出增速较慢，人均食品支出 2687 元，增长 4.2%；饮食服务支出增长较快，饮食服务支出 394 元，增长 27.6%。

2. 衣着支出增长5.9%

2018 年，农村居民人均衣着支出 648 元，增长 5.9%。其中，衣类支出 502 元，增长 9.7%。

3. 居住支出增长13.0%

2018 年，农村居民人均居住支出 2661 元，增长 13.0%。其中，住房维修及管理支出 487 元，增长 17.5%；水电燃料支出 608 元，增长 9.1%。

4. 生活用品及服务支出增长13.6%

2018 年，农村居民人均生活用品及服务支出 720 元，增长 13.6%。其中，家庭服务、家具及室内装饰品、个人用品支出增长较快，分别增长 35.9%、22.8% 和 19.3%。

5. 交通通信支出增长12.0%

2018 年，农村居民人均交通通信支出 1690 元，增长 12.0%。其中，交通支出 1220 元，增长 16.7%；通信支出 470 元，增长 1.4%。

6. 教育文化娱乐支出增长11.1%

2018 年，农村居民人均教育文化娱乐支出 1302 元，增长 11.1%。其中，教育支出 1022 元，增长 12.2%；文化娱乐支出 280 元，增长 7.3%。

7. 医疗保健支出增长17.1%

2018 年，农村居民人均医疗保健支出 1240 元，增长 17.1%。其中，医疗器具及药品支出 357 元，增长 22.3%；医疗服务支出 883 元，增长 15.2%。

8. 其他用品及服务支出增长8.7%

2018 年，农村居民人均其他用品及服务支出 218 元，增长 8.7%。

（二）恩格尔系数继续下降，消费结构持续优化升级

2018 年，农村居民人均消费支出中，吃、穿等生存型消费占比下降，医疗保健、居住、交通通信等发展型消费占比提高。

吃、穿等生存型消费占比下降。2018 年，农村居民人均食品烟酒支出占比（恩格尔系数）为 30.1%，比上年下降 1.1 个百分点；衣着支出占比为 5.3%，比上年下降 0.3 个百分点。

发展型消费占消费支出比重继续提高。2018 年，农村居民人均医疗保健支出占比为 10.2%，比上年上升 0.5 个百分点；居住支出占比为 21.9%，比上年上升 0.4 个百分点；交通通信支出占比为 13.9%，比上年上升 0.1 个百分点。

四　农村贫困人口减少1386万人

按现行国家农村贫困标准[①]测算，2018 年全国农村贫困人口 1660 万人，比上年减少 1386 万人，贫困人口比上年下降 45.5%；贫困发生率 1.7%，

---

① 农村贫困标准为：2010 年价格每人每年 2300 元。

比上年下降 1.4 个百分点。

1. 东、中、西部地区①农村减贫速度均超上年

2018 年东部地区农村贫困人口 147 万人，比上年减少 153 万人，下降 51.2%，减贫速度比上年提高 12.4 个百分点；贫困人口占全国农村贫困人口的 8.8%，比上年下降 1.0 个百分点；贫困发生率 0.4%，比上年下降 0.4 个百分点。

中部地区农村贫困人口 597 万人，比上年减少 515 万人，下降 46.3%，减贫速度比上年提高 16.1 个百分点；贫困人口占全国农村贫困人口的 36.0%，比上年下降 0.5 个百分点；贫困发生率 1.8%，比上年下降 1.6 个百分点。

西部地区农村贫困人口 916 万人，比上年减少 718 万人，下降 43.9%，减贫速度比上年提高 16.5 个百分点；贫困人口占全国农村贫困人口的 55.2%，比上年上升 1.5 个百分点；贫困发生率 3.2%，比上年下降 2.4 个百分点。

2. 各省份贫困发生率均下降至 6% 以下

2018 年，各省份贫困发生率普遍下降至 6% 以下。其中，贫困发生率在 5% 以上的省份有 4 个，包括贵州、西藏、甘肃、新疆，比上年减少 5 个；贫困发生率在 2%～5% 的省份有 7 个，包括山西、河南、广西、云南、陕西、青海、宁夏，比上年减少 5 个；贫困发生率在 0.5%～2% 的省份有 12 个，包括河北、内蒙古、辽宁、吉林、黑龙江、安徽、江西、湖北、湖南、海南、重庆、四川，比上年增加 9 个；北京、天津、上海、江苏、浙江、福建、山东、广东等 8 个省份的贫困发生率均在 0.5% 以下。

---

① 按东、中、西分区，东部地区包括北京、天津、河北、辽宁、上海、江苏、浙江、福建、山东、广东、海南。中部地区包括山西、吉林、黑龙江、安徽、江西、河南、湖北、湖南。西部地区包括内蒙古、广西、重庆、四川、贵州、云南、西藏、陕西、甘肃、青海、宁夏、新疆。

2018年农产品生产和价格运行状况

柏先红*

摘　要： 2018年农业生产基本稳定。粮食作物获得好收成，棉花、糖料、畜禽和水产品产量增加，油料产量减少。主要农产品市场供给充裕，价格总体平稳。农业供给侧结构性改革取得进展，农业种植结构调整优化。

关键词： 农产品产量　生产投入　粮食作物

2018年各地区各部门坚持农业农村优先发展，牢牢把握稳中求进总基调，落实高质量发展要求，深入实施乡村振兴战略，牢固树立新发展理念，认真贯彻落实中央关于农业发展的重大决策部署，积极推进农业供给侧结构性改革，毫不放松粮食生产，粮食生产再获好收成，主要畜禽生产基本稳定，农业生产在结构调整优化中保持平稳增长。主要农产品供给基本充裕，市场运行总体平稳，为有效应对各种风险挑战、确保经济持续健康发展和社会大局稳定提供了坚实支撑。

一　粮食生产和市场发展状况

（一）粮食生产获得好收成

1. 粮食产量变化情况及特点

总体来看，2018年我国粮食生产基本稳定，全年粮食总产量虽因夏粮、

---

* 柏先红，硕士，国家统计局农村司高级统计师，研究方向为农业农村统计调查和农业普查。

早稻减产有所下降，但减幅不大，仍稳定在 13000 亿斤[①]以上，处于历史较高水平。

粮食生产再获好收成。2018 年全国粮食总产量 13158 亿斤[②]，比上年[③]减产 74 亿斤，下降 0.6%。粮食减产的主要原因是播种面积减少。初步统计，2018 年全国粮食播种面积 17.56 亿亩，比上年减少 1428 万亩，下降 0.8%。因播种面积减少，粮食减产 107 亿斤。2018 年全国粮食作物单产 375 公斤/亩，每亩产量比上年提高 0.9 公斤，增长 0.2%。因单产提高，粮食增产 33 亿斤。粮食单产持平略增的主要原因为 2018 年秋粮生产期间整体天气状况比较适宜农作物生长。

分季节看，夏粮、早稻减产，秋粮增产。2018 年全国夏粮产量 2776 亿斤，减产 59 亿斤，下降 2.1%；早稻产量 572 亿斤，减产 26 亿斤，下降 4.3%；秋粮产量 9810 亿斤，增产 11 亿斤，增长 0.1%。

分类别看，谷物产量减少，豆类、薯类产量增加。2018 年全国谷物产量 12204 亿斤，减产 100 亿斤，下降 0.8%。豆类 383 亿斤，增产 15 亿斤，增长 3.9%。薯类 571 亿斤，增产 12 亿斤，增长 2.1%。

2. 农业气候对粮食生产总体有利

尽管 2018 年夏粮生产期间受灾致使夏粮亩产比上年减少，但早稻、秋粮生产期间，全国没有出现大范围灾情，气候条件有利于粮食生产。一是早稻生长期间，气候条件较为有利，早稻亩产提高。二是秋粮生长前期，全国大部农区光热充足，降水充沛，有利于秋收作物的生长发育和产量形成。北方农区春夏播后气温回升快，除局部地区发生旱情，多数地区降水次数多，降水量接近常年同期，土壤墒情适宜，有利于一季稻和大豆的生长发育。南方大部农区降水较多，库塘蓄水比较充足，对保障稻田用水和旱粮作物健康成熟有利。秋粮生产关键时期，全国大部农区光温适宜，有利于秋收粮食作

---

① 根据第三次全国农业普查结果，对 2006～2017 年农业、牧业和渔业生产有关数据进行了修正。

② 本章中有关数据为初步统计数，最终年报数据可能有调整。

③ 2017 年粮食等作物、畜牧业生产数据根据第三次全国农业普查结果进行了修正，下同。

物的灌浆成熟和收晒，秋粮单产提高。

3. 农业种植结构进一步优化

农业种植结构调整取得积极成效。2018年各地积极推进农业供给侧结构性改革，按照"藏粮于地、藏粮于技"的发展思路，在保障粮食生产能力不降低的同时，不断优化调整种植结构，全国粮、经、饲结构调整明显，种植结构进一步优化。区域布局更趋科学合理。谷物播种面积减少，豆类播种面积增加。稻谷生产结构进一步优化，品质较好和单产较高的中稻和一季晚稻种植面积继续增加；低产地块或地下水严重超采地区逐渐退出耗水量大的小麦生产，休耕轮作面积不断增加，非优势区继续减少玉米种植面积，扩大大豆面积。蔬菜及食用菌产量增长，中草药材种植面积和产量保持较快增长速度。2018年，湖南、江西两省主动调减单产较低、品质较差的早稻和双季晚稻种植面积796万亩，同时增加单产较高、品质较优的中稻和一季晚稻种植面积348万亩；黑龙江主动压缩冷凉区域水稻种植面积249万亩。贵州、河北两省大力发展经济作物，主动调减玉米种植面积765万亩。内蒙古、吉林、河南、山东、安徽等省份采取加大政策补贴等措施扶持大豆生产，五省份共增加大豆种植面积402万亩。

4. 粮食生产投入和收益情况

据对全国种植粮食[①]的农业生产经营单位、规模种植户和普通农户的抽样调查（下同），2018年全国粮食亩均生产投入[②]费用增加，亩均收益[③]减少。

2018年粮食亩均生产投入费用为378元，比上年增加14元[④]，增长3.9%。其中，物质投入费用为265元，增加12元，增长4.9%；生产服务

---

① 粮食，本文包括稻谷、冬小麦、玉米和大豆4个品种。粮食各项指标数据根据4个品种加权平均推算。

② 生产投入，是指农业生产过程中所消耗的货物和服务的价值，包括物质投入和生产服务支出两个部分，不包括人工费用、土地费用和折旧。物质投入是指在生产过程中因消耗各种农业生产资料而发生的支出费用。生产服务支出是指生产过程中各部门对农业生产提供服务而发生的支出费用。下同。

③ 收益，为总收入扣除生产投入费用之后的余额。下同。

④ 因小数点进位影响，与用整数计算略有出入。下同。

支出费用为 113 元，增加 2 元，增长 1.6%。2018 年粮食亩均种子投入费用为 60 元，比上年增加 3 元，增长 4.5%；亩均化肥投入费用为 137 元，比上年增加 6 元，增长 4.9%；亩均农药投入费用为 34 元，比上年增加 2 元，增长 4.8%；亩均外雇机械作业费用为 98 元，比上年增加 2 元，增长 2.5%。

2018 年全国粮食亩均总收入①为 1007 元，比上年减少 10 元，下降 1.0%。扣除生产投入费用，全国粮食亩均收益（未扣除人工费用、土地费用和折旧）为 629 元，减少 25 元，下降 3.8%。

（二）小麦减产

1. 小麦产量变动情况及其特点

2018 年全国小麦产量 2629 亿斤，比上年减产 58 亿斤，下降 2.2%。小麦播种面积、单产、总产均略减，总体弱于上年。

从小麦播种面积看，2018 年全国小麦播种 3.64 亿亩，比上年减少 360 万亩，下降 1.0%。小麦播种面积减少的主要原因：一是各地积极推进农业供给侧结构性改革，大力调整农业种植结构，夏粮播种面积减少，花生、蔬菜等经济作物播种面积较往年有所增加；河北省部分地区由于地下水严重超采而采取休耕政策，减少了小麦种植；二是小麦秋冬播期间部分地区遭遇持续阴雨天气，水稻不能及时收割腾茬，影响了这些地区小麦播种；三是得益于棉花目标价格改革政策的实施，新疆棉农种植棉花的积极性提高，更多农户倾向减麦扩棉。

从小麦单产看，2018 年全国小麦单产 361 公斤/亩，比上年减少 4.4 公斤/亩，下降 1.2%。夏粮单产下降的主要原因包括以下两点。一是夏粮生产期间天气条件总体较差。秋冬播期间，河南等局部地区遭遇持续降雨天气，部分麦田播期推迟 15～20 天，小麦冬前积温不足，不利于形成冬前壮苗和安全越冬；清明节期间，正值小麦生长的拔节－孕穗关键期，黄淮海等小麦主产区遭受了一次大范围的大幅度降温天气，影响小麦穗粒数形成；灌

---

① 总收入，为主产品产值和副产品产值之和，下同。

浆收获期间，安徽等部分地区遭遇长时间阴雨天气，降水偏多，日照不足，不仅不利于小麦灌浆和产量的进一步形成，还导致小麦出芽霉变，影响品质提高。二是灾害同比较重。据国家减灾委统计，2018年5月全国农作物受灾面积3053万亩，较上年同期增加441万亩，增长17%；绝收面积244万亩，较上年同期增加2倍以上。虽然各地积极采取应对措施减轻灾害造成的影响，但难以挽回灾害造成的损失。

2. 小麦价格变动趋势及预测

2018年小麦集贸市场价格呈现先抑后扬运行态势。2018年11月中旬，国家发改委公布了2019年小麦最低收购价，小麦（三等）最低收购价为每50公斤112元，比2018年下调3元。国家连续两年调低小麦最低收购价，发出的政策信号非常明显，但由于小麦的口粮属性，其价格一般不会出现大幅度波动。目前，小麦库存较为充裕，市场需求稳定，预计2019年小麦价格将以稳为主，不会发生大的价格波动。

3. 小麦生产投入和收益情况

冬小麦亩均生产投入费用增加。2018年全国平均每亩冬小麦生产投入费用为403元，比上年增加14元，增长3.6%。其中，物质投入费用为273元，增长4.9%；生产服务支出费用为130元，增长0.9%。用种量增加，种子费用增长，2018年全国平均每亩冬小麦种子用量为16.3公斤，比上年增加0.6公斤，增长4.1%。全国平均每亩冬小麦种子费用为70元，比上年增长4.1%。其中，购买良种费用为64元，比上年增长3.8%。化肥、农药投入费用增长，2018年全国平均每亩冬小麦化肥投入费用为153元，比上年增长4.9%，其中，复合肥投入费用120元，增长2.2%；全国平均每亩冬小麦农药投入费用为27元，比上年增长12.0%。外雇机械作业费用增长，2018年全国平均每亩冬小麦外雇机械作业费用为114元，比上年增长1.0%。

冬小麦亩均收益下降。2018年全国平均每亩冬小麦总收入为915元，比上年减少41元，下降4.2%。扣除生产投入费用，全国平均每亩冬小麦收益（未扣除人工费用、土地费用和折旧）为512元，比上年减少55元，下降9.6%。

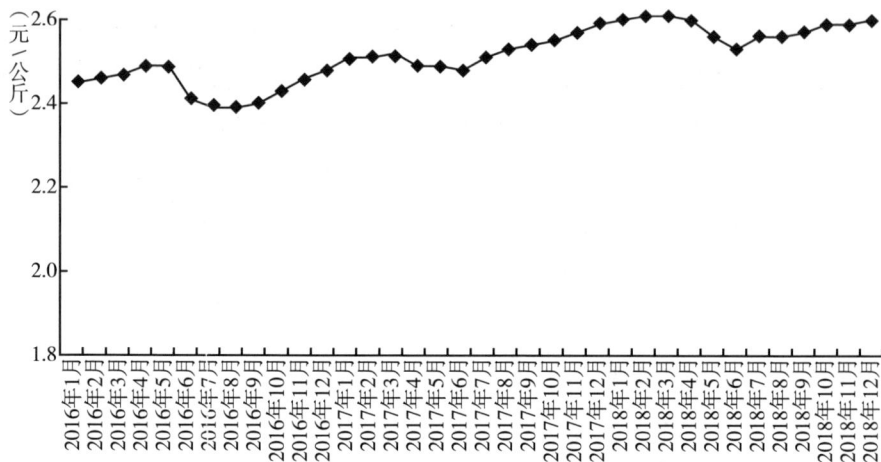

图 1 2016～2018 年小麦集贸市场价格走势

资料来源：《中国农产品价格调查年鉴 2018》和国家统计局集贸市场价格调查结果。

（三）稻谷减产

1. 稻谷产量变动情况及其特点

2018 年全国稻谷产量为 4243 亿斤，比上年减少 11 亿斤，下降 0.3%。从稻谷生产大省来看，吉林、黑龙江、江西、湖南等省份相对减产较多，是稻谷减产的主要省份。

从稻谷播种面积来看，稻谷减产主要来源于播种面积减少。2018 年全国稻谷播种面积 4.53 亿亩，比上年减少 837 万亩，下降 1.8%；2018 年稻谷播种面积在 1000 万亩以上的省份中，黑龙江、江苏、安徽、江西、湖南、广东、广西、四川、贵州、云南等省份播种面积均不同程度减少。

从稻谷单产来看，2018 年单产为 468 公斤/亩，比上年增加 7.3 公斤，增长 1.6%。2018 年稻谷播种面积在 1000 万亩以上的省份中，吉林、黑龙江、广东和贵州受自然灾害或病虫害的影响，单产有所下降外，其他省份单产都有不同程度增加。

2. 稻谷价格变动情况及预测

2018 年籼稻和粳稻集贸市场价格呈现总体稳定、略有下降的运行态势，

2018 年 12 月籼稻和粳稻集贸市场价格比 1 月分别下降 0.09 元/斤和 0.03 元/斤。近年来，我国水稻库存持续增加，2018 年国家下调稻谷最低收购价，政策导向非常明显。预计 2019 年稻谷市场价格将承受下行压力，难以走出强势行情；但由于稻谷的口粮属性，其市场价格一般不会出现大幅度下滑，市场价格小幅震荡的可能性较大。

3. 稻谷生产投入和收益情况

稻谷亩均生产投入费用增加。2018 年稻谷亩均生产投入费用为 463 元，比上年增加 16 元，增长 3.6%。其中，物质投入费用为 305 元，增加 15 元，增长 5.0%；生产服务支出费用为 158 元，增加 2 元[①]，增长 1.1%。2018 年稻谷亩均种子投入费用为 62 元，比上年增加 4 元，增长 6.9%；亩均化肥投入费用为 140 元，比上年增加 7 元，增长 5.4%；亩均农药投入费用为 59 元，增加 2 元，增长 2.6%；外雇机械作业费用为 135 元，增加 2 元，增长 1.9%。

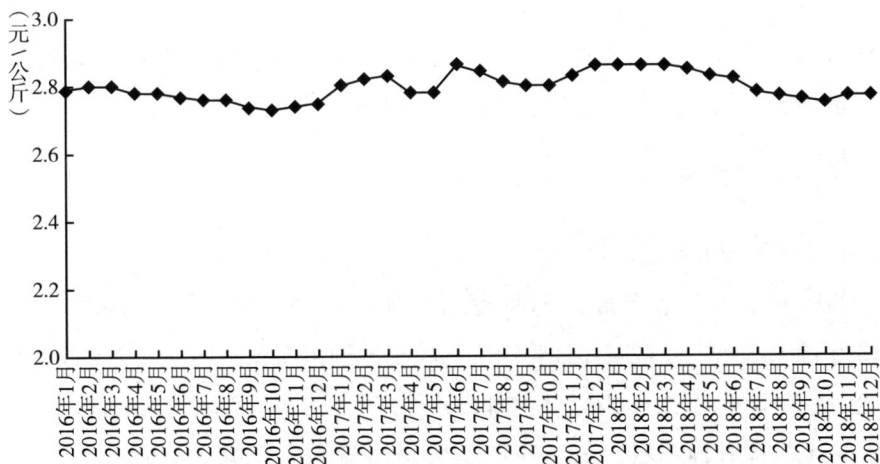

图 2 2016～2018 年籼稻集贸市场价格走势

资料来源：《中国农产品价格调查年鉴 2018》和国家统计局集贸市场价格调查结果。

---

① 因小数点进位影响，与用整数计算略有出入。下同。

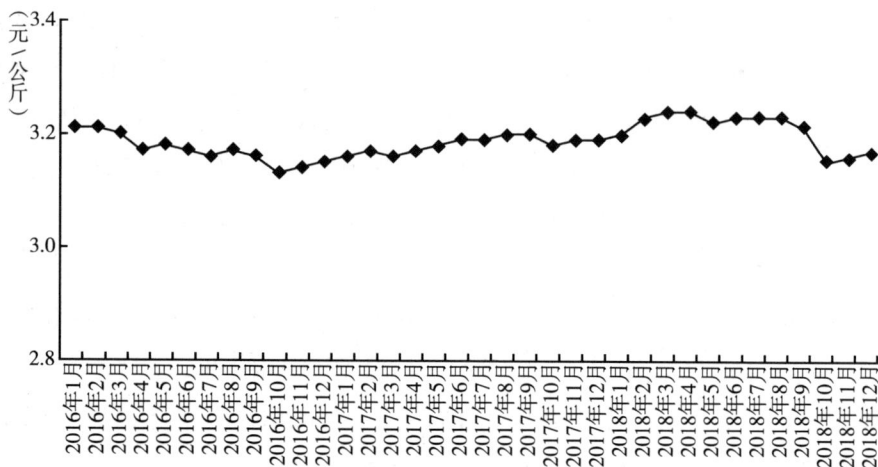

图3 2016～2018年粳稻集贸市场价格走势

资料来源：《中国农产品价格调查年鉴2018》和国家统计局集贸市场价格调查结果。

2018年全国稻谷亩均总收入为1362元，比上年减少23元，下降1.7%。扣除生产投入费用，全国稻谷亩均收益（未扣除人工费用、土地费用和折旧）为899元，减少40元，下降4.2%。稻谷亩均收益减少的主要原因是稻谷价格下跌和主要农业生产资料价格上涨。

（四）玉米减产

1. 玉米产量变动情况及其特点

2018年全国玉米产量为5147亿斤，比上年减产35亿斤，减少0.7%。2018年国家继续主动调减非优势产区籽粒玉米种植面积，部分生产大省玉米减产较多，2018年河北、辽宁、吉林和山东等省份玉米减产都在10亿斤以上。

从玉米播种面积看，玉米减产主要是由播种面积减少引起的。2018年全国玉米播种面积为6.32亿亩，比上年减少404万亩，下降0.6%；2018年玉米播种面积在1000万亩以上的省份中，河北、山西、安徽、山东、河南、湖北、四川和甘肃等大多数省份玉米播种面积均减少10万亩以上。

从玉米单产看，2018年玉米单产为407公斤/亩，比上年减少0.1公斤，与上年基本持平。2018年玉米播种面积在1000万亩以上的省份中，河北、辽宁、吉林、黑龙江、安徽、山东、湖北等省份玉米单产不同程度减少，山西、内蒙古、河南、四川、云南、陕西、甘肃、新疆玉米单产增加。

2. 玉米价格变动情况及预测

2018年玉米价格先扬后抑，走出了一波反弹行情，整体价格较上年明显提高，玉米去库存取得明显效果。2018年国内玉米生产较为稳定，虽然较上年有所减产，但幅度不大，国内玉米供应较为稳定。受非洲猪瘟等因素影响，预计2019年玉米需求将有所放缓，预计2019年国内玉米价格将以稳为主，价格大幅上行或下行的压力都不大。

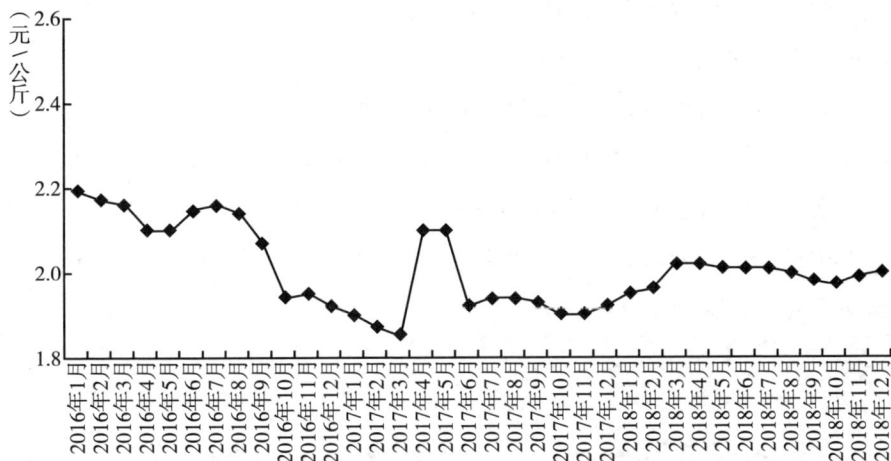

图4 2016～2018年玉米集贸市场价格走势

资料来源：《中国农产品价格调查年鉴2018》和国家统计局集贸市场价格调查结果。

3. 玉米生产投入和收益情况

玉米亩均生产投入费用增长。2018年全国平均每亩玉米生产投入费用为331元，比上年增加15元，增长4.8%。其中，物质投入费用为255元，增长4.7%；生产服务支出费用为76元，增长5.1%。全国平均每亩玉米种子费用为58元，比上年增加2元，增长4.2%；化肥投入费用为143元，比上年增加6元，增长4.6%；农药投入费用为18元，比上年增长5.8%；外雇机械作业费用为66元，比上年增加4元，增长7.2%。

玉米亩均收益增加。2018 年全国平均每亩玉米总收入为 854 元，比上年增加 21 元，增长 2.6%。扣除生产投入费用，全国平均每亩玉米收益（未扣除人工费用、土地费用和折旧）为 524 元，比上年增加 6 元，增长 1.2%。

（五）大豆增产

1. 大豆产量变动情况及其特点

2018 年全国大豆产量 320 亿斤，比上年增加 15 亿斤，增长 4.8%。在大豆生产大省中，内蒙古、吉林、黑龙江、安徽、河南和四川等 6 省份合计大豆播种面积和产量占全国的比重均超过一半，其中黑龙江大豆播种面积和产量占全国的比重均在 1/4 以上。

从大豆播种面积看，随着农业供给侧结构性改革的深入推进，非优势产区压缩玉米种植面积，改种大豆，大豆面积快速增加，成为大豆产量增加的主导因素。2018 年全国大豆种植面积为 1.26 亿亩，比上年增加 232 万亩，增长 1.9%。从大豆单产看，2018 年全国大豆单产为 127 公斤/亩，比上年提高 3.5 公斤，增长 2.9%。

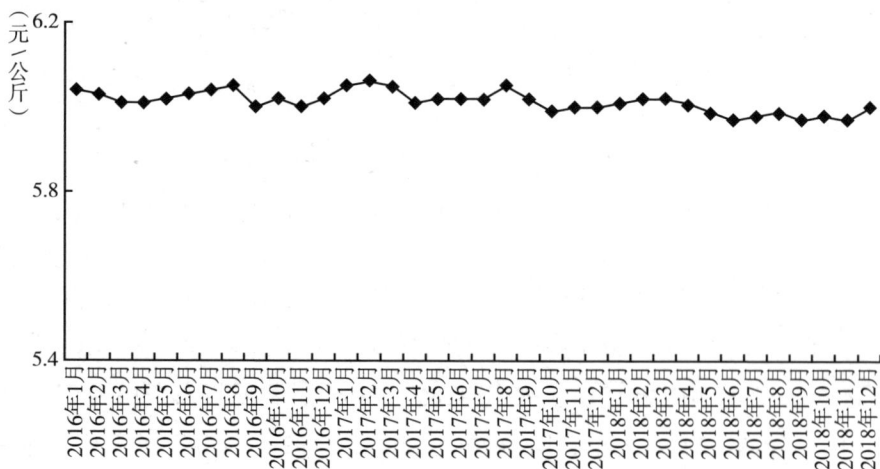

图 5　2016～2018 年大豆集贸市场价格走势

资料来源：《中国农产品价格调查年鉴 2018》和国家统计局集贸市场价格调查结果。

2. 大豆价格变动情况及预测

2018 年国产大豆市场价格一路下行，整体价格较上年有所下降。2018 年大豆产量再次增加，对缓解产需矛盾具有一定的积极作用。内蒙古及东北三省相继公布大豆生产者补贴金额，种植结构调整的预期非常明显。预计 2019 年在政策的支持和鼓励下，大豆种植面积和总产量有望继续增加。我国大豆主要依赖进口满足市场需求，随着中美贸易纠纷的逐步缓和，大豆进口量难以出现大幅度减少的态势，预计大豆价格将承受较大的下行压力。

3. 大豆生产投入和收益情况

大豆亩均收益低于其他主要粮食品种。2018 年全国平均每亩大豆总收入为 567 元，比上年增加 8 元，增长 1.4%。扣除生产投入费用，全国平均每亩大豆收益（未扣除人工费用、土地费用和折旧）为 389 元，比上年增加 3 元，增长 0.7%。大豆收益低于其他主要粮食品种。2018 年全国平均每亩大豆收益比早稻、玉米和冬小麦分别低 214 元、135 元和 123 元。大豆的亩均收益分别相当于早稻、玉米和冬小麦的 64.5%、74.3% 和 75.9%。

大豆亩均生产投入费用增加。2018 年全国大豆亩均生产投入费用为 178 元，比上年增加 5 元，增长 2.9%。其中，亩均物质投入费用为 138 元，比上年增加 7 元，增长 5.5%。全国大豆亩均种子投入费用为 36 元，比上年减少 2 元，下降 4.7%；亩均化肥投入费用为 60 元，比上年增加 3 元，增长 4.9%；亩均农药投入费用为 17 元，比上年下降 1.9%；亩均外雇机械作业费为 37 元，比上年减少 2 元。

二　经济作物生产和市场发展情况

（一）棉花生产和市场运行情况

1. 棉花产量变动情况及其特点

棉花实现较大幅度的增产。2018 年全国棉花产量 610 万吨，比上年增加 44 万吨，增长 7.8%。其中，新疆棉花产量 511 万吨，比上年增加 54 万吨，增长 11.9%。新疆棉花产量占全国的 83.8%，较上年提高 3 个百分点。

全国棉花种植面积增加。2018 年全国棉花种植面积 5028 万亩，比上年增加 236 万亩，增长 4.9%。分地区看，我国最大产棉区新疆棉花种植面积比上年增加 411 万亩，增长 12.4%。国家对新疆地区实施棉花目标价格补贴政策，尤其是新疆建设兵团取消"五统一"等政策，调动了棉农的生产积极性，成为新疆棉花大力发展的重要增长点。全国（除新疆外）30 个省（区、市）受种植效益和种植结构调整等因素的影响，延续多年来生产萎缩的态势，棉花种植面积比上年减少 174 万亩，下降 11.9%。其中，长江流域①棉区种植面积比上年减少 160 万亩，下降 22.4%。

全国棉花单产有所提高。2018 年全国棉花单位面积产量 121 公斤/亩，比上年增加 3.3 公斤/亩，增长 2.8%。其中，长江流域棉区单位面积产量增加 3.0 公斤/亩，增长 4.3%；黄河流域棉区单位面积产量增加 0.7 公斤/亩，增长 0.9%。新疆棉花单位面积产量 137 公斤/亩，虽然比上年减少 0.5 公斤/亩，但高出其他棉区近 80%；新疆棉花种植面积占全国的比重进一步提高，成为全国棉花单产增加的重要因素。

2. 棉花市场变动情况

2018 年棉花市场价格总体保持稳中略降运行态势。从生产者价格来看，2018 年棉花生产者价格总水平比上年下降 2.1%。从集贸市场价格来看，除 4 月、5 月、7 月、8 月高于上年同期和 12 月与上年持平外，2018 年其他各月棉花价格均低于上年同期。从月度环比看，2018 年全年棉花集贸市场价格呈现先升后降态势，上半年为上升，6 月达到最高 7.19 元，下半年转为下降。截至 2018 年底，棉花（籽棉）集贸市场价格为每公斤 7.07 元，与上年同期持平，比 1 月高 0.02 元。

---

① 长江流域棉区包括 5 省份：江苏、安徽、江西、湖南、湖北；黄河流域棉区包括 6 省份：天津、河北、山西、山东、河南、陕西。

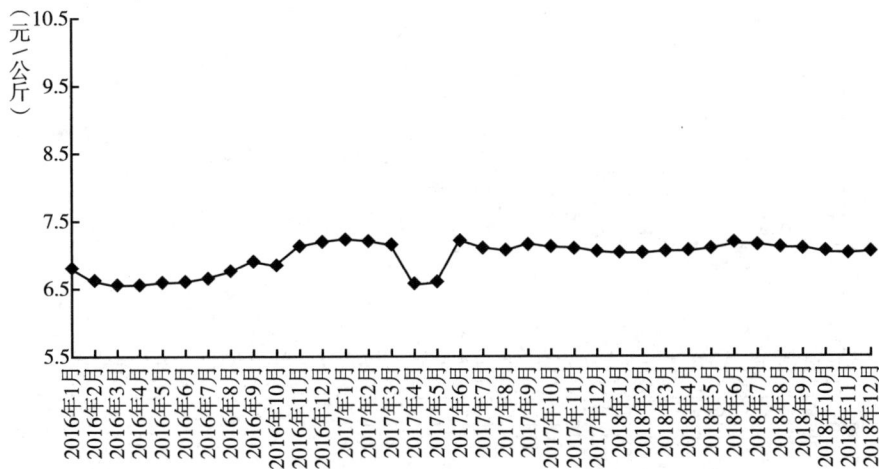

图6 2016~2018年棉花（籽棉）集贸市场价格走势

资料来源：《中国农产品价格调查年鉴2018》和国家统计局集贸市场价格调查结果。

（二）油料生产和市场运行状况

1. 油料产量变动情况及其特点

预计2018年全国油料总产量3439万吨，比上年减产1.0%。其中冬油菜籽总产量为1185.1万吨，比上年减产22.6万吨，减少1.9%。油料减产主要是由于播种面积减少。

从播种面积看，预计油料总播种面积1289万公顷，比上年减少33万公顷。受价格低迷影响，2018年油料总播种面积较上年有一定程度的减少，其中冬油菜籽播种面积586万公顷，比上年减少13万公顷，减少2.2%，油菜籽播种面积有所减少，花生播种面积较为稳定。从单产看，全国冬油菜籽单产略增，2018年全国冬油菜籽单产为每公顷2022公斤，比上年每公顷增加7.2公斤，提高0.4%。

2. 油料市场变动情况

2018年油料市场总体平稳运行。从集贸市场价格变动情况看，2018年油菜籽集贸市场价格总体保持上涨态势，12月油菜籽集贸市场价格为每公斤5.40元，比1月上涨0.09元。

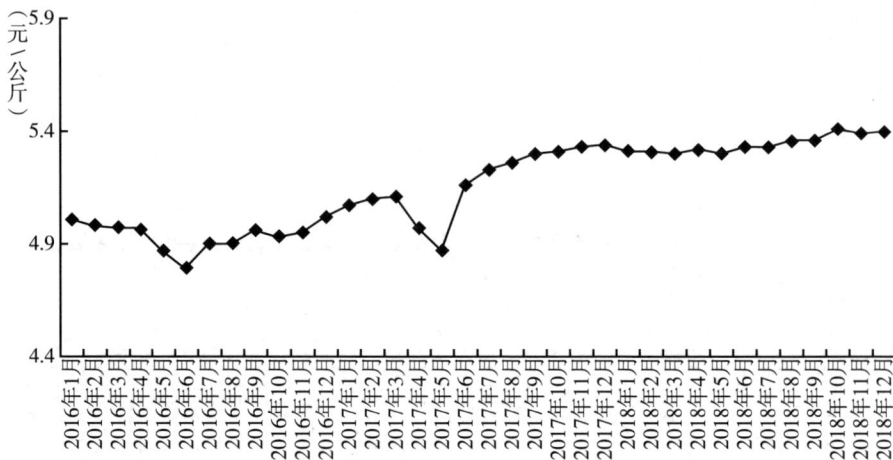

图7 2016～2018年油菜籽集贸市场价格走势

资料来源：《中国农产品价格调查年鉴2018》和国家统计局集贸市场价格调查结果。

（三）糖料生产和市场运行情况

1. 糖料产量变动情况及其特点

预计2018年全国糖料产量11976万吨，增产5.3%。

从播种面积看，预计2018年全国糖料种植面积163万公顷，比上年增加9万公顷。各地深入推进农业供给侧结构性改革，北方地区甜菜种植面积大幅增加，南方甘蔗产区种植面积略有增加。

2. 糖料市场变动情况

2018年糖料生产者价格比上年下降1.2%，其中一季度价格比上年上涨1.7%，二季度和四季度同比分别下降2.8%和1.9%（因第三季度出售量较少，缺乏有效价格数据）。

三　畜、禽、水产品生产和市场发展情况

全国主要畜禽监测调查结果显示，2018年，全国猪牛羊禽肉产量8517万吨，比上年下降0.3%；禽蛋产量3128万吨，同比增长1.0%；牛奶产量3075万吨，同比增长1.2%。

（一）生猪生产和价格变动情况

1. 生猪生产情况及其特点

生猪生产下降，存栏减少。生猪出栏和猪肉产量下降。2018 年全国生猪出栏 6.94 亿头，比上年减少 820 万头，下降 1.2%；猪肉产量 5404 万吨，减少 48 万吨，下降 0.9%。

生猪存栏减少。12 月底全国生猪存栏 4.28 亿头，比上年末减少 1342 万头，下降 3.0%；比三季度末减少 70 万头，环比下降 0.2%。其中能繁殖母猪存栏 4261 万头，比上年末减少 210 万头，下降 4.7%；比三季度末增加 35 万头，环比增长 0.8%。

非洲猪瘟疫情在一定程度上对生产造成了影响。2018 年 8 月初始于辽宁的非洲猪瘟传播迅速，截至 2018 年底，全国 23 个省份点状爆发近 100 起疫情，相关部门及时采取捕杀和管制调运等措施，疫情虽然没有大面积流行，但对养猪积极性造成一定影响。调运管控和需求下降造成生猪压栏、出栏减少。同时价格低迷导致养殖户补栏积极性受挫，生猪存栏减少。据调查，前三季度生猪出栏同比呈稳中有增态势，但第四季度生猪出栏单季度下降 4.1%，导致全年生猪出栏同比下降 1.2%。12 月末，全国仔猪存栏同比下降 10.8%，其中生猪存栏量前 15 位主产省仔猪存栏同比下降 11.9%。

2. 生猪价格变动情况

生猪价格波动，市场供应有保障。2018 年前五个月生猪价格呈回落走势，随后温和反弹 4 个月，9 月为 14.07 元/公斤，非洲猪瘟爆发后，生猪价格调头下跌。对全国 200 个农产品主产县集贸市场农产品价格调查显示，12 月集贸市场生猪出售价格为 13.51 元/公斤，同比下降 10.1%。从目前情况看，虽然生猪生产受疫情影响有所下降，但由于我国生猪饲养量大面广，如果后期疫情得到有效控制，生猪市场总体供应仍有保障。

（二）牛羊肉生产和价格变动情况

1. 牛羊肉生产情况及其特点

牛羊出栏增加。2018 年全国肉牛出栏 4397 万头，比上年增加 57 万头，增长 1.3%；牛肉产量 644 万吨，增加 9 万吨，增长 1.5%；牛奶产量 3075 万吨，增加 36 万吨，增长 1.2%。2018 年羊出栏 3.10 亿只，比上年增加 213 万只，增长 0.7%；羊肉产量 475 万吨，增加 4 万吨，增长 0.8%。

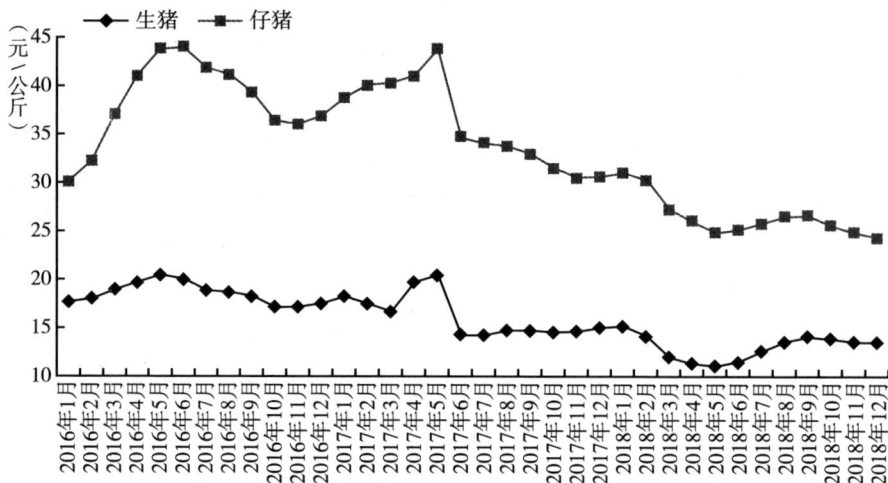

图 8 2016～2018 年生猪、仔猪集贸市场价格走势

资料来源：《中国农产品价格调查年鉴 2018》和国家统计局集贸市场价格调查结果。

由于牛羊需求量增加，出栏加快，年末存栏呈减少态势。据调查，12 月底全国牛存栏 8915 万头，比上年末减少 123 万头，下降 1.4%。羊存栏 2.97 亿只，比上年末减少 518 万只，下降 1.7%。

2. 牛羊价格变动情况

牛羊存栏减少，价格大幅上涨，受牛羊肉长期需求旺盛和近期非洲猪瘟疫情影响，牛羊肉替代猪肉消费需求上升，市场上牛羊肉价格大幅上涨。据调查，12 月末集贸市场牛羊肉价格均创历史新高，其中牛肉 66.99 元/公斤，同比上涨 6.1%；羊肉 68.46 元/公斤，同比上涨 12.0%。

（三）禽类产品生产和价格变动情况

1. 禽肉、禽蛋生产情况

2018 年家禽出栏 130.9 亿只，比上年增加 6745 万只，增长 0.5%；禽肉产量1994万吨，增加12万吨，增长0.6%；禽蛋产量3128万吨，增加32万吨，增长1.0%。12月底全国家禽存栏60.4亿只，比上年末减少1564万只，下降0.3%。

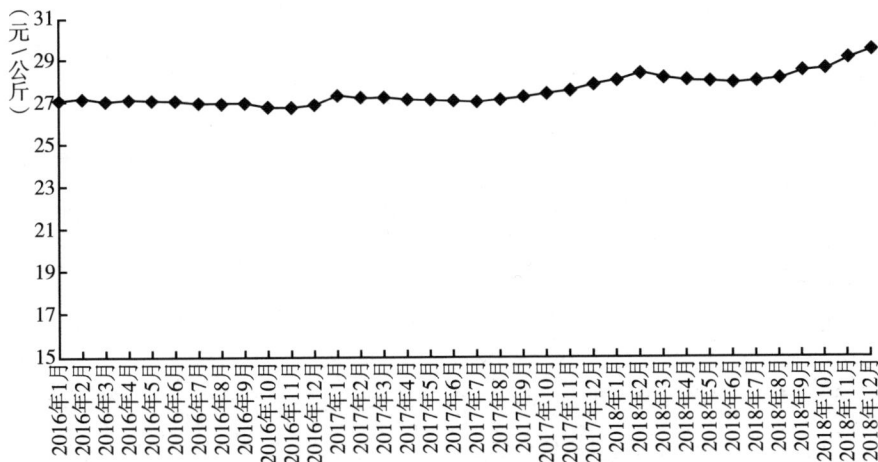

图9　2016～2018年活牛集贸市场价格走势

资料来源：《中国农产品价格调查年鉴2018》和国家统计局集贸市场价格调查结果。

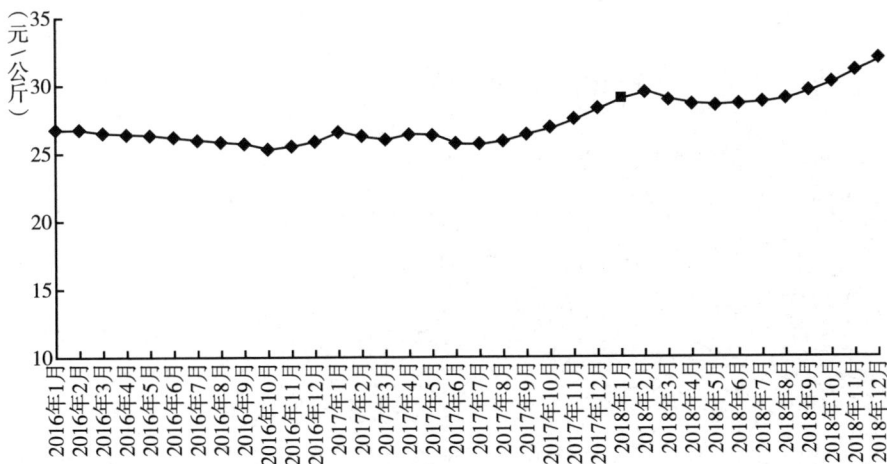

图10　2016～2018年活羊集贸市场价格走势

资料来源：《中国农产品价格调查年鉴2018》和国家统计局集贸市场价格调查结果。

2. 家禽价格变动情况

从集贸市场价格来看，2018 年活鸡价格呈现先抑后扬的特点，1～6 月活鸡集贸市场价格快速下跌，由 1 月的 19.29 元/公斤下跌到 6 月的 18.54 元/公斤；7 月活鸡价格开始快速回升，震荡上行，12 月价格上涨到 19.78 元/公斤。

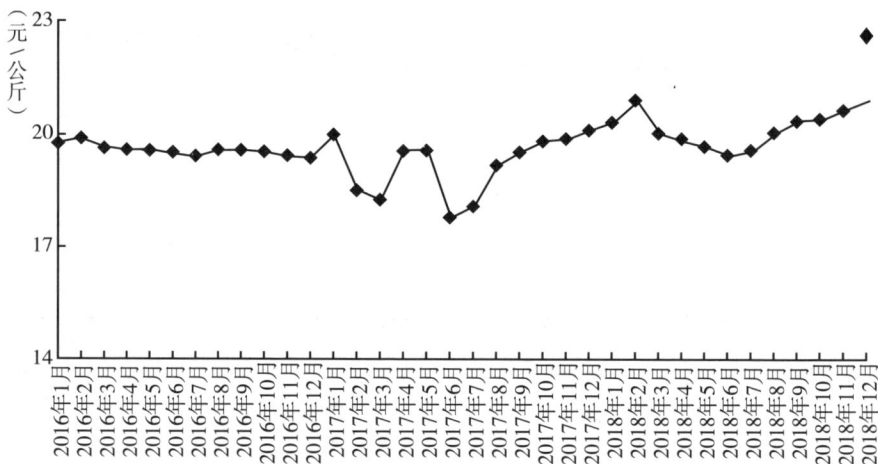

图 11　2016～2018 年活鸡集贸市场价格走势

资料来源：《中国农产品价格调查年鉴 2018》和国家统计局集贸市场价格调查结果。

（四）水产品生产和价格变动情况

1. 水产品生产情况

据农业部初步统计，2018 年全国水产品总产量 6469 万吨，比上年增长 0.4%，比上年略增。其中，养殖水产品产量 5018 万吨，增长 2.3%；捕捞水产品产量 1451 万吨，下降 5.7%。

2. 渔业产品价格变动情况

2018 年渔业产品市场总体处于高位，价格普遍高于上年。2018 年渔业产品生产者价格比上年上涨 2.6%。分季度看，第一至第四季度水产品同比涨幅分别为 6.5%、1.4%、0.9% 和 1.0%。海水养殖产品生产者价格上涨 1.4%，海水捕捞产品上涨 4.7%，淡水养殖产品上涨 2.2%。

G.4

2018年种植业经济形势及2019年展望

张瑞娟　白　描*

摘　要： 基于"藏粮于地"的粮食安全思路和三大粮食作物的库存压力，2018年中国谷物播种面积适度调减，豆类、棉花和糖料作物播种面积增加。从粮食安全角度来看，虽然粮食播种面积减少了，但单产提高，所以全年粮食产量同比略有下降，却依然处于高位。贸易方面，2018年主要粮食作物中除玉米外，小麦、大米、大麦、高粱、木薯、大豆进口量同比减少，大米出口创下新高；而经济作物中，棉花、食用植物油、食糖进口量均有所增加。价格方面，2018年，除玉米价格有所涨幅外，小麦、稻谷、大豆、油料、食糖等农产品价格均出现下跌。土地成本和人工成本的增加依然是种植业生产成本不断增长的主要原因。预测2019年，稻谷和小麦的产量不会大幅下降，优质优价体系会逐步建立；2019年玉米有可能局部地区小幅增产，大幅增产的可能性不大。2019年大豆和油料作物种植面积会有所增加，增产可能性较大；2019年糖料作物增产可能性较大。2019年，稻谷价格上涨的可能性不大，小麦和大豆价格下调可能性较大，玉米和棉花价格上浮的可能性增大，2019年国内食糖价格会触底反弹。受国内外价差扩大、国内生产成本增加等因素影响，种植业进口压力依然较大。

---

* 张瑞娟，博士，中国社会科学院农村发展研究所助理研究员，研究方向为农村发展理论与政策；白描，博士，中国社会科学院农村发展研究所副研究员，研究方向为农村发展与政策。

关键词：　粮食作物　经济作物　种植业

一　2018年种植业生产情况

（一）粮食作物

为确保国家粮食安全，"把中国人的饭碗牢牢端在自己手中"，政府不断完善支持政策体系，加大投入力度，推进农业供给侧结构性改革，加强农业技术扶持，使得除2016年外，自2004年以来中国粮食生产能力逐年增长。2018年，全国粮食总产量为65789万吨，比2017年减产0.6%，但减幅不大，属于粮食丰收年。伴随种植结构的优化，各地因地制宜，适度调减库存压力较大的稻谷与玉米种植，从而使2018年全国粮食播种面积减少0.8%。同时，通过深入实施"藏粮于技"，2018年粮食单产同比提高0.2%，粮食生产沿着科学、理性的道路发展。

1. 分品种种植情况

2018年中央一号文件提出"加快消化政策性粮食库存"。在稻谷、玉米和小麦库存持续增加的压力下，为维护粮食供需平衡，除完善储备粮管理体制合理去库存外，依据党中央"藏粮于地"的指导思路，2018年各地深入推进供给侧结构性改革，适度调减粮食作物产量，以合理控制粮食增量。例如，2018年河北、贵州调减玉米种植面积，扩大经济作物种植；黑龙江调减水稻种植面积249万亩；江西、湖南贯彻中央一号文件"推动农业由增产导向转向提质导向"的思路，增加高产、高质的中稻和一季晚稻种植面积，调减相对而言低产又低质的早稻和双季晚稻的种植面积。但即便如此，2018年中国粮食产量依然居于高位，粮食安全始终牢牢掌握在自己手中。

从分品种产量情况来看，2018年谷物产量为61019万吨，比2017年减产0.8%。其中，稻谷和玉米产量略有下降，分别比2017年减产0.3%和

0.7%；相比之下，小麦减产幅度比较大，2018 年产量为 13143 万吨，在 2017 年的基础上减产 2.2%。与谷物产量情况有所不同，2018 年豆类和薯类产量分别为 1914 万吨和 2856 万吨，比 2017 年分别增产 4.0% 和 2.1%。

2018 年粮食总产量中，谷物所占比重为 92.7%，相较于 2017 年下降 0.3 个百分点；豆类和薯类所占比重分别为 2.9% 和 4.3%，均比 2017 年提高 0.1 个百分点。谷物中，三大粮食作物产量合计占 98.5%。其中，玉米所占比重最大，为 42.2%，在 2017 年基础上提高 0.1 个百分点；稻谷和小麦占 2018 年谷物产量的比重则分别为 34.8% 和 21.5%，相较于 2017 年，前者提高 0.2 个百分点，后者下降 0.3 个百分点。

表1　2018 年主要粮食作物产量及同比变化

单位：万吨，%

品种	2018 年	2018 年比 2017 年增产
粮食	65789	− 0.6
谷物	61019	− 0.8
稻谷	21213	− 0.3
小麦	13143	− 2.2
玉米	25733	− 0.7
豆类	1914	4.0
薯类	2856	2.1

资料来源：国家统计局官方网站公布《2018 年国民经济和社会发展统计公报》、《关于 2018 年粮食产量的公告》以及年度统计数据。2018 年公报根据第三次全国农业普查结果对农、牧、渔业历史数据进行了修订，此处分析以 2018 年公报数据为准。

为合理控制粮食增量以减轻库存压力，2018 年谷物播种面积在 2017 基础上减少 1.1%。其中，稻谷播种面积减调幅度最大，为 1.8%；此外，小麦和玉米播种面积相较于 2017 年亦分别减少 1.0% 和 0.6%。随着农业供给侧结构性改革不断深化，2018 年全国豆类播种面积与 2017 年相比增加 1.2%，薯类播种面积亦有所增加，幅度为 0.1%。

单产方面，2018 年谷物单产在 2017 年基础上提高 0.3%。其中，稻谷单位面积产量同比提高 1.6%，玉米单产水平基本与 2017 年持平，而小麦单产与 2017 年相比则下降了 1.2%。此外，2018 年豆类与薯类单位面积产量均有较大幅度提升，与 2017 年相比分别提高 2.7% 和 2.0%。

表2　2018 年主要粮食作物播种面积及单产情况

项目	播种面积		单产	
	面积（万公顷）	同比增长（%）	单产（公斤/公顷）	同比增长（%）
粮食	11704	−0.8	5621	0.2
谷物	9968	−1.1	6121	0.3
稻谷	3019	−1.8	7027	1.6
小麦	2427	−1.0	5416	−1.2
玉米	4213	−0.6	6108	0.03
豆类	1017	1.2	1882	2.7
薯类	718	0.1	3978	2.0

资料来源：国家统计局官方网站公布的《2018 年国民经济和社会发展统计公报》、《关于 2018 年粮食产量的公告》以及年度统计数据。2018 年公报根据第三次全国农业普查结果对农、牧、渔业历史数据进行了修订，此处分析以 2018 年公报数据为准。

2. 分季节种植情况

从分季节种植情况来看，2018 年并没有出现全国范围的灾情，粮食生产的气候条件总体比较适宜。其中，因部分地区受灾，2018 年夏粮单产下降，全年总产量为 13878 万吨，与 2017 年相比减产 2.1%。早稻单位面积产量虽然同比每公顷提高 157.5 公斤，但播种面积减少，从而总产量在 2017 年基础上减产 4.3%。秋粮生产期间，除部分地区有灾情外，基本上雨水充沛、气候适宜，在夏粮、早稻都减产的情况下 2018 年秋粮增产 0.1%，产量达到 49052 万吨。

表3　2018 年粮食分季节生产情况

品种	播种面积（万公顷）	单位面积产量（公斤/公顷）	总产量（万吨）
夏粮	2670	5197	13878
早稻	479	5967	2859
秋粮	8554	5734	49052

资料来源：国家统计局官方网站公布的《2018 年国民经济和社会发展统计公报》、《关于 2018 年粮食产量的公告》。

3. 分地区种植情况

从分地区种植情况来看，2018年全国有13个地区粮食种植面积较2017年有所增加，增幅排在前五位的地区依次为黑龙江、内蒙古、山东、吉林和安徽。其中，黑龙江的粮食种植面积在2017年的基础上增幅达到20.2%。在与2017年相比粮食种植面积减少的18个地区中，福建、浙江、海南、北京、广东的减幅分别为29.3%、23.9%、17.9%、16.2%和14.0%，属于2018年粮食种植面积减幅最大的五个地区。

2018年，粮食产量居前五位的地区依次是黑龙江、河南、山东、安徽和河北，占当年全国粮食总产量的比重分别为11.4%、10.1%、8.1%、6.1%、5.6%。而粮食产量居后五位的地区依次是北京、青海、西藏、上海和海南，2018年这五个地区粮食产量总和占全国粮食总产量的比重为0.8%。与2017年相比，2018年全国有19个地区粮食增产，其中有11个是粮食主产区，7个是产销平衡区。在这19个地区中，除西藏和陕西外，其余地区粮食产量增幅均达到1%以上，而排在前五位的依次是内蒙古、黑龙江、上海、安徽和山东，增幅分别为28.3%、24.7%、16.6%、15.3%和12.6%。在相较于2017年粮食产量下降的13个地区中，有4个是产销平衡区，6个是粮食主销区，福建、浙江、海南、广东和贵州下降幅度最大，其中福建和浙江2018年粮食产量在2017年的基础上分别减产25.0%和22.1%。

（二）经济作物

基于2018年中央一号文件"藏粮于地"的指导思路，各地合理调减当前库存压力较大的稻谷、玉米生产，因地制宜种植经济作物，加快推进农业供给侧结构性改革。

近年来，棉花的供需格局发生变化，表现为库存量大而需求有所下降，因此政府适度调减棉花产量。2014～2017年期间，中国棉花播种面积逐年减少，但2018年有所增加，增幅为4.9%。在连续两年下降后，2017年棉花产量出现增长，2018年延续了这种趋势，棉花产量在2017年基础上增产7.8%。

农村绿皮书

表4 2018年各地区粮食生产情况及变化

地区	播种面积		总产量	
	面积（万公顷）	同比增长（%）	产量（万吨）	同比增长（%）
北　京	6	−16.2	34	−17.3
天　津	35	−0.3	210	−0.9
河　北	654	5.6	3701	5.5
山　西	314	−2.1	1380	6.2
内蒙古	679	17.9	3553	28.3
辽　宁	348	8.0	2192	2.6
吉　林	560	11.5	3633	−2.3
黑龙江	1422	20.2	7507	24.7
上　海	13	9.5	104	16.6
江　苏	548	1.3	3660	3.4
浙　江	98	−23.9	599	−22.1
安　徽	732	10.1	4007	15.3
福　建	83	−29.3	499	−25.0
江　西	372	1.5	2191	3.0
山　东	841	12.9	5320	12.6
河　南	1091	7.6	6649	11.3
湖　北	485	8.4	2839	9.2
湖　南	475	−2.4	3023	1.3
广　东	215	−14.0	1193	−12.6
广　西	280	−5.9	1373	−6.5
海　南	29	−17.9	147	−12.9
重　庆	202	−9.9	1079	−7.6
四　川	627	−2.7	3494	−0.1
贵　州	274	−10.2	1060	−10.1
云　南	418	−6.1	1861	−3.6
西　藏	18	−1.0	104	0.8
陕　西	301	−1.3	1226	0.8
甘　肃	265	−4.9	1151	2.0
青　海	28	0.9	103	2.3
宁　夏	74	−5.1	393	6.7
新　疆	222	−3.0	1504	−17.3

资料来源：根据国家统计局官方网站公布的《关于2018年粮食产量的公告》及年度数据整理得到。

072

自 2006 年以来，中国油料产量连续 11 年增长，同期油料播种面积呈现先快速增加后小幅减少的趋势。2018 年，油料播种面积为 1289 万公顷，与 2017 年相比减少 2.5%，油料产量同比减产 1.0%。

由于种植过程对自然条件要求较严，且近年种植成本收益发生变化，所以，自 2012 年以来中国糖料作物的播种面积呈现下降趋势。2018 年中国糖料作物播种面积同比增加 5.8%，达到 163 万公顷。在连续三年减产后，2017 年中国糖料作物产量有所增长，2018 年又在 2017 年基础上增产 5.3%，达到 11976 万吨。

表5　2018 年经济作物生产情况及变化

项目	播种面积		产量	
	面积（万公顷）	同比增长（%）	产量（万吨）	同比增长（%）
油料	1289	-2.5	3439	-1.0
棉花	335	4.9	610	7.8
糖料	163	5.8	11976	5.3

资料来源：国家统计局官方网站公布的《2018 年国民经济和社会发展统计公报》。

二　2018年种植业贸易情况

（一）粮食作物进出口情况

根据中华人民共和国海关总署公布的进出口数据，2018 年中国粮食进出口总额约为 3156.1 亿元，比 2017 年减少 6.9%。其中，粮食进口额约为 3011.4 亿元，比 2017 年减少 7.6%；粮食出口额约为 144.6 亿元，比 2017 年增加 10.7%。全年粮食进出口逆差为 2866.8 亿元，比 2017 年减少 262.3 亿元。从数量角度来看，2018 年中国出口粮食 366 万吨，相较于 2017 年增加 31.4%；进口粮食 11555 万吨，比 2017 年减少 11.5%。

从分品种进出口情况来看，2018 年中国小麦、大豆进口额下降，玉米进口额增加，大米出口额创下新高。具体来看，2018 年中国谷物进出口总额约为 456.0 亿元，比 2017 年减少 7.2%。其中，谷物出口额为 70.6 亿元，相较于 2017 年增长 38.7%；进口额为 385.4 亿元，比 2017 年减少 12.4%。谷物进出口逆差 314.8 亿元，相较于 2017 年减少约 74.0 亿元。从数量角度来看，2018 年中国谷物进口量为 2050.2 万吨，比 2017 年减少 19.9%；出口量为 254.4 万吨，同比增加 57.4%。2018 年中国进口木薯 479.8 万吨，同比减少 41.0%。受中美贸易摩擦影响及国内政策导向的需求变化，2018 年中国大豆进口量明显下滑，减少 7.9%。在表 6 所列出的谷物品种中，除玉米外，小麦、大米、大麦、高粱 2018 年进口量均较 2017 年有所减少。具体来看，2018 年中国在 2017 年基础上增加玉米进口约 70 万吨，增幅为 24.7%。进口大米 307.7 万吨，比 2017 年减少 23.6%；出口大米 208.9 万吨，相较于 2017 年增加 74.6%。2018 年中国进口小麦 309.9 万吨，比 2017 年减少 29.9%；相较于进口，小麦出口较少，但与 2017 年出口水平相比增加了 56.4%，即出口基数小，但增幅较大。此外，2018 年中国大麦出口量变化不大，进口量同比减少 23.1%。高粱进口量在 2017 年基础上减少

表 6　2018 年主要粮食作物进出口情况

品种	进口		出口	
	数量	同比增长（%）	数量	同比增长（%）
谷物（万吨）	2050.2	−19.9	254.4	57.4
小麦（万吨）	309.9	−29.9	28.6	56.4
玉米（万吨）	352.4	24.7	1.2	−85.8
大米（万吨）	307.7	−23.6	208.9	74.6
大麦（吨）	681.5	−23.1	91.7	−1.9
高粱（万吨）	365.0	−27.8	4.8	17.0
木薯（万吨）	479.8	−41.0	—	—
大豆（万吨）	8803.1	−7.9	—	—

资料来源：中华人民共和国农业农村部官方网站公布《2018 年我国农产品进出口情况》。

27.8%，出口则增加了17.0%。

从2018年中国主要粮食作物贸易伙伴国构成来看，稻米主要进口来源国有越南、泰国、巴基斯坦、柬埔寨和缅甸，2018年中国从上述国家进口的稻米占中国稻米总进口的比重分别为47.2%、30.5%、11.1%、5.3%和2.5%；出口方面，中国稻米21.8%出口特迪瓦，8.9%出口几内亚，8.4%出口韩国，8.2%出口埃及，8.1%出口土耳其。中国小麦主要进口自加拿大，进口占比为44.6%，还有18.4%和16.0%的小麦进口分别来自哈萨克斯坦和澳大利亚；中国小麦主要出口于朝鲜，出口占比为65.8%。2018年中国分别从乌克兰、美国和老挝进口玉米，进口占比分别为83.2%、8.9%和4.0%；出口方面，中国玉米46.0%流向加拿大，38.1%流向朝鲜，还有3.5%流向韩国。2018年，中国75.1%的进口大豆来自巴西，而自美国、阿根廷和俄罗斯进口的大豆所占比重分别为18.9%、1.7%和0.9%。

表7　主要粮食作物进出口国构成

品种	进口来源构成					出口构成				
稻米	越南 (47.2)	泰国 (30.5)	巴基斯坦 (11.1)	柬埔寨 (5.3)	缅甸 (2.5)	特迪瓦 (21.8)	几内亚 (8.9)	韩国 (8.4)	埃及 (8.2)	土耳其 (8.1)
小麦	加拿大 (44.6)	哈萨克斯坦 (18.4)	澳大利亚 (16.0)			朝鲜 (65.8)				
玉米	乌克兰 (83.2)	美国 (8.9)	老挝 (4.0)			加拿大 (46.0)	朝鲜 (38.1)	韩国 (3.5)		
大豆	巴西 (75.1)	美国 (18.9)	阿根廷 (1.7)	俄罗斯 (0.9)						

注：括号内数据表示自该国进出口数量占中国2018年进出口对应粮食作物总量的比重，单位为%。

资料来源：中华人民共和国农业农村部官方网站公布的《2019年1月农产品供需形势分析月报（大宗农产品）》。

（二）经济作物进出口情况①

2018 年中国棉花、食用植物油、食糖进口量同比均有所增长。具体来看，2018 年棉花进口量达到 162.7 万吨，比 2017 年增长 19.4%。食糖在 2017 年基础上增加进口约 50.6 万吨，增幅为 22.1%。2018 年中国进口食用植物油 808.7 万吨，同比增长 8.9%；出口食用植物油 29.6 万吨，同比增长 46.7%。食用植物油中，棕榈油、菜油、豆油进口量均有所增加，其中菜油进口量增幅最大，达到 71.2%，豆油则在 2017 年基础上增加 16.0%。2018 年，中国食用油籽进出口量均有所变动，表现为出口增长了 8.7%，进口则在 2017 年 1 亿吨的基础上减少了 7.4%。其中，油菜籽进口基本上与 2017 年持平。

表 8　主要油料作物进口情况

单位：万吨，%

	数量	同比增长
棉花	162.7	19.4
食糖	279.6	22.1
食用油籽	9448.9	-7.4
其中:油菜籽	475.6	0.2
食用植物油	808.7	8.9
其中:棕榈油	532.7	4.9
菜油	129.6	71.2
豆油	54.9	16.0

资料来源：中华人民共和国农业农村部官方网站公布《2018 年我国农产品进出口情况》。

2018 年中国棉花进口来源国主要有美国、澳大利亚、巴西、印度和乌兹别克斯坦，其中从美国和澳大利亚进口的棉花占比较高，分别达到 34%

---

① 与进口相比，表8中各主要经济作物出口量较小，不作为本报告分析的重点。此外，不同部门（例如海关总署和农业农村部）公布同一作物出口数据存在统计口径上的差异而有所差别，考虑到分析的一致性，此处只就农业农村部官方网站公布的经济作物进出口情况做简要分析。

和27%。油菜籽进口主要来自加拿大,进口占比达到93.4%;此外,从俄罗斯进口的油菜籽占4.3%。棕榈油进口来源构成为:印度尼西亚占66.7%,马来西亚占33.3%。2018年,中国进口的食糖26.2%来自巴西,13.3%来自古巴,10.3%来自泰国。

表9 经济作物进口国构成

品种	进口来源				
棉花	美国 (34.0)	澳大利亚 (27.0)	印度 (11.0)	乌兹别克斯坦 (4.0)	巴西 (12.0)
油菜籽	加拿大 (93.4)	俄罗斯 (4.3)			
棕榈油	印度尼西亚 (66.7)	马来西亚 (33.3)			
食糖	巴西 (26.2)	古巴 (13.3)	泰国 (10.3)		

注:括号内数据表示自该国进口数量占中国2018年进口对应经济作物总量的比重,单位为%。

资料来源:中华人民共和国农业农村部官方网站公布《2019年1月农产品供需形势分析月报(大宗农产品)》。

三 2018年种植业市场变化情况

(一)种植业的市场价格变化情况

2018年,国家综合考虑国内外供求形势、价格波动、国内粮食生产成本、国内去库存压力等因素,进一步完善粮食价格形成机制,继续推进收储制度改革。

一是国家首次调低小麦最低收购价,这是自2006年实施小麦最低收购价政策以来的首次下调价格。2018年的小麦(三等)最低收购价为每50公斤115元,较2017年下调3元;继续调低稻谷最低收购价,2018年生产的早籼稻、中晚籼稻和粳稻最低收购价格分别为每50公斤120元、126元和130元,比2017年分别下调10元、10元、20元,可见,稻谷最低收购价调整的幅度较大。

二是2018年小麦和稻谷最低收购价执行预案较往年发生较大变化。从启动时间看,两个品种的政策执行起始时间均适当延后;从启动条件看,由往年"当粮食市场收购价格下跌到低于国家公布的最低收购价格时"调整为"当粮食市场收购价格持续3天低于最低收购价水平时"才启动;从停止条件看,明确规定"当市场收购价格回升到最低收购价水平以上时,要及时停止收购最低收购价粮";从收购标准看,"将最低收购价粮食的质量标准从国标五等及以上提高到国标三等及以上,四等及以下的粮食由各地组织引导市场化收购"。可见,执行预案较往年发生很大改变,国家正在加快推动小麦和稻谷由政策性收储为主向政府引导下的市场化收购为主转变。

三是继续实施玉米、大豆市场化收购加补贴机制。取消政策性收储计划,由企业按照市场价格进行收购,对黑龙江、吉林、辽宁和内蒙古的种粮农户实施玉米、大豆生产者补贴制度,确保农民种植收益。同时,2018年,轮作补贴面积增加,在已有基础上再增加500万亩,新增区域落实在黑龙江、内蒙古、河南、安徽四省份。新增500万亩只能种植大豆,每亩补贴150元,期限为一年。因此,大豆种植者补贴额度较玉米种植者有大幅提高。

四是继续深化棉花目标价格改革,2018年新疆棉花目标价格为每吨18600元。同时,2018年新疆棉花目标价格的实施在种植面积统计、加工企业诚信经营监管、棉花优质优价、棉花补贴资金兑付方式等方面均有较大幅度改变,更加重视信息的精准采集,更加重视分级分类推进棉花优质优价等。

随着粮食和重要农产品价格形成机制的完善,种植业价格波动趋势与幅度较之前有较大变化。

1.稻米市场价格变化情况

从2018年国内稻米价格波动特征看,受最低收购价政策执行价格及执行预案发生很大变化的影响,2018年国内稻米价格(年平均价格为2.06元/斤)较2017年(年平均价格为2.11元/斤)发生较大幅度下跌。从价格波动特征看,2017年国内稻米价格波动较为稳定,2018年国内稻米价格呈现持续下跌趋势,从2018年1月的2.10元/斤跌至2018年12月的2.03元/斤,跌幅达3.33%。从国际价格波动特征看,2018年的国际稻米价格较

2017年波动幅度小，价格较为稳定，可见，2018年国际稻米供求形势较为稳定。

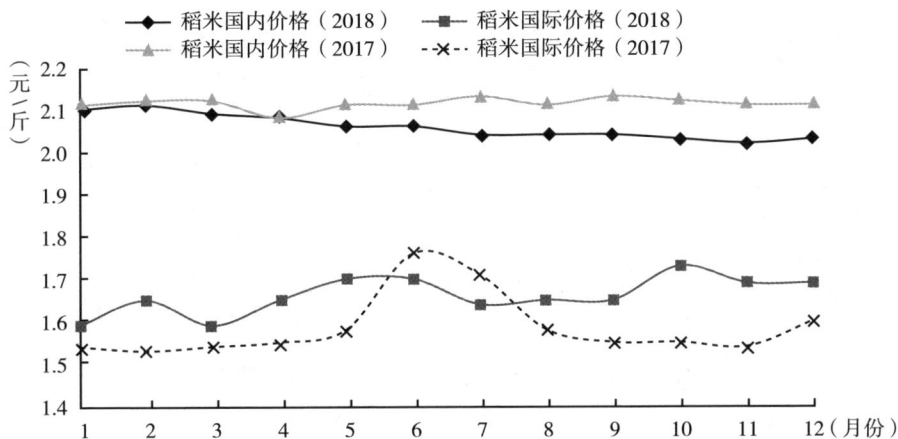

图1　2017～2018年稻米国内外价格变化情况

资料来源：中国农业农村部《农产品供需形势分析月报》。

2. 小麦市场价格变化情况

从2018年国内小麦价格波动特征看，受最低收购价政策执行价格及执行预案发生很大变化的影响，2018年国内小麦价格较2017年发生较大幅度下跌。从波动数据看，2018年国内小麦市场平均价格为1.44元/斤，较2017年下跌2.04%。从价格波动的变异系数看，2018年国内小麦价格波动幅度较大（变异系数为0.014），2017年国内小麦价格波动幅度较小（变异系数为0.006），可见，最低收购价执行预案的调整，对于市场形成小麦价格机制产生一定作用。从国际价格波动特征看，受恶劣天气、高品质小麦需求增加等因素影响，2018年的国际小麦价格较2017年有大幅提高，国际小麦平均价格从2017年的1.07元/斤提高到2018年的1.17元/斤，提高幅度达9.03%。从整体供求形势看，2018年国际小麦供求形势较为稳定。

3. 玉米市场价格变化情况

受收储制度改革、去库存、轮作补贴等因素影响，2018年玉米种植面积大幅度调减，玉米产量下滑，从需求侧看，玉米作为饲料的需求旺盛。因此，2018

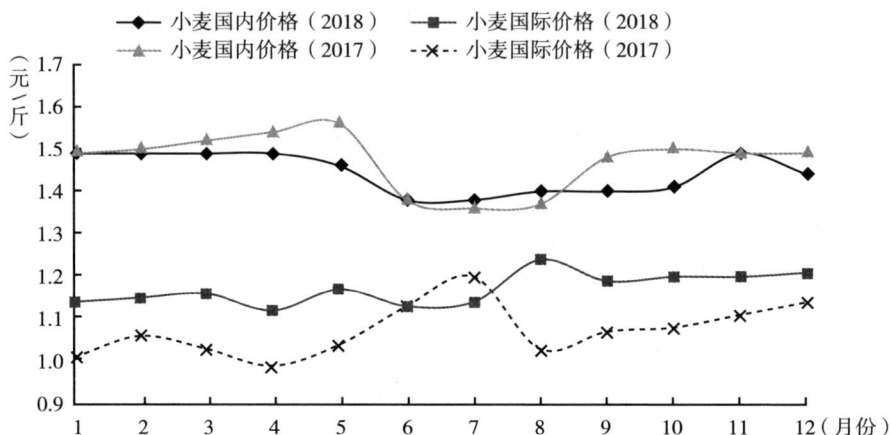

图2 2017～2018年小麦国内外价格变化情况

资料来源：中国农业农村部《农产品供需形势分析月报》。

年国内玉米平均价格（0.96元/斤）明显高于2017年国内玉米平均价格（0.73元/斤），增幅达31.32%。从波动幅度看，2018年国内玉米价格波动的变异系数为0.04，明显低于2017年国内玉米价格波动的变异系数0.05。从价格变化趋势看，2018年国内玉米价格经历了先跌后涨的趋势，从月度价格看，2018年国内的玉米月度价格均高于2017年的国内玉米月度价格，尤其是2018年前半年的国内玉米价格明显高于2017年前半年。受中美贸易摩擦影响，2018年国际玉米平均价格（0.96元/斤）显著高于2017年国际玉米平均价格（0.73元/斤），尤其是对美国加征25%关税后，美国玉米到港价显著高于国内玉米价格。

4. 大豆市场价格变化情况

从2018年国内大豆价格波动特征看，2018年国内大豆价格波动较为稳定，最高价格为2.05元/斤，最低价格为2.01元/斤。从2018年全年来看，2018年末国内大豆价格较年初有所下跌，跌幅仅为0.99%。受大豆亩均补贴额度增加、扩大轮作面积等因素影响，2018年大豆供给量大幅提高，2018年的大豆价格较2017年有较大幅度下跌，年度平均价格下跌8.96%。从大豆国际价格波动看，受中美贸易摩擦影响，加征25%关税后，2018年下半年的大豆到港价较2017年显著提高。

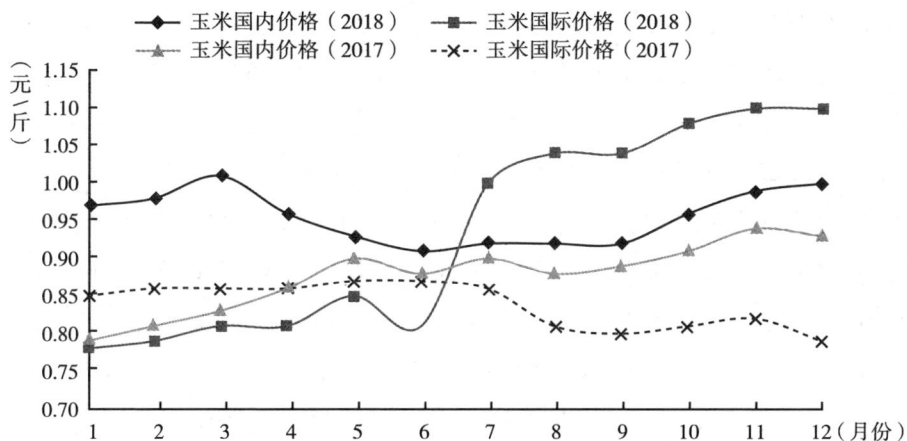

图3　2017～2018年玉米国内外价格变化情况

资料来源：中国农业农村部《农产品供需形势分析月报》。

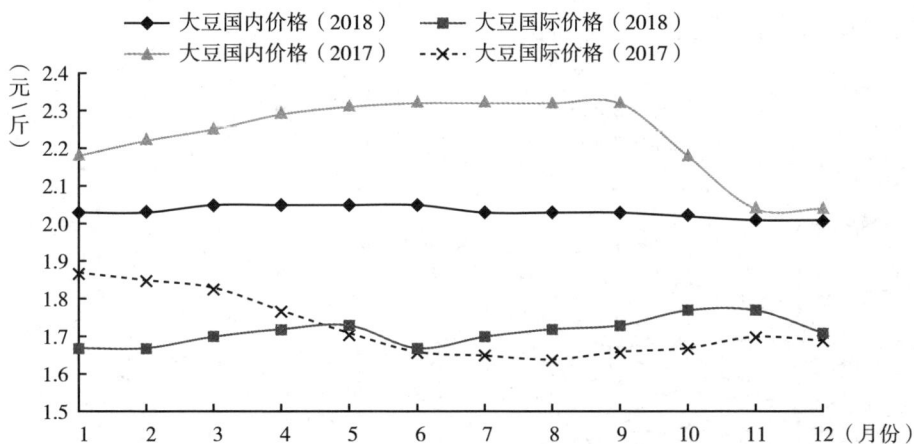

图4　2017～2018年大豆国内外价格变化情况

资料来源：中国农业农村部《农产品供需形势分析月报》。

5. 棉花市场价格变化情况

从国内外棉花价格看，2018年的国内外棉花价格波动在2018年6月和10月是两个分水岭，可以分三段看国内外棉花价格波动情况。2018年1～6月受国内外市场供给宽裕影响，国内外价格较2017年有所下跌，2018年第一季度的国内棉花平均价格（15684 元/吨）比 2017 年第一季度的国内棉花平均价格（15899 元/吨）低 1.35%，2018 年第二季度的国内棉花平均价格（15907 元/吨）比 2017 年第二季度的国内棉花平均价格（15973.67 元/吨）低 0.42%。2018 年 7~9 月受中美贸易摩擦、不利天气、下游棉纱价格回暖、人民币贬值等因素影响，国内外棉价在高位波动，2018 年第三季度的国内棉花平均价格（16268 元/吨）比 2017 年第三季度的国内棉花平均价格（15914.33 元/吨）高 2.22%。2018 年第四季度的国内棉花平均价格（15642.67 元/吨）比 2017 年第四季度的国内棉花平均价格（15911.67 元/吨）低 1.69%。11~12 月，受新棉集中上市、市场需求不足、美元指数回落、国际油价下跌等因素影响，国内外棉花价格均出现不同程度下跌，国内棉花价格从 2018 年 9 月的 16313 元/吨持续下跌至 12 月的 15406 元/吨，跌幅达 5.56%；国际棉花价格从 2018 年 8 月的 16463 元/吨持续下跌至 12 月的 15798 元/吨，跌幅达 4.04%。

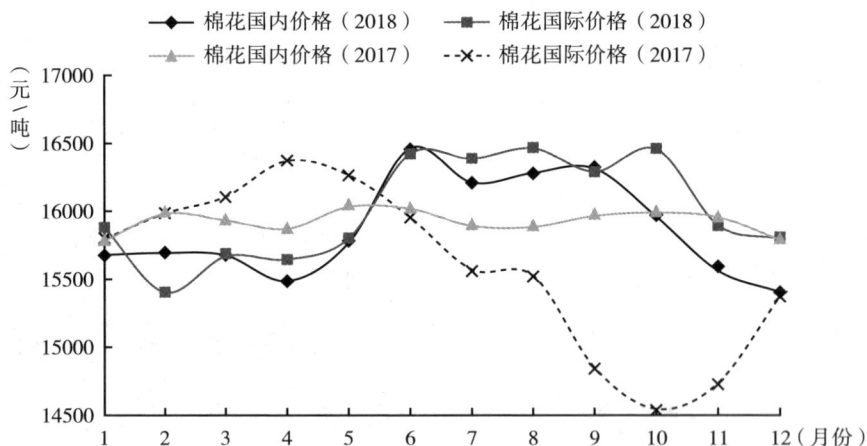

图 5　2017~2018 年棉花国内外价格变化情况

资料来源：中国农业农村部《农产品供需形势分析月报》。

6. 油料作物市场价格变化情况

2018 年国内食用植物油年度平均价格为 3.07 元/斤，比 2017 年平均价

格低 10.37%，创历史新低。2018 年国际食用植物油年度平均价格为 3.0
元/斤，比 2017 年平均价格低 4.55%。可见，2018 年食用植物油的国内外
价格较上年均有所下跌。油料作物市场价格的不景气与国际市场原油价格大
幅度下跌、国内外油料作物供给宽松、消费出现疲软、库存消费比较高等因
素有关。

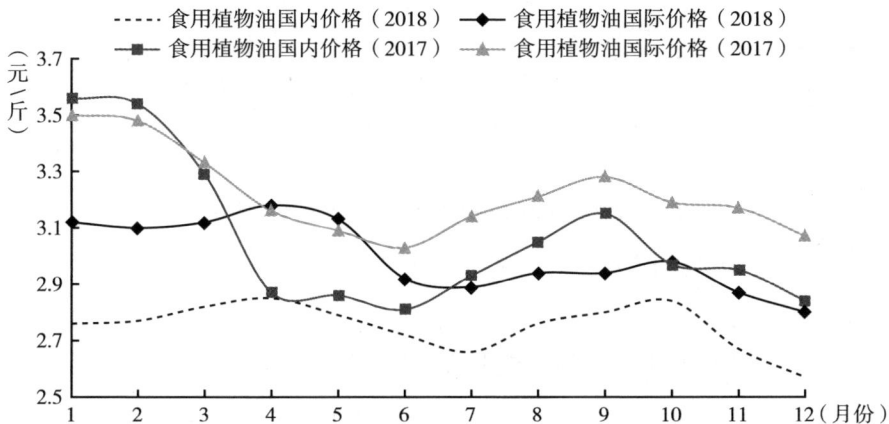

图6 2017～2018 年食用植物油国内外价格变化情况

注：国内价格为山东四级豆油出厂价，国际价格为山东港口的南美毛豆油到岸税后价。
资料来源：中国农业农村部《农产品供需形势分析月报》。

7. 食糖市场价格变化情况

2018 年国内外食糖价格创历史新低，2018 年国内食糖年度平均价
格为 5420.83 元/吨，比 2017 年平均价格低 15.83%。2018 年国际食糖
年度平均价格为 3327.42 元/吨，比 2017 年平均价格低 19.76%。2018
年国内食糖价格呈波动下跌趋势，从 2018 年 1 月的 5861 元/吨下跌至
12 月的 5056 元/吨，跌幅达 13.73%。2018 年国际食糖价格呈先下跌
后上涨趋势，从 2018 年 1 月的 3550 元/吨下跌至 8 月的 2983 元/吨后，
又上涨至 11 月的 3550 元/吨。国内外价格大幅下跌与国内外食糖供应
量充足、国际市场原油价格大幅下跌、市场消费疲软等因素有很大
关系。

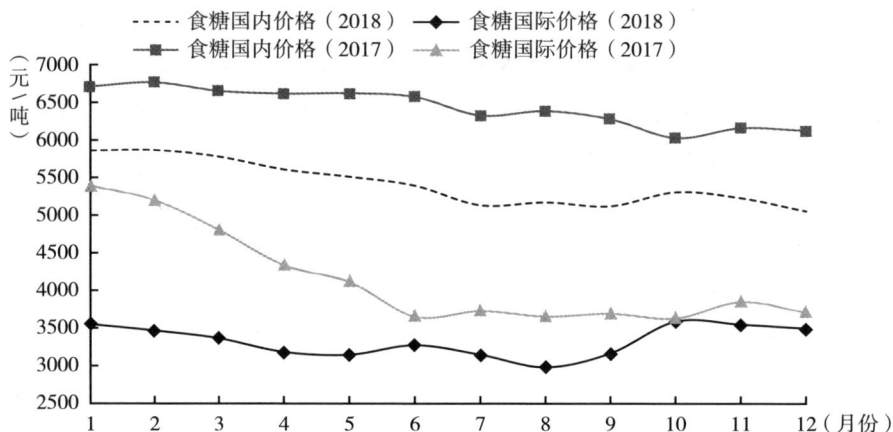

图7　2017～2018年食糖国内外价格变化情况

资料来源：中国农业农村部《农产品供需形势分析月报》。

（二）种植业的成本收益变化情况

1. 稻谷成本收益变化情况

2012～2017年，稻谷种植总成本从1055.10元/亩增加到1210.19元/亩，上涨14.70%。其中物质与服务费用上涨9.80%，人工成本上涨13.20%，土地成本上涨31.06%，可见，土地成本的上涨是稻谷种植成本上涨的最主要原因。从现金收益看，2012～2017年种植稻谷的现金收益从797.47元/亩下降到717.89元/亩，减少79.58元/亩，降幅达9.98%。从成本利润率的变化看，种植稻谷的成本利润率从27.08%下降到10.95%。可见，五年来，种植稻谷的成本利润率在直线下滑。

2. 小麦成本收益变化情况

2012～2017年，小麦种植总成本从830.44元/亩增加到1007.64元/亩，上涨21.34%。其中物质与服务费用上涨10.58%，人工成本上涨24.18%，土地成本上涨45.50%，可见，土地成本的大幅上涨是小麦种植成本上涨的最主要因素。从现金收益看，2012～2017年种植小麦的现金收益从437.13元/亩上涨到532.02元/亩，增加94.89元/亩，增幅21.71%。从成本利润率的变化看，种植小麦的成本利润率从 2.56% 下降到 0.61%。可见，种植小麦的成本利润率比稻谷更低，有的年份还出现亏损局面。

表 10　稻谷成本收益变化情况

单位：元/亩，%

年份	总成本	物质与服务费用	人工成本	土地成本	现金成本	现金收益	成本利润率
2012	1055.10	453.51	426.62	174.97	543.36	797.47	27.08
2013	1151.11	468.52	489.31	193.28	571.16	734.74	13.45
2014	1176.55	469.80	500.67	206.08	580.39	800.99	17.41
2015	1202.12	478.69	508.59	214.84	593.38	784.14	14.59
2016	1201.81	484.53	495.34	221.94	604.22	739.55	11.81
2017	1210.19	497.95	482.93	229.31	624.85	717.89	10.95

资料来源：历年《全国农产品成本收益资料汇编》。

表 11　小麦成本收益变化情况

单位：元/亩，%

年份	总成本	物质与服务费用	人工成本	土地成本	现金成本	现金收益	成本利润率
2012	830.44	396.69	291.40	142.35	414.60	437.13	2.56
2013	914.71	417.08	343.78	153.85	441.29	460.64	−1.40
2014	965.13	419.03	364.77	181.33	451.20	601.76	9.10
2015	984.30	420.23	364.39	199.68	458.82	542.89	1.77
2016	1012.51	434.60	370.99	206.92	474.75	455.61	−8.11
2017	1007.64	438.65	361.87	207.12	481.72	532.02	0.61

资料来源：历年《全国农产品成本收益资料汇编》。

3. 玉米成本收益变化情况

2012~2017 年，玉米种植总成本从 924.22 元/亩增加到 1026.48 元/亩，上涨 11.06%。其中物质与服务费用上涨 8.82%，人工成本上涨 10.74%，土地成本上涨 16.03%，可见，种植玉米的三大成本都在增加，其中，土地成本的上涨是玉米种植成本上涨的最主要因素。从现金收益看，2012~2017

年种植玉米的现金收益从 730.79 元/亩减少到 425.66 元/亩，减少 305.13 元/亩，减幅 41.75%。从成本利润率的变化看，种植玉米的成本利润率从 21.39% 下降到 −17.13%。可见，取消玉米临时收储实施价补分离以来，种植玉米的现金收益和成本利润率较之前有较大幅度下滑。

表 12　玉米成本收益变化情况

单位：元/亩，%

年份	总成本	物质与服务费用	人工成本	土地成本	现金成本	现金收益	成本利润率
2012	924.22	344.58	398.40	181.24	391.11	730.79	21.39
2013	1012.04	359.71	455.37	196.96	408.87	680.69	7.66
2014	1063.89	364.80	474.68	224.41	417.12	728.59	7.69
2015	1083.72	376.22	468.72	238.78	426.59	522.95	−12.38
2016	1065.59	369.55	458.10	237.94	424.68	341.21	−28.13
2017	1026.48	374.98	441.20	210.30	425.03	425.66	−17.13

资料来源：历年《全国农产品成本收益资料汇编》。

4. 棉花成本收益变化情况

2012 ~ 2017 年，棉花种植总成本从 1939.73 元/亩增加到 2330.80 元/亩，上涨 20.16%。其中物质与服务费用上涨 23.74%，人工成本上涨 15.63%，土地成本上涨 34.95%，可见，土地成本的上涨是棉花种植成本上涨的最主要原因。从现金收益看，2012 ~ 2017 年种植棉花的现金收益从 1281.79 元/亩下降到 895.74 元/亩，减少 386.05 元/亩，降幅达 30.12%。从成本利润率的变化看，种植棉花的成本利润率从 1.3% 下降到 −20.18%。自棉花实施目标价格以来，尤其是 2015 年以来，种植棉花的成本利润率虽然是负值，但却在不断上升。

5. 油料作物成本收益变化情况

2012 ~ 2017 年，两种油料作物（油菜籽和花生）种植总成本从 949.61 元/亩增加到 1167.42 元/亩，上涨 22.94%。其中物质与服务费用上涨 8.32%，人工成本上涨 28.14%，土地成本上涨 39.13%，可见，土地成本

表 13　棉花成本收益变化情况

单位：元/亩，%

年份	总成本	物质与服务费用	人工成本	土地成本	现金成本	现金收益	成本利润率
2012	1939.73	541.55	1170.71	227.47	683.20	1281.79	1.30
2013	2177.50	565.35	1359.84	252.31	739.35	1223.17	−9.87
2014	2278.56	595.28	1408.39	274.89	844.88	747.24	−30.13
2015	2288.44	620.40	1387.75	280.29	872.95	493.94	−40.27
2016	2306.61	610.71	1393.72	302.18	881.05	937.26	−21.17
2017	2330.80	670.11	1353.72	306.97	964.78	895.74	−20.18

资料来源：历年《全国农产品成本收益资料汇编》。

和人工成本的上涨是种植油料作物成本上涨的最主要原因。从现金收益看，2012～2017 年种植油料作物的现金收益从 900.78 元/亩减少到 706.51 元/亩，减幅达 21.57%。从成本利润率的变化看，种植油料作物的成本利润率从 31.22% 下降到 −6.43%。可见，自 2015 年国家取消油菜籽临时收储政策后，种植油料作物是亏损的。

表 14　两种油料作物（油菜籽和花生）平均成本收益变化情况

单位：元/亩，%

年份	总成本	物质与服务费用	人工成本	土地成本	现金成本	现金收益	成本利润率
2012	949.61	324.56	489.21	135.84	345.31	900.78	31.22
2013	1080.53	329.35	590.49	160.69	351.48	742.30	1.23
2014	1107.57	322.21	612.68	172.68	347.03	751.56	−0.81
2015	1152.39	334.57	630.94	186.88	364.43	706.29	−7.09
2016	1167.57	342.47	637.50	187.60	373.77	763.58	−2.59
2017	1167.42	351.56	626.86	189.00	385.81	706.51	−6.43

资料来源：历年《全国农产品成本收益资料汇编》。

6. 糖料作物成本收益变化情况

2012～2017 年，两种糖料作物（甘蔗和甜菜）种植总成本从 1625.19 元/亩增加到 2048.79 元/亩，上涨 26.06%。其中，物质与服务费用上涨

20.23%，人工成本上涨 31.94%，土地成本上涨 23.63%，可见，近五年，种植糖料作物的各项成本都有显著的增加。从现金收益看，2012～2017 年种植糖料作物的现金收益从 1074.36 元/亩增加到 1135.31 元/亩，增加 60.96 元/亩，增幅 5.67%。从成本利润率的变化看，近五年来，种植糖料作物的成本利润率呈现先下降后上升的趋势，从 2012 年的 29.23% 下降到 2014 年的 6.56% 后，又上升到 2017 年的 13.30%。可见，近两年，国内食糖的储备政策对糖料作物的成本利润率有显著的正向作用。

表15　两种糖料作物（甘蔗和甜菜）平均成本收益变化情况

单位：元/亩，%

年份	总成本	物质与服务费用	人工成本	土地成本	现金成本	现金收益	成本利润率
2012	1625.19	657.85	745.34	222.01	995.07	1074.36	29.23
2013	1784.14	675.92	853.75	254.47	1063.87	954.14	15.30
2014	1812.35	660.65	891.55	260.15	1041.33	848.43	6.56
2015	1911.70	693.66	939.43	278.62	1068.34	1016.60	9.74
2016	1972.98	733.63	965.43	273.92	1115.20	1104.57	11.58
2017	2048.79	790.92	983.41	274.46	1198.06	1135.31	13.30

资料来源：历年《全国农产品成本收益资料汇编》。

四　2019年种植业生产和市场展望

（一）种植业生产展望

1. 粮食生产方面

2019 年 2 月 26 日，国家发改委等部门联合发布了《关于公布 2019 年稻谷最低收购价格的通知》。2019 年国家继续在稻谷主产区实行最低收购价政策，且 2019 年生产的早籼稻（三等）、中晚籼稻和粳稻最低收购价格分别为每 50 公斤 120 元、126 元和 130 元，继续保持 2018 年水平不变。2019

年小麦（三等）最低收购价为每50公斤112元，比2018年下调3元。从稻谷最低收购价政策执行价格和执行预案与2018年保持一致的情况看，在不发生自然灾害的前提下，2019年国内稻谷生产会保持相对稳定态势；受最低收购价继续下调的影响，2019年国内小麦减产可能性较大，品质较差的小麦逐渐退出市场是减产的重要原因。最低收购价执行价格和执行预案的调整，在保证稻谷和小麦产量不会大幅下降的前提下，更加注重质量兴农、品牌兴农战略，优化了农民的种植结构，推动稻谷和小麦生产向更高品质的方向转变。自玉米收储制度改革、去库存和调减种植面积以来，2018年玉米的产量和库存量出现大幅下降，2019年中央一号文件提出切实稳定玉米生产，预测2019年玉米价格会提高，农民种植玉米的意愿增强，但由于大豆补贴力度高于玉米，因此，较2018年，2019年玉米有可能局部地区小幅增产，大幅增产的可能性不大。

2. 经济作物生产方面

2019年1月国家发布了《大豆振兴计划实施方案》，提出要在东北三省、内蒙古、安徽、山东、河南、四川等传统大豆种植区实施新的大豆振兴计划。2019年2月21日，农业农村部印发《2019年种植业工作要点》（以下简称《要点》），《要点》中提出要提升大豆和油料供给能力，力争2019年大豆和油料面积增加500万亩以上。2019年大豆和油料作物种植面积会有所增加，预测2019年国内大豆和油料作物增产的可能性很大。近两年，国内食糖的储备政策对糖料作物的成本利润率有显著的正向作用，糖料作物较高的收购价格激发了农户种植糖料作物的积极性，尤其是激发了甜菜农户种植的积极性，甜菜种植面积大幅增加，因此2019年糖料作物增产可能性较大。

（二）种植业市场展望

1. 粮食价格方面

受稻谷最低收购价政策继续保持2018年不变、稻谷库存量依然较高等因素影响，2019年的稻谷价格上涨的可能性不大，质量高、品质优的稻谷价格优势明显，稻谷优质优价体系会逐步建立；受小麦最低收购价下调影响，2019 年的小麦价格下调可能性较大，优质小麦的价格优势凸显，小麦优质优价体系会逐步建立；2018 年玉米的产量和库存量出现大幅下降，2019 年玉米价格上浮的可能性增大；由于国家对大豆补贴力度和支持力度的增加，2019 年大豆产量增加的可能性较大，因此，国内大豆价格上浮的可能性不大。

2. 经济作物价格方面

2018 年棉花产量增加，棉纱消费需求疲软，2019 年棉花价格在年初上调的可能性不大，后期随着企业库存消化，棉花消费需求增加，棉花价格上行的可能性较大；2018 年食用植物油在低位震荡，预测 2019 年随着大豆产量的增长，食用植物油的价格上涨的可能性不大；2018 年国内食糖价格波动下行，预测 2019 年国内食糖价格会触底反弹。

（三）种植业贸易展望

1. 粮食贸易方面

考虑到稻谷、小麦受关税配额调控，国内稻谷和小麦价格下跌可能性较大，稻谷和小麦进口压力较小；鉴于玉米产量和库存双下跌的影响，玉米的进口压力较大；大豆受结构性需求、国内生产成本较高、产量较低等因素影响，大量进口的压力仍然较大。受中美贸易谈判进展的影响，玉米和大豆的主要贸易国会根据谈判进程进行适当调整。

2. 经济作物贸易方面

受棉花产不足需、国际棉花价格低位波动、纺织品服装出口增加等因素的影响，2019 年棉花进口量下行的可能性不大；受结构性需求、国内外价差略有扩大等因素的影响，食用植物油的进口还是会保持稳定或增加态势。受国内食糖需求量较高、国内外价差、国内外生产成本差异等因素影响，2019 年食糖进口量的增加趋势将比较明显。

G.5

2018年林业经济形势及2019年展望

张海鹏　蒋宏飞*

摘　要： 本文分析了2018年中国林业投资和造林、林产品生产、国际贸易以及林产品市场状况，并对2019年林业经济发展趋势进行了展望。2018年，中国林业投入规模和造林面积均保持增长的趋势，林业总产值达到7.33万亿元，第三产业比重提高4个百分点。国内木材产量小幅增长，人造板、竹材和非木质林产品生产出现下滑。林产品贸易突破1600亿美元，木质林产品占到进出口贸易总额的3/4。木质林产品进口以木浆、原木和锯材等产品为主；出口以木质家具为主，原木、锯材等产品出口下降。国内林产品市场有所萎缩，林业各类产品市场发展继续分化。展望2019年，造林面积仍将保持较高水平，林业产业投资比重有望继续提高；林业第三产业比重延续上升趋势，木材产量将小幅增长；林产品进出口贸易增长趋缓，林产品出口形势严峻；国内林产品市场趋于稳定，木制品价格上涨动力不足。

关键词： 林业生产　林产品市场　林产品贸易

党的十九大做出实施乡村振兴战略的重大决策部署，为全面解决"三农"问题提供了行动纲领。2018年，中央一号文件以实施乡村振兴战略作为推动农业农村工作的核心内容，林区和林业发展作为乡村振兴的重要组成部分，

---

* 张海鹏，博士，中国社会科学院农村发展研究所副研究员，主要研究领域包括城乡关系、资源与环境经济、林业经济理论与政策；蒋宏飞，博士，中国林业科学研究院林业科技信息研究所助理研究员，主要研究领域为林产品国际贸易。

与"产业兴旺"、"生态宜居"和"生活富裕"目标均有非常密切的关系，因此得到了有力的政策支持。从政策关注的重点来看，林业生态建设依然处于主体地位，中央一号文件明确提出要"完善天然林保护制度，把所有天然林都纳入保护范围。扩大退耕还林还草、退牧还草，建立成果巩固长效机制。继续实施三北防护林体系建设等林业重点工程，实施森林质量精准提升工程"。随着林业生态体系的不断完善，林业在乡村"生态振兴"中的作用将进一步增强。近几年，林业经济功能得到重新认可，国家政策对于林业产业发展的支持力度逐步加大。2018年，中央一号文件提出"加快发展现代高效林业，实施兴林富民行动，推进森林生态标志产品建设工程"，"实施休闲农业和乡村旅游精品工程，建设一批设施完备、功能多样的休闲观光园区、森林人家、康养基地、乡村民宿、特色小镇"。通过不断拓展新产业新业态，继续保持林业第三产业蓬勃发展的态势。同时，中央还高度重视科技创新，通过"加快发展现代林木种业""加快研发丘陵山区农林机械""实施智慧农业林业水利工程"等一系列措施，提升林业生产能力，为乡村"产业振兴"做出更大的贡献。2018年是中国改革开放四十周年，林业建设取得了巨大的成就，良好林业发展格局的形成既为社会经济发展提供了资源和生态保障，也为自身发展提供了坚实的基础。2019年是决胜全面建成小康社会的关键性一年，林业围绕这一战略目标布置了一系列"硬任务"，可以预期，林业在完成这些任务的过程中也将进一步提高自身发展水平。

一　2018年林业投资和造林分析

（一）林业投资分析

1. 林业投资规模继续保持增长趋势，投资来源结构相对稳定

2018年全国林业投资完成额同比增长13%[①]，与2017年（约为6.4%）

---

① 2018年数据来源于《2018年林业和草原主要数据统计快讯》，由于部分数据统计周期尚未覆盖到年末，另外统计项目也不是非常完整，因此这里只是与2017年同期进行的比较，最终结果会略有偏差。

相比有较大幅度提高，基本恢复到2013年的水平。自20世纪90年代末期中国林业政策从以木材生产为主转向以生态建设为主以来，国家林业投资（包括中央和地方财政资金）规模迅速增加，占全国林业投资的比重也急剧攀升，在2002年达到改革开放以来的最高水平，约为80.51%。此后，随着新一轮集体林权制度改革的逐步推进，国家出台了一系列鼓励和支持政策，使林业发展环境得到极大的改善，从而激发了农户和其他主体经营林业的积极性，社会投资规模迅速扩大。在这样的形势下，国家投资在全国林业投资中的比重开始下降，最低为2013年的36.86%，此后直到2015年都大致保持在这一水平。2016年以后，国家林业投资规模再次大幅增加，占全国林业投资的比重显著提升，2016年和2017年分别为47.71%和47.06%。2018年，国家林业投资继续保持较快增长速度，中央财政资金投入1235亿元，相比2017年增长11.46%。从各渠道的投资增速来看，2018年林业社会投资规模仍高于国家投资规模，林业继续呈现良性发展的态势。

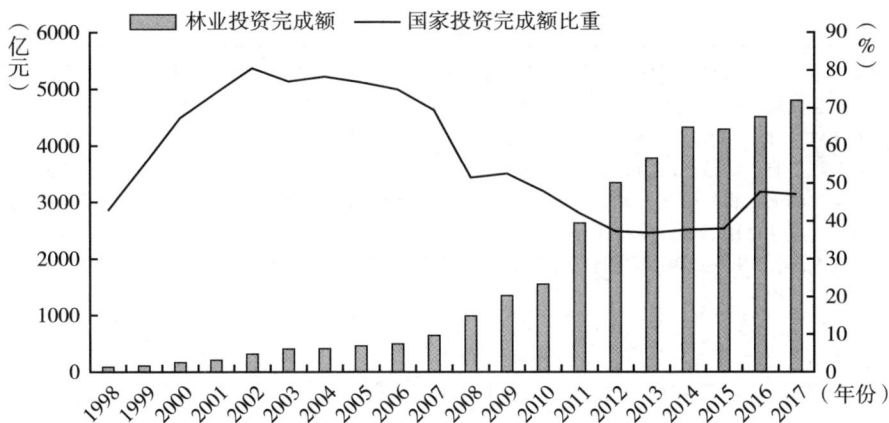

图1　1998～2017年中国林业投资完成额情况

资料来源：1998～2016年来自《中国林业统计年鉴》，2017年来自《2017年全国林业发展统计公报》。

2. 林业产业发展投资在全国林业投资中的比重继续上升

2011年以来，生态建设与保护投资在全国林业投资中都占有最大的份额，但总体呈现下降的趋势；林业支撑与保障及其他投资在全国林业投资中所占的份额也呈现下降的趋势，而且下降幅度大于生态建设与保护投资。相反，林业产业发展投资在全国林业投资中的比重大幅上升，仅在2011～2017年期间就提高了一倍多，达到41.80%，与生态建设与保护投资所占比重相差无几。

表1 2011～2017 年中国林业投资结构

单位：亿元，%

年份	生态建设与保护		林业产业发展		林业支撑与保障及其他	
	投资额	比重	投资额	比重	投资额	比重
2011	1302	49.48	522	19.84	808	30.68
2012	1604	48.00	821	24.56	917	27.45
2013	1871	49.46	1078	28.49	834	22.05
2014	1948	45.03	1620	37.45	758	17.51
2015	2017	47.02	1565	36.47	708	16.51
2016	2110	46.79	1742	38.63	658	14.58
2017	2016	42.00	2008	41.80	776	16.20

注：由于统计口径的变化，以2016年为基准进行了调整。其中，生态建设与保护包括营造林、湿地保护与恢复、野生动植物保护及自然保护区、防沙治沙、生态保护补偿及其他。林业产业发展包括工业原料林、特色经济林、木本粮油、花卉、林下经济、木竹制品加工制造、木竹家具制造、木竹浆造纸、非木质林产品加工制造、林业旅游休闲康养及其他。林业支撑与保障及其他包括林木种苗、森林防火与森林公安、林业有害生物防治、科技教育、林业信息化、棚户区（危旧房）改造、林区公益性基础设施建设及其他。

资料来源：2011～2016年来自《中国林业统计年鉴》；2017年来自《2017年全国林业发展统计公报》。

3. 林业产业发展投资比重上升与社会投资规模不断扩大相关

国家投资和社会投资表现出明显不同的投资倾向，国家林业投资主要投向林业生态建设与保护领域，2016年中央财政资金的84.87%用于生态建设与保护，地方林业财政资金对这一领域的投资比重也达到61.89%；两者用于林业产业发展的投资占比分别仅为1.99%和7.52%。相反，社会投资用于生态建设与保护的比重仅为22.67%，而投向林业产业发展的比重则达到69.50%。2016年，生态建设与保护投资的74.67%

来自国家投资，社会投资仅占 25.33%；而林业产业发展投资几乎完全依赖社会投资，比重达 94.08%。2017 年，地方财政资金用于生态建设与保护的比重有所下降，约为 56.40%；而社会资金用于林业产业发展的比重进一步提高，达到 74.10%。2018 年，中央林业财政专项资金共计1049 亿元，其中 438 亿元用于林业生态保护与恢复，35 亿元用于生态护林员补助，合计 473 亿元；中央预算内资金共计 186 亿元，其中用于森林保护和重点生态工程的资金约为 171 亿元①，中央林业财政专项资金和中央预算内资金用于生态建设与保护的投资合计约为 644 亿元，约占中央财政资金投入 1235 亿元的 52.15%，显著低于 2016 年。2018 年，在林业社会投资规模仍高于国家投资规模的情形下，林业产业发展投资的比重将进一步提升。

（二）造林情况分析

1. 全国超额完成造林任务，造林面积继续保持在 1 亿亩以上

2018 年，全国共安排造林面积 1.01 亿亩，实际完成造林面积 1.06 亿亩，为年度任务的 105%。相比 2017 年，2018 年全国实际完成造林面积下降 7.83%，使 2014 年以来造林面积持续增长的趋势发生改变。

2. 重点生态工程造林面积降幅较大，占全国造林面积的比重降至新低

2018 年，重点生态工程完成造林面积 3174 万亩，比 2017 年下降29.26%；占全国造林面积的比重降至 29.91%，创 1998 年以来的最低点。2012 年以来，重点生态工程造林面积在全国造林面积中的比重始终处于50% 以下，即使 2014 年启动新一轮退耕还林工程也未改变这一趋势，这表明非重点生态工程造林为主的造林格局已经完全形成。2018 年，天然林保护工程、退耕还林工程、三北及长江流域等防护林建设工程和京津风沙源治

---

① 2018 年，林业和草原中央预算内资金共计 218 亿元，其中林业投资 186 亿元；林业和草原中央预算内资金用于森林和草原保护以及重点生态工程的资金约为 200 亿元，占 91.94%，假设森林和草原均按照这一比例进行投资，那么 186 亿元林业资金中用于森林保护和重点生态工程的资金约为 171 亿元。

理工程分别完成造林面积410万亩、1195万亩、891万亩和678万亩,分别占重点生态工程完成造林面积的12.91%、37.66%、28.07%和21.37%;与2017年完成造林面积相比,京津风沙源治理工程完成造林面积增长2.72%;天然林保护工程、退耕还林工程和三北及长江流域等防护林建设工程则分别下降30.03%、34.33%和37.39%,降幅较大。

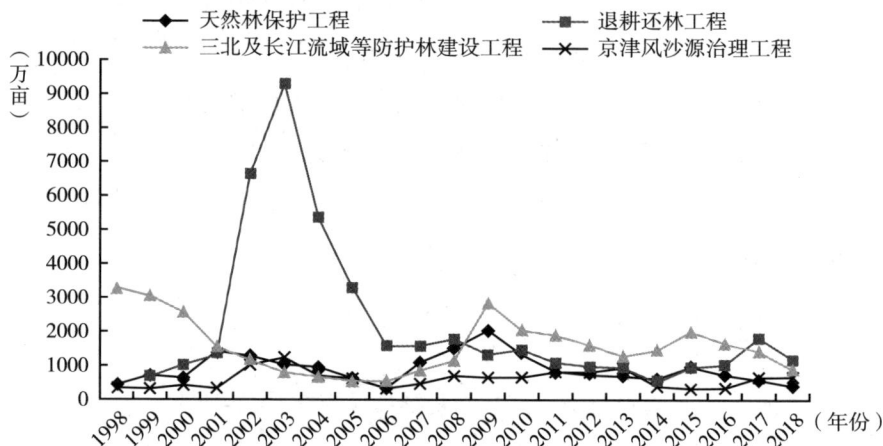

图2 1998~2018年中国林业重点生态工程造林面积

资料来源:1998~2016年来自《中国林业统计年鉴》;2017年来自《2017年全国林业发展统计公报》;2018年来自《2018年林业和草原主要数据统计快讯》。

二 2018年林业生产分析

1. 林业总产值增速放缓,第三产业的份额继续提升

2018年,中国林业总产值达7.33万亿元(现价),相比2017年增长3.24%,增长速度有所放缓。2018年,受春季极端天气影响,多地区出现低温冻害,造成部分经济林产品大幅减产或绝收;同时,部分省区的木材加工行业受产业结构调整影响产值有所下滑,因此,导致第一和第二产业产值分别比2017年下降2.14%和0.88%。第三产业是推动林业总产值增长的主要力量,但增速有所下降,相比2017年增长17.86%。2018年,林业三次

产业产值比重为31∶46∶23，与2017年的产业结构相比，第一产业和第二产业所占比重均下降2个百分点，第三产业所占比重则提高4个百分点，林业产业结构进一步优化。

2. 国内木材产量与2017年基本持平，其他主要林产品生产则有所下滑

2018年，国内商品材产量为8432亿立方米，比2017年增长约0.30%；竹材产量为24.8亿根，比2017年减少约8.82%；人造板产量为2.79亿立方米，比2017年减少6.06%；木竹地板产量为7.1亿立方米，比2017年下降14.46%；经济林产品产量为1.57亿吨，比2017年减少16.49%，降幅较大。

3. 人工林采伐量不断增长，推动全国木材产量止跌回升

2014年以后，国家开始逐步实施全面禁止天然林商业性采伐政策[①]，对国内木材生产造成较大压力，2015年木材生产量仅为2013年的87.67%。2017年，全面停止天然林商业性采伐在全国范围内实施以后，22个省（自治区、直辖市）和大兴安岭木材生产量相比2013年合计减少1033万立方米，其中内蒙古、吉林、黑龙江、山东和湖南的产量减少较大，均在100万立方米以上；浙江、湖北和大兴安岭的产量减少也在50万立方米以上。与此同时，人工林替代战略的效应开始显现，人工林采伐量的增加抵消了天然林停伐的木材减产效应，特别是广西的人工林采伐量增长对全国木材增产做出了巨大贡献。2013～2017年期间，广西的木材产量从2288万立方米提高到3059万立方米，占全国木材产量的比重从27.11%提高到36.43%。2017年相比2013年，有9个省（自治区、直辖市）的木材产量增长，合计达1003万立方米；其中广西的木材产量增加771万立方米，占全国木材产量增加量的76.92%。广西木材产量的快速增长与其大力发展桉树密切相关，2000～2016年期间，广西桉树种植面积从225万亩增加到3000万亩，位居全国第一，占全国桉树种植面积的一半；桉木产量从9万

---

① 2014年，在黑龙江重点国有林区进行全面停止天然林商业性采伐试点；2015年，全面停止内蒙古、吉林重点国有林区天然林商业性采伐；2016年，全面停止非天保工程区国有林场天然林商业性采伐；2017年，全面停止全国天然林商业性采伐。

立方米增加到 2200 万立方米，占广西木材产量的 3/4 以上，为中国木材供给做出的巨大贡献应该得到肯定。

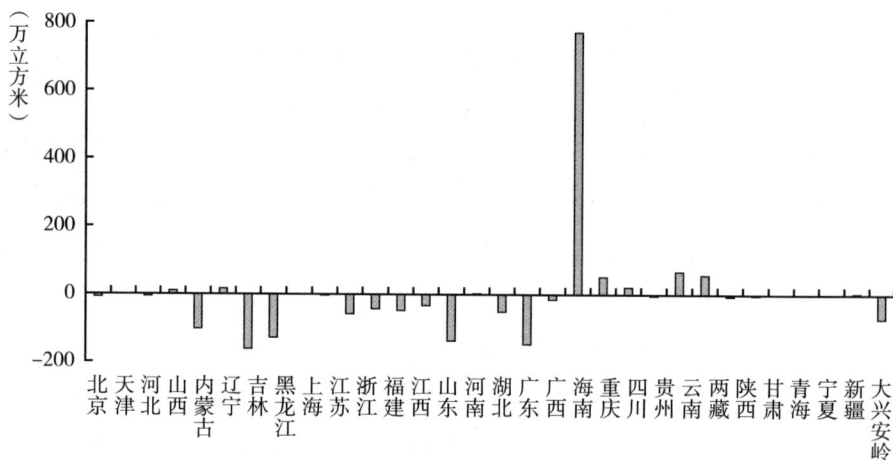

图3 2017 年相比 2013 年中国木材生产变化量

资料来源：2013 年来自《中国林业统计年鉴》，2017 年来自《2017 年中国林业和草原发展报告》。

4. 森林旅游继续保持高速增长趋势

2018 年，全国森林旅游和康养超过 16 亿人次，相比 2017 年增长超过 15%，创造社会综合产值近 1.5 万亿元。森林公园建设在森林旅游发展中发挥了非常重要的作用。自 20 世纪 80 年代初开展森林公园建设试点以来，经过 40 年的发展，中国已经建成国家级、省级和县级相结合的三级森林公园体系。特别是，2010 年以后森林公园建设进入质量提升阶段，更加注重以满足国民休闲需求为导向，行业管理能力得到不断提升，初步形成了"吃、住、行、游、购、娱"配套发展的服务体系[1]，推动森林旅游快速发展。2017 年相比 2009 年，森林公园数量增长 42.60%；森林旅游人数增长 189.76%，森林公园直接旅游收入增长 386.73%。

---

[1] 赵敏燕、陈鑫峰：《中国森林公园的发展与管理》，《林业科学》2016 年第 1 期。

表2　2009～2017年中国森林公园旅游发展情况

年份	森林公园(个)	旅游人次(亿人次)	收入(亿元)
2009	2458	3.32	226
2010	2583	3.96	295
2011	2747	4.68	376
2012	2855	5.48	453
2013	2948	5.89	591
2014	3101	7.10	710
2015	3234	7.95	706
2016	3392	9.17	984
2017	3505	9.62	1100

资料来源：根据国家林业和草原局林草种苗司（http://www.forestry.gov.cn/slgy/2452/index.html）公布的统计数据整理。

三　2018年中国主要林产品贸易

2018年，中国林产品进出口贸易整体上发展势头良好。林产品进出口贸易额为1652.84亿美元，比2017年增长10.75%；林产品进出口贸易以木质林产品为主，约占74.96%。木质林产品出口额约为615亿美元，比2017年增长17.63%；进口额约为584亿美元，比2017年增长12.81%。

（一）木材和木制品进口

2018年，木质林产品的进口以木浆、原木和锯材等产品为主。木炭、木片、单板、刨花板、木质家具、木浆、纸制品和印刷品等进口均大幅攀升，尤其以木炭、单板、纸制品和印刷品的进口数量增长较为明显。

1. 木材进口

2018年，中国木材进口以原木和锯材为主，占木质林产品进口总额的36.14%；原木和锯材的进口额与上年相比略有上升，木片和木炭进口大幅增长。2018年，国际木材市场的运输成本增加、价格上涨，加之部分国家限制原木出口等因素，对中国木质林产品进口形成一定的阻力。但是，国内对木材及加工产品需求上涨，以及天然林全面禁伐造成的木材供给下降，带动原木和锯材进口稳步增长。

2018 年，中国进口原木 5975.10 万立方米，同比增长 7.86%；进口额为 109.84 亿美元，同比增长 1.47%。在原木进口中，针叶材占原木进口额的 52.67%，阔叶原木占原木进口额的 47.33%；针叶原木进口 4161.29 万立方米，阔叶原木进口 1813.80 万立方米，分别较 2017 年增长 15.15% 和 24.49%。中国原木进口来源地依然呈现多元化集中的格局。2018 年，自新西兰、美国、俄罗斯、巴布亚新几内亚和澳大利亚 5 国的木材进口额占中国原木进口总额的 59.75%。其中，自新西兰和美国的进口额占比分别为 22.31% 和 12.67%，新西兰和美国是中国原木进口第一和第二大来源国。新西兰辐射松在基建、装饰装修、家具等各方面得到了中国市场的接受和认可，2018 年原木进口 1737.91 万立方米，同比增长 20.99%，进口均价为每立方米 141.04 美元，同比增长 5.60%。2018 年上半年，美国阔叶原木平均单价下降 8%，从而造成一轮对美国阔叶原木抢购运回国内加工的热潮，全年自美国进口原木 624.76 万立方米，同比增长 2.49%，进口额超过 2017 年排在第二位的俄罗斯。自俄罗斯和澳大利亚的原木进口达到 1054.87 万立方米和 468.42 万立方米，同比下降 6.36% 和 5.42%。中国红木原木进口逐年减少，2018 年进口 80.68 万立方米、7.66 亿美元，同比减少 17.76% 和 15.30%。上述国家以针叶原木和温带阔叶原木为主，中国主要的热带阔叶原木进口则主要来自巴布亚新几内亚，2018 年进口 350.48 万立方米，同比增长 21.62%。

2018 年，中国锯材进口基本保持稳定，全年累计进口锯材 3676.57 万立方米，同比下降 1.68%；进口额 101.31 亿美元，同比增长 0.64%。其中，针叶锯材进口占锯材进口额的 49.29%，阔叶锯材占锯材进口额的 50.71%；针叶锯材进口 2488.04 万立方米，阔叶锯材进口 1188.56 万立方米，分别较 2017 年减少 0.66% 和 3.83%。中国锯材进口来源地呈多元化且更加集中的格局。2018 年，自俄罗斯、美国、泰国和加拿大 4 国的锯材进口额就占到中国锯材进口总额的 71.92%，与 2017 年的 4 国进口比重和排位大体一致。2018 年，从俄罗斯进口锯材占中国锯材进口总额的 32.28%，并且以阔叶锯材进口为主，进口量达 1713.11 万立方米，同比增长 9.95%。美国锯材进口以温带阔叶锯材为主，主要用于高档家装、家具、地板和木门等，2018 年，自美国进口占中国锯材进口总额的 16.30%，进口量达 289.59 万立方米，同比减少 9.60%。自泰国进口锯材以阔叶锯材为主，主要为橡胶木，用于家具、木门和其他木制品的生产，2018 年，自泰国进口占中国锯材进口总额的 13.89%，进口量达 443.84 万立方米，同比减少 7.92%。自加拿大进口锯材占中国锯材进口总量的 9.44%，以针叶锯材进口为主，进口量达 428.61 万立方米，同比减少 15.99%。

2018 年，中国木片进口 1284.26 万吨，金额 22.64 亿美元，同比增加 12.18% 和 18.59%；木炭进口 29.81 万吨，金额 8779.02 万美元，同比增加 74.31% 和 74.68%；木碎料进口达 106.99 万美元。木片进口高度集中，前 4 位贸易伙伴的市场份额依次为越南 47.72%、澳大利亚 32.51%、智利 8.99%、泰国 5.75%，合计占进口总额的 94.98%。

2. 木制品进口

2018 年，中国木制品进口以木浆和纸制品为主，分别占木质林产品进口总额的 33.75% 和 10.61%。单板、纤维板、纸制品和木质家具等木制品进口增长显著，而废纸和木框架等木制品的进口下降。

2018 年相比 2017 年，中国人造板中单板、纤维板进口增长，刨花板进口保持稳定。其中，单板进口 71.85 万吨、1.92 亿美元，同比增长 29.74% 和 22.53%。单板主要从越南、俄罗斯和泰国等国进口，三国全年的进口量占比分别达到 55.80%、20.64% 和 10.72%。2018 年，中国纤维板进口 19.03 万吨、1.41 亿美元，比 2017 年增长 8.11% 和 4.79%。2018 年，中国纤维板主要进口国家包括新西兰、德国、智利、瑞士、泰国和比利时，进口量分别占纤维板进口总量的 22.35%、20.14%、9.02%、7.12%、5.50% 和 5.46%，其中从智利的进口大幅上升。2018 年，刨花板进口量 69.23 万吨，比 2017 年减少 2.63%；进口额 2.44 亿美元，同比增长 0.63%。与 2017 年一致，刨花板进口来源地还主要集中在泰国、马来西亚、罗马尼亚和巴西，

4 国进口量分别占刨花板进口总量的 31.81%、22.80%、13.45% 和 7.57%。2018 年，中国胶合板进口 10.30 万立方米，比 2017 年减少 44.49%；进口额 1.56 亿美元，同比增加 3.18%。与 2017 年一致，胶合板进口来源地还主要集中在俄罗斯、马来西亚和印度尼西亚 3 国，分别占胶合板进口总量的 32.60%、22.35% 和 16.67%，自俄罗斯的进口超过 2017 年进口第一位的马来西亚。

2018 年，在国内需求增长，欧元及许多国家货币贬值、关税下调等因素的共同影响下，中国木质家具进口保持增长趋势，全年进口达 1243.91 万件（其中木坐具占 28.4%，木家具占 71.6%），比 2017 年增长 4.63%；进口额 12.6 亿美元（其中木坐具占 29.8%，木家具占 70.2%），比 2017 年增长 6.44%。意大利和越南是主要的家具进口国，两国在木坐具进口市场份额中分别占 44.89% 和 14.70%；木家具进口主要集中在意大利、德国、越南、波兰等国家，进口额占比分别为 28.97%、17.11%、14.31% 和 8.20%。

2018 年，中国纸类产品的进口呈现木浆、纸制品和印刷品进口增长，废纸进口减少的趋势，美国是主要进口国。长期以来，非木纤维一直是中国造纸的重要原料，但非木浆废弃污染问题严重。随着国内环保要求的提高，中国在 2007～2016 年十年间经历了从主要生产非木浆到木浆的转变，《造纸工业"十三五"规划》明确提出"持续提高木浆在造纸原材料中占比"。当前，木浆和废纸成为中国两大主要造纸原料，以木浆进口为主，中国造纸高度依赖木浆，中国已是全球第一大木浆进口国。2018 年，中国木浆进口 2480.49 万吨，比 2017 年增长 4.55%，进口额为 197.16 亿美元，比 2017 年增长 28.60%；废纸进口 1703.43 万吨，比 2017 年减少 33.77%，进口额为 42.93 亿美元，比 2017 年减少 27.02%。2018 年，中国木浆进口前 5 位贸易伙伴的市场份额依次为巴西 27.34%、加拿大 16.96%、印度尼西亚 12.02%、智利 9.91%、美国 8.35%，与 2017 年的前 5 国进口比重和排位大体一致；废纸进口集中度较高，美国、日本和英国的进口量占中国进口总量的 65.85%，3 国的进口额占比分别达到 37.39%、16.16% 和 12.30%。

2018 年纸制品进口 639.94 万吨，同比增长 31.30%；进口额为 62.03 亿美元，同比增长 24.51%。纸制品进口前几位贸易伙伴的市场份额依次为美国 15.10%、印度尼西亚 14.98%、瑞典 9.01%、中国台湾 8.33%、日本 6.89%、韩国 6.85%、越南 6.62%。印刷品进口 6.18 万吨，同比增长 12.42%；进口额为 20.74 亿美元，同比增长 36 倍。印刷品进口前三位贸易伙伴的市场份额依次为美国 29.17%、新加坡 14.85%、英国 10.82%。

2018 年，中国木框架等木制品进口 6.65 亿美元，同比减少 9.67%；印尼是木制品主要进口国，进口额占比达 52.60%。软木及制品呈现进口数量和进口额相背离的现象：进口 1.03 万吨，同比减少 14.09%；进口额 5602.59 万美元，同比增长 17.48%。软木及制品进口集中度较高，按进口量统计，前三位贸易伙伴占到进口总量的 90.26%，分别为葡萄牙 59.34%、阿尔及利亚 17.85%、意大利 13.07%。

（二）木材和木制品出口

2018 年，中国木质林产品出口以木质家具为主，占木质林产品出口总额的 37.58%。木炭、木片、单板、刨花板、木质家具、纸制品和印刷品等产品的出口均大幅攀升，尤其以木炭、单板、纸制品和印刷品的出口数量增长明显。原木、锯材等产品出口下降。

1. 木材出口

中国的木材产品出口以锯材为主。尽管作为原木进口大国，但是中国也有部分原木销往海外，原木出口以阔叶原木为主；中国锯材出口规模大于原木。2018 年，中国原木、锯材出口有所下降，木片、木炭出口增长。原木出口 7.23 万立方米，2671.43 万美元，同比减少 21.38% 和 11.41%；锯材出口 29.49 万立方米，1.78 亿美元，同比增加 2.56% 和减少 10.57%；木片出口完成 2.5 万吨，808.03 万美元，比 2017 年增长 5.91% 和 8.24%；木炭出口完成 9.00 万吨，1.39 亿美元，比 2017 年增长 16.95% 和 33.29%。锯材出口市场主要集中于日本、美国和韩国，市场集中度小幅提高。前 5 位出口贸易伙伴依次为日本 45.80%、美国 16.01%、韩国 11.43%、德国

5.91%、中国台湾3.94%；与2017年相比，前5位出口贸易伙伴的总份额提高1.57个百分点，美国和德国的份额分别提高0.14个和2.82个百分点，日本、韩国的份额分别下降0.55个和1.58个百分点。

2. 木制品出口

美国是中国木制品第一大出口目的地。受中美贸易摩擦影响，依赖中美贸易的出口企业预计2019年对美订单会大幅减少，因此赶在税率提高之前，2018年下半年始出现木家具、人造板的赶货出口现象，一定程度上拉动了2018年出口增长。

2018年相比2017年，人造板的纤维板出口形势不理想，胶合板出口形势尚可，单板、刨花板出口增长。其中，单板出口32.30万吨，4.86亿美元，同比增长28.68%和26.91%，出口地区比较分散，主要出口集中在越南、印度、中国台湾、菲律宾等，出口量占比分别为17.62%、17.52%、14.63%和12.40%。人造板出口以胶合板为主，占2018年人造板出口总额的81.89%，美国是第一大出口集中地。2018年，中国胶合板呈现出口数量和出口金额相背离的现象：出口量613.82万立方米，比2017年下降43.35%；出口额55.58亿美元，同比增长9.04%。2018年，中国胶合板出口到美国、菲律宾、英国、日本和沙特阿拉伯的，分别占中国出口量的12.04%、8.98%、6.23%、5.77%和5.62%。

2018年，中国纤维板出口完成179.05万吨，11.19亿美元，比2017年减少14.33%和1.96%。其中，中国对美国、尼日利亚、沙特阿拉伯、加拿大和俄罗斯出口量占比分别达到17.03%、10.91%、6.63%、6.09%和5.91%，其中，美国、沙特阿拉伯、加拿大和俄罗斯四国的份额分别提高了1.14个、0.14个、0.12个和0.58个百分点。2018年，中国刨花板出口量23.15万吨，1.08亿美元，比2017增长14.12%和9.62%。主要原因是中国刨花板的产能和产量的持续增加，促进了部分刨花板的出口。2018年，中国刨花板出口地区主要集中在智利、蒙古国、阿拉伯和韩国，分别仅占中国出口量的22.20%、17.31%、8.74%和6.47%，其中，向智利出口上升明显。2018年，中国木质家具和木质坐具总出口 3.96 亿件（个），出口总额 23.11 亿美元，比 2017 年增长 7.92% 和 1.85%。其中，中国木质家具呈现出口数量和出口额相背离的现象：木质家具总出口 2.8 亿件，比 2017 年增长 8.59%，出口额 136.3 亿美元，同比减少 0.77%；木质坐具总出口 1.2 亿件，94.8 亿美元，比 2017 年同期增长 6.31% 和 5.86%。木制品出口主要集中在美国，其中，木家具对美出口 1.13 亿件，出口额 57.4 亿美元，较上年分别增长 14.30% 和 26.99%，对美出口额占比达 42.11%，其次，对中国香港、日本、英国和澳大利亚等地出口额分别占 5.90%、5.27%、5.09% 和 4.43%；木坐具对美出口 4310 万件，出口额 43.35 亿美元，较上年分别增长 6.73% 和 -8.81%，对美出口额占比 45.94%，对英国、日本和韩国等地出口额分别以 5.89%、5.33% 和 4.92% 的比重排在其后。

2018 年，中国纸类产品出口以纸、纸板及纸制品为主，占纸类产品总额的 82.97%，占木质林产品出口总额的 31.90%，美国是主要出口市场。2018 年，纸制品和印刷品出口大幅攀升，木浆出口与上年比基本保持不变，废纸出口大幅下降。其中：木浆出口量为 10.29 万吨，同比增长 3.89%，出口额为 1.34 亿美元，同比下降 0.82%；废纸出口量为 0.06 万吨，同比减少 70.50%，出口额为 22.34 万美元，同比下降 46.69%；纸制品出口量为 946.02 万吨，同比增长 16.81%，出口额为 196.19 亿美元，同比增长 36.30%；印刷品出口 101.90 万吨，38.92 亿美元，同比增长了 28.33% 和 175.66%。纸、纸板及纸制品出口区域较分散，按出口量统计，前 3 位出口贸易伙伴依次为：美国 10.07%、日本 6.87%、中国香港 6.23%；印刷品的出口相对集中，前 3 位出口贸易伙伴的出口额占比依次为：美国 36.76%、中国香港 18.38%、英国 8.64%。

2018 年，中国木框架等木制品出口 69.49 亿美元，同比增加 13.12%，按出口额计，前 3 位贸易伙伴的市场份额依次为美国 33.71%、日本 10.51%、英国 5.16%；软木及制品出口 0.86 万吨，2557.70 万美元，同比增长 0.04% 和 22.30%，主要出口到美国，占中国软木及制品出口总量的 29.87%。

四 2018年中国主要林产品市场分析

（一）林产品市场基本情况

2018 年，中国林产品市场有所萎缩。2017 年，FPMI[①] 全年平均为 51.7；2018 年，FPMI 全年平均为 49.7，这表明林产品市场处于衰退状况。一般来说，FPMI 在全年有两个低点，分别是春节前和暑期，2018 年的 FPMI 在这两个时点的表现均差于往年。2016 年 2 月和 2017 年 2 月的 FPMI 分别为 31.6 和 48.1，2018 年 2 月的 FPMI 仅为 28.7，显著低于前两年同期。受高温暑期等因素的影响，林产品市场往往会在 6~8 月处于连续萎缩状态，2018 年 6 月、7 月和 8 月的 FPMI 分别为 47.4、42.3 和 45.3，而 2017 年同期的 FPMI 则分别为 49.2、47.8 和 47.4。

2018 年，林业各类产品市场发展继续分化。产业调查指数全年平均处于 50 以上的包括竹产品、木质家具和刨花板 3 个产业，其中木质家具产业调查指数全年平均为 52.8，而且全年有 8 个月处于 50 以上，是 2018 年发展状态最好的行业。但与 2017 年相比，木制家具行业调查指数平均值下降了 6.44%，这也体现出 2018 年林产品市场不景气的状况。2018 年，最不景气的行业是造纸，产业调查指数全年平均仅为 34.7，而且 12 个月均低于 50；2017 年，造纸行业的调查指数全年平均为 52.2，全年有 8 个月高于 50，造纸行业的严重衰退值得关注。2018 年，胶合板、指接板、木地板和纤维板产业的发展状态也较差，全年调查指数高于 50 的月份低于 3 个，明显处于衰退状态。

---

① 从 2012 年开始，国家林业局开展了中国林业采购经理指数（Forest Purchase Management Index，FPMI）调查工作。调查以问卷的形式在网上进行，调查问卷由国家林业局经济发展研究中心和中国林业产业联合会参照国家统计局调查标准制定。FPMI 是衡量林业行业发展状态的风向标，指数超过 50，说明行业处于发展状态；等于 50，行业为停滞状态；小于 50，行业为衰退状态。

表3 2018年全国林业采购经理指数及10类产业调查指数

指数	1月	2月	3月	4月	5月	6月	7月	8月	9月	10月	11月	12月
FPMI	50.8	28.7	66.8	55.8	51.7	47.4	42.3	45.3	56.3	55.2	50.3	45.3
木门窗	43.5	24.1	61.5	61.0	51.8	50.3	53.5	45.6	45.9	49.6	48.0	45.2
竹产品	55.6	38.1	61.0	63.5	52.7	42.9	40.2	41.6	46.6	56.8	51.1	52.6
胶合板	46.4	30.9	60.5	55.2	51.4	45.2	44.5	45.0	47.6	45.4	42.9	44.1
木质家具	55.5	26.4	74.3	52.9	51.4	51.2	40.0	46.4	67.1	64.9	57.7	45.9
造纸	33.1	34.4	38.8	43.1	42.5	25.5	38.8	27.5	49.4	26.9	27.5	28.8
纤维板	44.3	29.2	60.6	58.5	52.6	42.4	44.4	49.8	45.4	49.8	45.7	43.5
指接板	44.3	35.2	57.9	53.4	42.7	40.6	41.4	34.1	39.6	42.6	37.8	39.9
细木工板	48.7	30.4	58.9	55.1	53.9	51.1	40.2	47.7	60.8	45.9	44.2	49.4
刨花板	51.8	30.0	71.6	78.8	51.4	42.3	45.5	47.3	48.2	46.1	46.3	50.4
木地板	44.7	27.0	58.8	61.9	49.5	37.0	43.4	44.9	40.0	42.9	39.5	38.9
PMI	51.3	50.3	51.5	51.4	51.9	51.5	51.2	51.3	50.8	50.2	50.0	49.6

资料来源:《中国绿色时报》于2018年1月至12月公布的数据。

2018年,中国林产品市场发展波动加剧。全年FPMI的变异系数约为0.19,远高于2017年0.10的水平,也高于2016年0.14的水平。2018年,各林业产业调查指数的变异系数全部高于2017年,波动加剧。

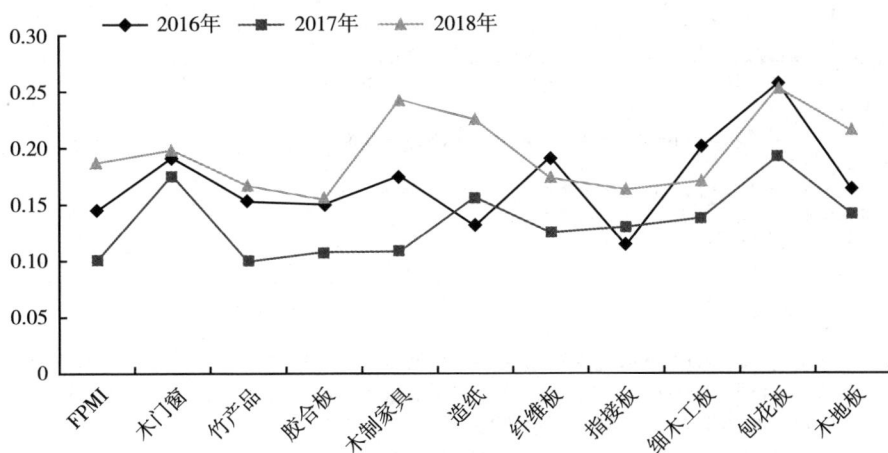

图4 林业采购经理指数变异系数

（二）木材价格变化

2018 年，中国木材价格继续上涨。"鱼珠·中国木材价格指数"[①] 显示，2018 年中国木材市场指数为 1220，比 2017 年上涨 4.26%，延续了 2016 年以来木材价格上涨的趋势。

2018 年，中国木材价格指数最低点出现在 1 月，为 1196.2；2 月则是全年的高点，达到 1271.6，比 1 月提高 6.30%。木材价格指数在 3 月明显下降，并相对平稳地保持到 7 月；8 月木材价格指数再次上涨，达到 1239.1，成为年内第二高点；此后，木材价格指数总体呈现下降的趋势。除 12 月以外，2018 年其余月份木材价格指数同比均实现正增长。

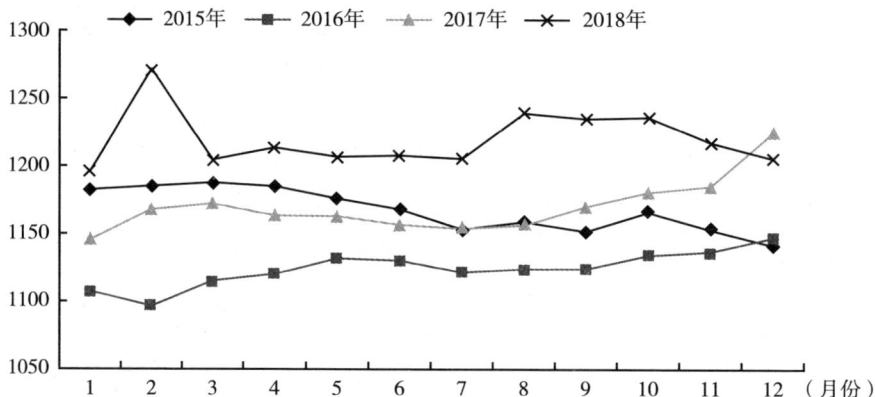

图 5　2015~2018 年中国木材价格指数变化

资料来源：中国木材价格指数网（www.yuzhuprice.com）。

---

① 鱼珠·中国木材价格指数是国家发改委计划编制的 12 个重要商品和服务价格指数之一。由广东省物价局和广州市物价局组织编制，华南师范大学和广东鱼珠国际木材市场共同研发，2012 年 9 月升级为国家级木材价格指数。该指数包括 1 个总指数，13 个一级分类指数，21 个二级分类指数，包括了木材行业所有商品分类。中国木材价格综合指数确定 2010 年 6 月为指数基准月，基点为 1000 点。

（三）原木和锯材价格变化

2018 年，原木平均价格有所上涨。2018 年，原木平均价格指数为 1105.2，比 2017 年平均价格指数上涨 1.29%，但仍比 2015 年低 0.81%。2018 年，原木价格指数呈现倒"V"形变化，价格最高点出现在 4 月，进口原木价格指数与原木价格指数基本保持同步变化。国产原木价格指数依然相当平稳，自 2015 年底以来基本围绕 1115 上下波动，偏离不超过 1%。2018 年，国产原木价格指数始终高于进口原木价格指数，国内外价差呈现先缩小再扩大的趋势，4 月价格基本一致。2017 年基本消失的国内外原木价格倒挂现象再次出现。

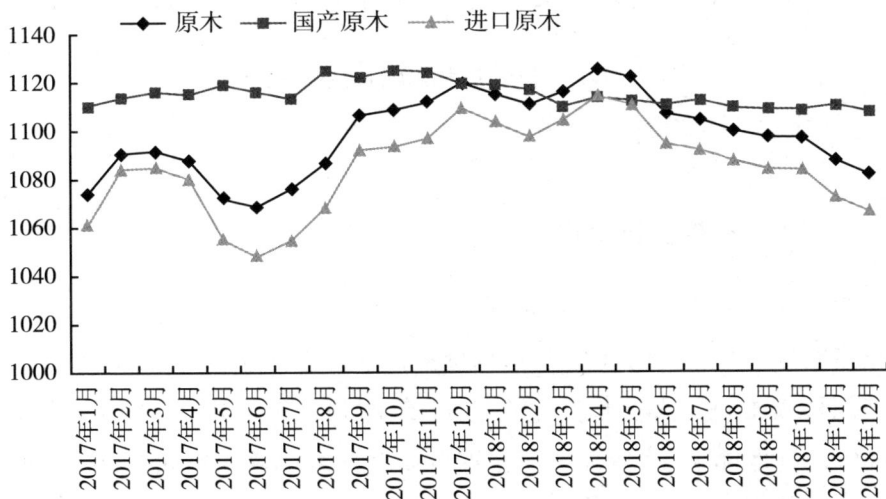

图6　2017～2018 年中国原木价格指数变化

资料来源：中国木材价格指数网（www. yuzhuprice.com）。

2018 年，锯材平均价格指数与 2017 年基本持平，但是波动幅度下降。2018 年，锯材平均价格指数为 1118.1，比 2017 年平均价格指数上涨 0.19%。年内国内价格指数和进口锯材价格指数相对稳定。2018 年，国内外锯材价格倒挂的现象继续存在，但是差距缩小；3～11 月期间国产锯材价格指数均高于进口锯材，与 2017 年的情形基本一致。

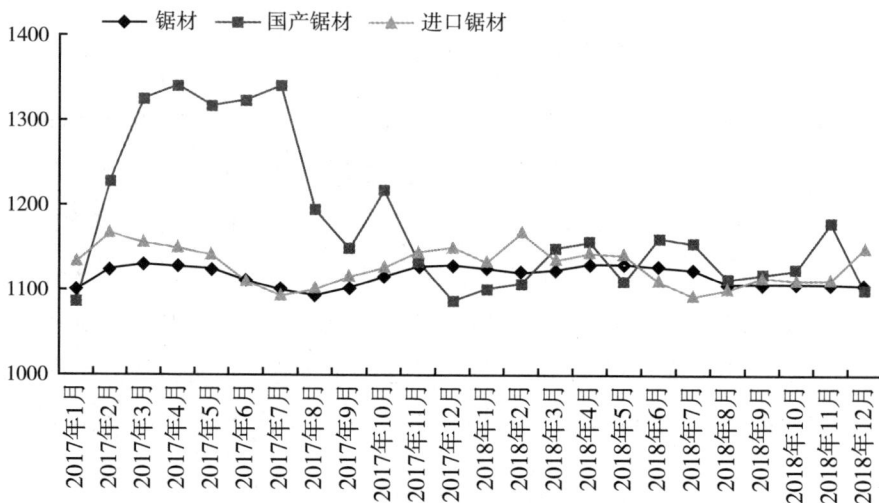

图7　2017～2018 年中国锯材价格指数变化

资料来源：中国木材价格指数网（www. yuzhuprice. com）。

（四）人造板价格变化

2018 年，人造板价格指数提高，波动幅度加大。2018 年，人造板平均价格指数为 1116. 7，比 2017 年平均价格指数上涨 10. 80%。2018 年，环保去产能持续推进，人造板产量在 2017 年的基础上再次下滑，降幅达到 6. 06%；与此同时，人造板需求还保持继续增长的势头，因此，导致人造板价格指数总体表现为上涨的趋势。2018 年，胶合板和刨花板价格指数波动相对较小；中纤板价格指数波动加大，这成为人造板价格指数波动的主要因素。

（五）木质地板价格变化

2018 年，木质地板价格指数有所上涨。地板平均价格指数为 1180. 9，比 2017 年平均价格指数上涨 4. 83%。年内地板价格指数相对平稳，最高价格和最低价格差约为 3. 56%。2018 年，复合实木地板和竹地板价格指数略有下降；实木地板价格指数在 4 月明显上涨，推动木质地板价格指数上涨。

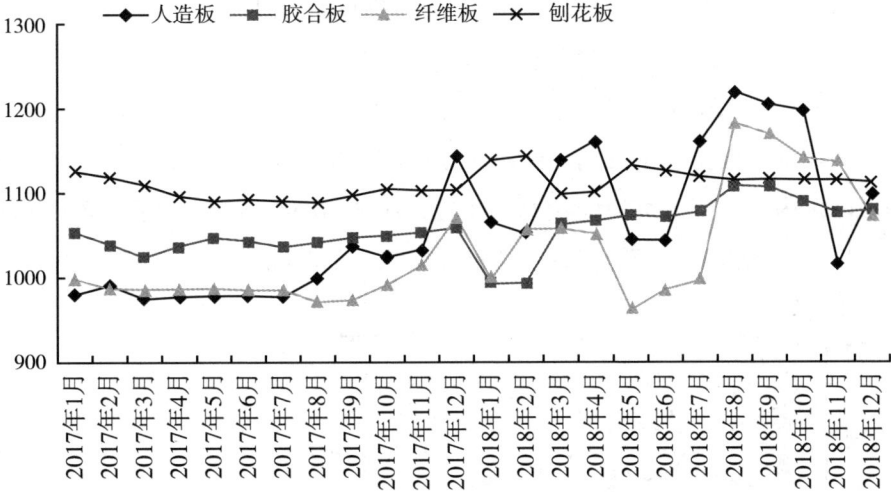

图 8　2017～2018 年中国人造板价格指数变化

资料来源：中国木材价格指数网（www. yuzhuprice. com）。

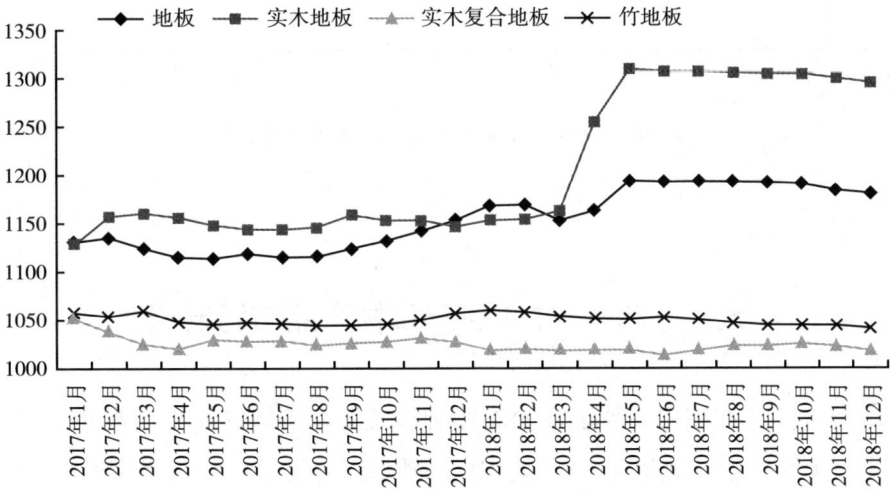

图 9　2017～2018 年木质地板价格指数变化

资料来源：中国木材价格指数网（www. yuzhuprice. com）。

（六）名贵林产品价格变化

2018 年，红木价格指数持续走低。2017 年，由于濒危野生动植物种国际贸易公约（CITES）第 17 次缔约国大会决议正式生效，红木进口量大幅下降，国内原材料短缺导致价格迅速上涨。但是，这一趋势在 2018 年未能得以延续，红木价格指数从年初到年末持续下降。红木资源完全依赖进口，在国际红木价格持续上涨的形势下，国内红木价格指数呈现下跌的趋势，充分说明国内红木行业衰退的状况。而且，从国内的经济形势来看，红木市场再度恢复，红木价格指数回升可能需要相当长的时间。

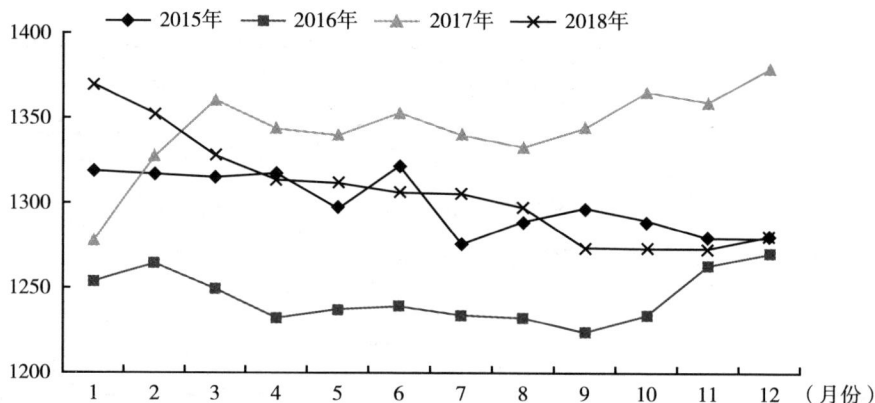

图 10 2015～2018 年中国红木价格指数变化

资料来源：中国木材价格指数网（www.yuzhuprice.com）。

五 2019年林业生产和林产品市场展望

2018 年，在国内外复杂多变的经济形势下，中国林业生产和林产品市场发展可圈可点。展望 2019 年，中国林业经济将通过一系列硬任务的实施，为实现全面建成小康社会目标做出积极贡献。

（一）造林面积仍将保持较高水平，林业产业投资比重有望继续提高

2018 年，《全国绿化委员会国家林业和草原局关于积极推进大规模国土绿化行动的意见》提出 2050 年造林绿化目标：到 2020 年，森林覆盖率达到

23.04%；到 2035 年，国土生态安全骨架基本形成，生态服务功能和生态承载力明显提升，生态状况根本好转，美丽中国目标基本实现；到 2050 年，迈入林业发达国家行列，生态文明全面提升，实现人与自然和谐共生。根据相关测算，2035 年美丽中国目标实现对应的森林覆盖率应该达到 26%，而目前距离这一目标尚有巨大的差距，因此，每年必须完成 1 亿亩的造林任务[①]。虽然 2018 年造林面积有所下降，但是依然超额完成了年初的造林计划。综合过去几年的情形，2019 年仍将超额完成 1 亿亩的造林任务。与此相对应，全国林业投资也将保持增长的势头。随着国家一系列改善投资环境的政策陆续出台并得到落实，相信会有更多的社会资金参与到林业经济当中，从而进一步提升林业产业投资的比重。

（二）林业第三产业比重进一步提高，木材产量将小幅增长

2018 年林业总产值未能如期实现 7.5 万亿的目标，主要是受到第一产业和第二产业产值下降的拖累；第三产业则在森林旅游和康养业的带动下，始终保持较快的增长速度。2019 年，林业第三产业产值在林业总产值中的比重将继续提升。由于全面停止天然林商业性采伐政策带来的木材减产效应已经完成，人造林采伐则保持小幅增长的趋势，特别是广西木材产量距离采伐限额指标还有几百万立方的空间，这都为 2019 年全国木材产量增长提供了基础，但是受到可采资源量的限制，产量增长的幅度不会太大。

（三）林产品进出口贸易增长趋缓，林产品出口面临的形势严峻

国际经济复苏乏力，反全球化浪潮和贸易保护主义倾向不断加剧，中国国际贸易形势不容乐观。2019 年，中国林产品进出口贸易增长将进一步趋缓，相比较而言，出口面临的形势更为严峻。从进口方面，由于国内人均林业资源有限及禁伐政策带来的木材产量调减，2019 年木材进口将继续保持

---

① 张建龙：《认真贯彻习近平生态文明思想　全力推动林业草原事业高质量发展——在全国林业和草原工作会议上的讲话》，2019 年 1 月 10 日。

稳定增长态势。随着国内劳动力成本和环保成本不断增加，2019年家具等产品的进口将呈进一步增长趋势，另外，刨花板的价格优势及木结构建筑的发展，会促进刨花板进口量的增长。由于环保政策趋严，中国近几年木浆产能扩张停滞，未来对进口木浆的依存度将进一步提高。而随着不断强化的环境保护要求，国家关停了北方大量低效能造纸企业，并严格限制了废纸进口量，未来废纸进口将进一步减少。从出口来看，2019年中国林产品出口遇到的困难依然存在，而且呈现继续加剧的趋势，受中美贸易摩擦影响，2019年美国客户订单。由于美国在中国木质林产品出口市场中所占比重最大，而新兴市场的开发和维护需要一定时间和周期，因此短期内中国优势林产品出口将会面临一定的挑战。预计2019年中国的木质家具、人造板、木地板等中高端产品出口不容乐观。

（四）国内林产品市场趋于稳定，木制品价格上涨动力不足

2018年，中国林产品市场整体处于衰退状况，这对2019年造成一定压力。就目前来看，房地产政策没有发生根本性的调整，这就使林产品市场复苏失去了一个重要推动力；同时，也没有观察到其他足以激发林产品市场活力的因素，因此，2019年中国林产品市场将延续2018年的状况。虽然前两年的结构性改革效果初显，但中国林产品市场供过于求的状况依然存在，再加之消费不足，因此，2019年木制品价格上涨的理由也不存在。

2018年畜牧业经济形势及2019年展望

韩 磊*

摘 要： 2018年，猪肉产量下降，其他畜产品产量均有所增长，畜产品贸易逆差进一步增大。整体上，2018年各畜产品价格均呈"上半年下降，下半年上升"的趋势，受非洲猪瘟疫情的影响，猪肉价格同比下降明显，牛羊肉价格高位运行，牛奶价格触底反弹明显。2019年，畜牧业生产整体将保持平稳，各畜产品价格较2018年有所上涨，畜牧业养殖效益略有改善，畜产品贸易将呈现进口量增加与进口更加多元化并存的局面。

关键词： 畜牧业 畜产品 市场价格 成本收益

一 2018年畜产品生产变化

（一）畜产品总产出变化

随着居民膳食结构的不断优化，改革开放以来中国畜牧业总产出呈不断增长的趋势，但自2000年以来，畜牧业总产值增速放缓，畜牧业总产值占农林牧渔业总产值的比重在2008年达到35.45%的最高值后也呈不断下降趋势，到2017年该比重下降至26.86%。当前中国肉类和牛奶总产量均进

---

* 韩磊，管理学博士，中国社会科学院农村发展研究所助理研究员，主要研究领域为农产品市场、奶业经济等。

入低速增长阶段，其中肉类总产量于 2000 年前后进入低速增长阶段，而牛奶总产量在 2008 年"三聚氰胺"事件以后进入徘徊阶段，近年牛奶产量基本围绕 2008 年的水平上下波动。2018 年，猪牛羊禽肉总产量为 8517 万吨，比 2017 年下降 0.3%；牛奶总产量为 3075 万吨，比 2017 年增长 1.2%[①]。肉类分品种来看，2018 年猪肉产量为 5404 万吨，比 2017 年下降 0.9%；牛肉产量为 644 万吨，增长 1.5%；羊肉产量为 475 万吨，增长 0.8%；禽肉产量为 1994 万吨，增长 0.6%。

从各品种产量占肉类总产量的比重来看，猪肉因在营养方面具有明显的价格优势，成为畜产品消费的绝对主体。但是，随着经济进一步增长，在基本的动物源蛋白和热量消费需求得到满足的基础上，肉类消费必然向多元化结构转变。在此过程中，猪肉产量所占比重呈下降趋势，但仍为第一大产量品种；牛肉和羊肉产量占比相对较低，但其产量均呈平稳增长趋势；禽肉因为价格优势产量增长更加明显，且始终为第二大产量品种，且在肉类总产量中的占比呈稳步增长态势（见图 1）。2018 年，全国猪肉产量占猪牛羊禽肉

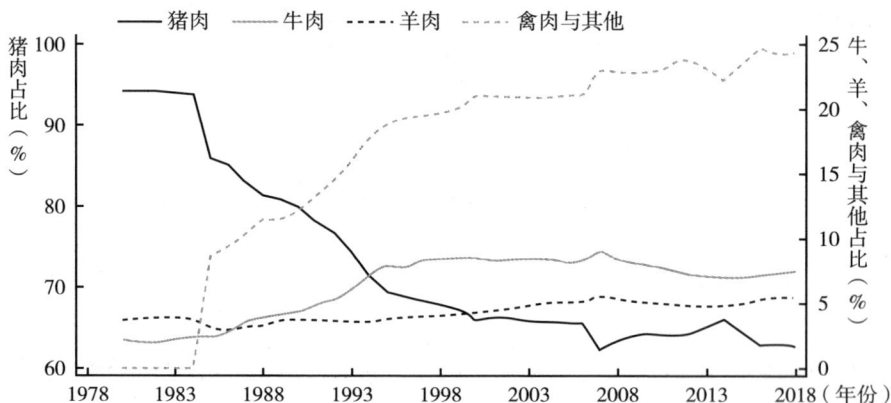

图 1　肉类分品种产量占肉类总产量比例变动趋势

资料来源：国家统计局。

[①] 2018 年，国家统计局根据第三次农业普查调整了 2006 年以来的统计数据，本报告所用数据为调整后的最新数据。由于数据的调整，相关结论与往年的分析报告不完全一致。

总产量的 63.45%，比 2017 年下降 0.40 个百分点；牛肉产量占比为 7.56%，增加 0.13 个百分点；羊肉产量占比为 5.58%，增加 0.06 个百分点；禽肉产量占比为 23.41%，增加 0.20 个百分点。

（二）畜产品区域分布变化

2017 年，中国肉类生产主要集中在山东、河南、四川、湖南、河北等省份，以上五省份肉类产量占全国肉类总产量的 36.90%，其中山东肉类产量最高，占全国总产量的 10.01%；牛奶生产主要集中在内蒙古、黑龙江、河北、山东和河南等省份，以上五省份牛奶产量占 60.08%，其中内蒙古产量最高，占全国总产量的 18.19%（见表 1）。肉类分品种来看，2017 年，猪肉生产主要集中在四川、河南、湖南、山东、湖北等省份，以上五省份产量占 39.53%，其中四川产量最高，占全国总产量的 8.66%；牛肉生产主要集中在山东、内蒙古、河北、黑龙江、新疆等省份，以上五省份产量占 43.81%，其中山东产量最高，占全国总产量的 11.96%；羊肉生产主要集中在内蒙古、新疆、山东、河北、四川等省份，以上五省份产量占 54.28%，其中内蒙古产量最高，占全国总产量的 22.10%。

以产量排名前五的省（区、市）的产量合计占全国总产量的比例来衡量集中度，2010 年以来中国肉类生产的集中度变化不大，基本稳定在 36.5% ~ 37%；牛奶生产的集中度呈逐年下降趋势，从 2010 年的 68.28% 下降到 2017 年的 60.08%。从 2017 年各肉类品种的比较来看，羊肉生产的集中度最高，其次是牛肉，猪肉最低。从与 2016 年比较来看，2017 年猪肉生产集中度基本没有变化，牛肉生产集中度提高约 1 个百分点，羊肉和牛奶生产集中度分别降低约 1.2 个百分点和 4.2 个百分点。中国羊肉和牛奶生产区域分布趋于分散的原因在于当前畜牧业养殖呈现由北方向南方发展的趋势，一方面，国家在畜牧业发展布局上要求在优化发展传统农区和农牧交错区的基础上积极发展南方草山草坡地区；另一方面，随着生产技术的提高和标准化养殖的推进，养殖向南发展得以实现。

表1　2017年畜产品产量区域分布

单位：%

	地区	山东	河南	四川	湖南	河北	广东	湖北	广西
肉类	占比	10.01	7.58	7.55	6.28	5.48	5.13	5.03	4.86
	累计占比	10.01	17.59	25.14	31.42	36.90	42.03	47.06	51.92
	地区	四川	河南	湖南	山东	湖北	云南	河北	广东
猪肉	占比	8.66	8.56	8.25	7.84	6.22	5.87	5.35	5.1
	累计占比	8.66	17.22	25.47	33.31	39.53	45.40	50.75	55.86
	地区	山东	内蒙古	河北	黑龙江	新疆	吉林	云南	河南
牛肉	占比	11.96	9.37	8.76	6.92	6.78	5.99	5.64	5.52
	累计占比	11.96	21.35	30.11	37.03	43.81	49.80	55.44	60.96
	地区	内蒙古	新疆	山东	河北	四川	河南	甘肃	云南
羊肉	占比	22.10	12.36	7.65	6.39	5.78	5.54	4.83	3.85
	累计占比	22.10	34.46	42.11	48.50	54.28	59.82	64.65	68.50
	地区	内蒙古	黑龙江	河北	山东	河南	新疆	宁夏	辽宁
牛奶	占比	18.19	15.31	12.54	7.36	6.68	6.31	5.27	3.94
	累计占比	18.19	33.50	46.04	53.40	60.08	66.39	71.66	75.60

注：本表只列出产量排名前八的省（区、市）的产量占全国总产量的比例及累计占比。

资料来源：根据国家统计局数据计算得到。

从2016～2017年各地区产量变化情况来看，肉类产量的地区变化相对较小，而牛奶产量的地区变化较大（见图2）。2017年肉类产量增加0.30%，产量排名前八的地区中，除了河南和四川产量分别下降5.91%和6.10%外，其他地区产量均有所增长。在31个省（区、市）中，2017年共有19个地区肉类产量有所增长，其中福建增长幅度最大，为17.40%；有12个地区产量有所下降，其中天津下降幅度最大，为20.61%。2017年牛奶产量比2016年减少0.83%，产量排名前八的地区中，除新疆和宁夏产量分别增长22.92%和14.77%外，其他地区产量均有所下降。在31个省（区、市）中，2017年共有22个地区牛奶产量有所下降，其中河南下降幅度最大，为37.93%；有9个地区产量有所增长，其中产量最少的海南产量增长幅度最大，为127.27%。

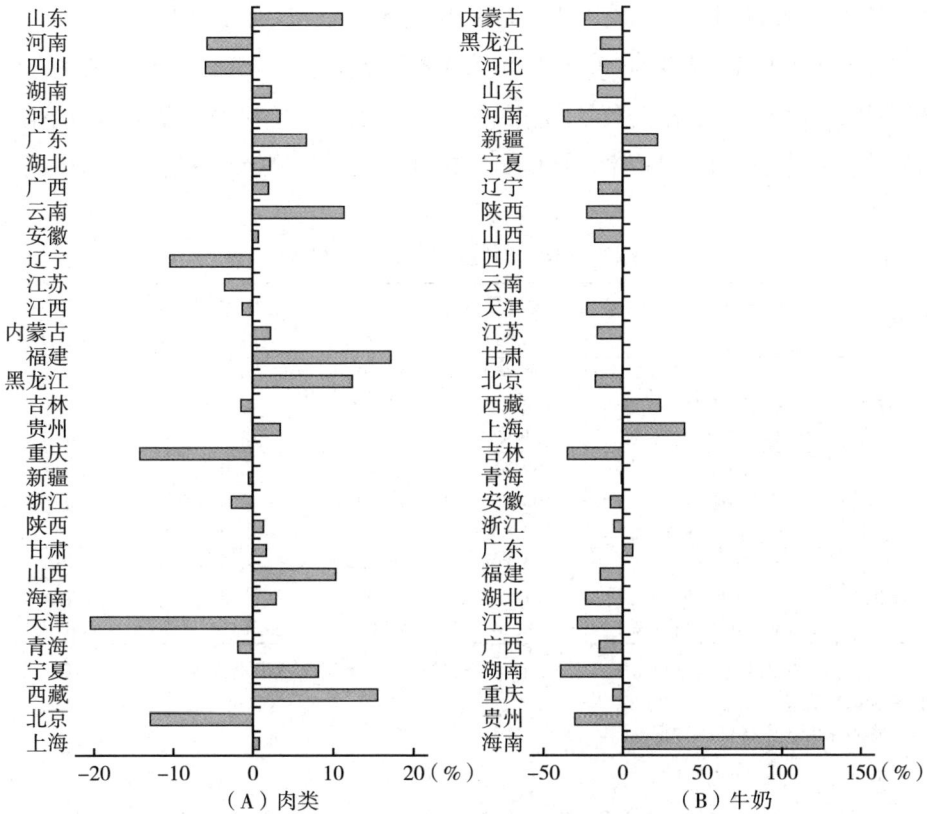

图2　2017年肉类和牛奶各地区产量同比变化

注：地区按2017年产量由多至少排序。

资料来源：根据国家统计局数据计算得到。

二　2018年畜产品贸易变化

（一）肉类贸易变化

近年来，中国一直是肉类净进口国。2018年8月中国出现非洲猪瘟疫情，虽然国内猪肉供应受到影响，但全年猪肉进口并未增长，反而有小幅下降。根据海关统计数据，2018年中国猪肉进口119.28万吨，比2017年减少2.4万吨，进口金额为20.74亿美元，进口量和进口金额同比分别下降1.97%和

6.58%。与此同时，中国猪肉出口量和出口金额较进口有更大幅度的下降，分别下降18.58%和24.47%（见表2）。2018年猪肉进口量下降主要有两个方面的原因，一方面，受中美贸易摩擦的影响，中国从美国进口的猪肉数量下降；另一方面，受非洲猪瘟疫情的影响，匈牙利和比利时的猪肉被暂停输入中国。

表2　2018年中国肉类进出口情况

品种	年份	进口量（万吨）	进口金额（亿美元）	出口量（万吨）	出口金额（亿美元）
猪肉	2017年	121.681	22.201	5.129	2.586
	2018年	119.283	20.740	4.176	1.953
	2018年同比增长（%）	-1.97	-6.58	-18.58	-24.47
牛肉	2017年	69.512	30.652	0.092	0.079
	2018年	103.943	48.000	0.043	0.032
	2018年同比增长（%）	49.53	56.60	-52.96	-59.50
羊肉	2017年	24.898	8.784	0.516	0.456
	2018年	31.904	13.091	0.329	0.346
	2018年同比增长（%）	28.14	49.04	-36.14	-24.07

注：由于牛肉和羊肉出口量数据相比其他数据较小，因此该表数据全部保留到小数点后三位，以减少数据误差。

资料来源：中国海关数据。

2018年，牛肉和羊肉的进口量和进口金额均有大幅上涨，而出口量和出口金额有较大幅度下降（见表2）。根据海关数据，2018年牛肉进口量为103.94万吨，同比增长49.53%，羊肉进口量为31.90万吨，同比增长28.14%；牛肉出口量为433.66吨，同比下降52.96%，羊肉出口量为3294.37吨，同比下降36.14%。随着居民食物消费的转型升级，国内牛羊肉的消费需求旺盛，而且非洲猪瘟疫情的出现提高了牛羊肉对猪肉的替代消费需求，以上因素导致2018年牛肉和羊肉进口量的大幅增加。

（二）乳品贸易变化

从20世纪90年代中期开始，中国就已经成为乳制品净进口国，且乳制品进口量远远大于出口量，贸易逆差呈现扩大趋势。根据中国海关统计数据，2018年，乳制品进口总量达到263.64万吨，比2017年增长6.71%，进口总额达到 100.63 亿美元,首次突破 100 亿美元,比 2017 年增长 14.29%(见表3)。其中,液态奶进口量在经过多年快速增长后,增速也大幅下降,实现稳中略增。2018 年液态奶进口总量为 70.41 万吨,同比增长 0.34%。2018 年,干乳制品的进口数量和进口金额继续增长,进口量为 193.22 万吨,比 2017 年增长 9.24%,但是原料奶粉与婴幼儿配方奶粉等进口量的增长速度与2017 年相比都有明显下降。2018 年,进口量同比增长速度最快的是奶油,其次是原料奶粉和婴幼儿配方奶粉,酸奶进口量明显下降。

表3　2018 年乳品进口情况

	数量		金额	
	总量(万吨)	同比增长(%)	总量(亿美元)	同比增长(%)
乳制品	263.64	6.71	100.63	14.29
液态奶	70.41	0.34	9.73	2.87
鲜奶	67.33	0.86	9.13	3.78
酸奶	3.08	−9.75	0.61	−9.13
干乳制品	193.22	9.24	90.90	15.67
奶粉	80.14	11.60	24.29	12.00
乳清	55.72	5.21	6.33	−4.94
奶酪	10.83	0.25	5.13	3.15
奶油	11.33	23.72	6.97	39.31
炼乳	2.75	7.51	0.49	5.21
婴幼儿配方奶粉	32.45	9.64	47.69	19.83

资料来源:中国海关数据。

三　2018年畜产品市场变化

(一)猪肉价格变化

2018 年,中国猪肉集贸市场价格整体上呈现先降后升的走势(见图3)。1 月猪肉价格变化不大,稳定在 25.5 元/公斤的水平。2 月以后,由于生猪供大于求,猪肉价格一路大幅下滑,到 5 月下旬降到 19.22 元/公斤的最低点，比 1 月的价格最高点下降了 24.63%，这也是 2015 年以来猪肉价格的最低值。5 月下旬猪肉价格触底反弹，8 月以来在非洲猪瘟疫情不断出现、育肥猪配合饲料价格持续上涨以及生猪供给减少等影响下，猪肉价格继续上涨，到 10 月初达到 23.61 元/公斤的水平。10 ~ 11 月属于消费淡季，猪肉价格呈小幅下滑趋势，到 11 月底猪肉价格降至 23.5 元/公斤。12 月，受养殖场（户）惜售及南方腌腊肉习惯的影响，猪肉价格略有上涨，12 月底达到 23.7 元/公斤，仍比 1 月的最高价格低 7.06%。

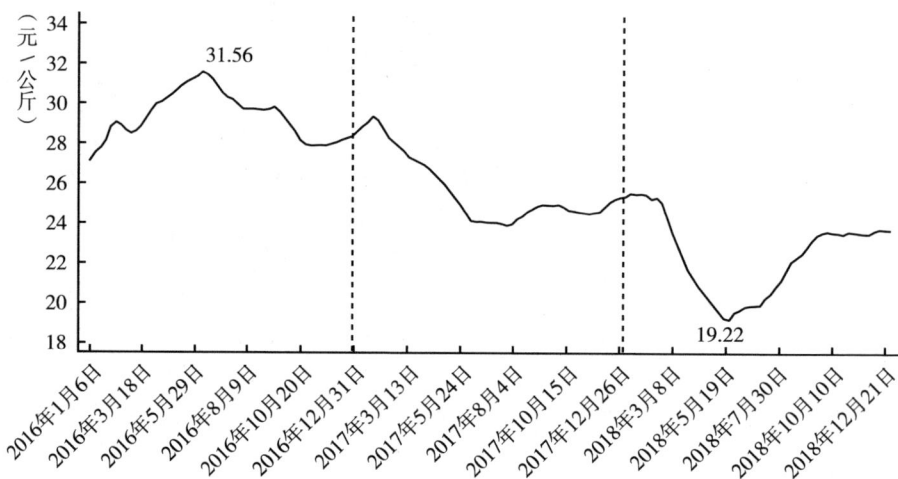

图 3 猪肉价格走势

资料来源：农业农村部。

纵向来看，2016 年 6 月初猪肉价格达到 31.56 元/公斤的历史高位后，在之前猪肉价格一路上涨、养殖效益上升的驱动下，生猪供给增加，但经济增速放缓及肉类消费多元化带来了国内猪肉消费的不振，综合因素导致猪肉价格呈持续下滑走势，2018 年下半年猪肉价格回暖，但仍处在价格低位。2018 年与 2017 年猪肉价格波动特点类似，都经历了先降后升的变化过程，而且由于整体仍处于长周期的下降期，年中的价格高点均低于年初的最高价格。与 2017 年不同的是，2018 年初猪肉价格并没有因为春节消费带动而上涨，价格触底反弹的时间要比 2017 年早，且波动幅度更大。

（二）牛羊肉价格变化

2017年下半年以来，国内牛肉和羊肉集贸市场价格呈上涨趋势，到2018年底牛羊肉价格均创造了近三年的历史高位（见图4）。2018年，牛肉和羊肉价格走势基本一致，整体均呈先降后升的曲线变动趋势，且年初价格高位和年中触底反弹的时间点也一致，但羊肉价格触底反弹的幅度更大。对于牛肉而言，2018年初价格上涨，到2月中旬达到66.47元/公斤的高点后，价格回落，到5月下旬降到63.83元/公斤的最低位后开始反弹，到年底价格升至68.48元/公斤，比年初的最高价高3.02%。对于羊肉而言，2月中旬的最高价格为63.23元/公斤，5月下旬价格回落到60.59元/公斤的最低点，之后价格大幅持续上升到年底的68.58元/公斤，比年初的最高价高8.46%。牛肉和羊肉价格走势均表现为季节性波动，年初在春节期间消费需求增加的影响下价格上涨，年中价格先下降后上升主要受大多数居民的夏天少冬天多的牛羊肉消费习惯影响。同时，2018年下半年猪瘟疫情的出现促进了牛羊肉对猪肉的消费替代，强化了下半年牛羊肉价格上涨的趋势。

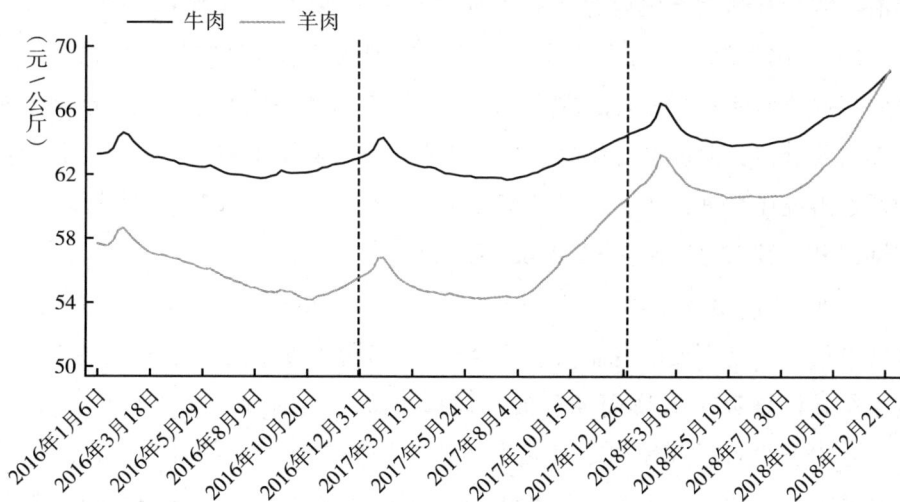

图4　牛肉和羊肉价格走势

资料来源：农业农村部。

纵向来看，2018 年牛肉价格与羊肉价格走势与前两年走势非常相似，只是 2016 年中牛羊肉价格触底反弹的时点要更晚。2014 年之前国内牛肉和羊肉价格均经历了大幅持续上涨，之后牛肉价格在基本稳定的基础上呈现周期性和季节性波动，而 2014 年以来受小反刍兽疫疫情导致的外销受阻和需求减少、进口羊肉增多等因素的影响，羊肉价格呈持续下跌趋势，到 2016 年底羊肉价格才开始回升。自 2015 年羊肉价格高于牛肉价格的局面被打破以来，牛肉和羊肉价差不断拉大，到 2017 年下半年开始才有缩小的趋势，到 2018 年底两者价格基本持平。

（三）牛奶价格变化

2018 年，国内生鲜乳价格经历了先降后升的变化过程，整体呈现增长趋势（见图 5）。根据农业农村部对主产省生鲜乳价格的监测数据，2018 年 1 月生鲜乳均价为 3.49 元/公斤，低于 2016 年 1 月的 3.56 元/公斤和 2017 年 1 月的 3.54 元/公斤。之后生鲜乳价格持续走低，到 7 月降至 3.37 元/公斤的最低点，比年初下降了 3.44%，也创造了近三年生鲜乳月度均价的最低值。从 8 月开始，生鲜乳价格开始反弹并持续上升，到 12 月升至 3.59 元/公斤，比 7 月最低价格上升 6.53%，也创造了三年来的最高价格。国家奶牛产业技术体系监测的国内近 200 家规模养殖场的生鲜乳收购价格高于农业部监测价格，但价格变化趋势与农业农村部监测结果基本一致，但其价格最低点出现在 5 月，从 1 月的 3.67 元/公斤降至 5 月的 3.49 元/公斤，之后持续回升，到 12 月价格升至 3.80 元/公斤。

纵向来看，2015 年 8 月以来，牛奶质量安全事件的负面影响仍然存在，消费者信心不足导致消费需求增长缓慢，加上进口低价原料奶粉的冲击，国内生鲜乳价格处于低位周期性波动阶段，波动范围基本在 3.4 元/公斤至 3.6 元/公斤之间。2018 年，生鲜乳价格走势与 2016 年和 2017 年高度相似，但与前两年比波动幅度更大。2018 年，国内生鲜乳收购价格与进口奶粉折原料奶后的到岸价格的比值经历了先降后升的变化，到 12 月前者比后者高 43.0%，与上年同期相比提高了 11.7 个百分点。在国内外价差较大的情况下，原料奶粉进口量进一步增加，2018 年中国奶粉进口量达到 80. 14 万吨，比 2017 年增长 11. 60% 。这不仅凸显了中国奶业竞争力不足的问题，也进一步加剧了国内生鲜乳价格波动。

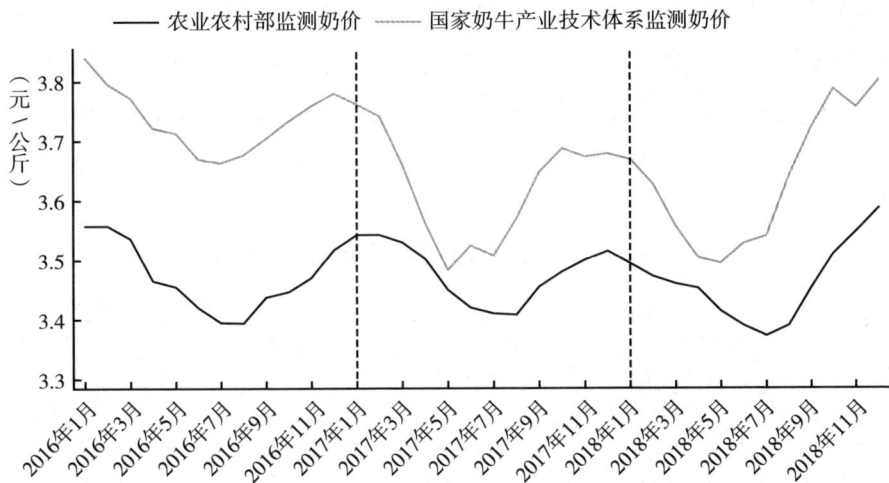

图 5　主产省生鲜乳价格走势

资料来源：农业农村部、国家奶牛产业技术体系。

四　2018年畜牧养殖业成本收益分析

（一）养殖业成本构成及变动

2006～2017 年，畜牧业养殖成本前期快速增长，到 2013 年和 2014 年期间达到最高值后开始下滑。但是，2017 年肉牛和肉羊养殖成本有所上涨。以散养为例，2017 年肉牛和肉羊每公斤主产品的成本为 20. 65 元和 23. 88 元，分别比 2016 年增长 3. 41% 和 4. 24% ；生猪每公斤主产品的成本为 16. 48 元，比 2016 年降低 4. 20% ，奶牛每公斤主产品的成本为 2. 86 元，与 2016 年基本持平。

对于生猪、肉牛、肉羊而言，其养殖成本主要为饲料成本、仔畜成本和人工成本；而对于奶牛而言，其养殖成本主要是饲料成本、人工成本和固定资产折旧（见表4）。以散养为例，2017年生猪养殖总成本中，饲料成本、仔畜成本和人工成本分别占42.87%、29.34%和24.76%；肉牛养殖总成本中以上三种成本分别占18.58%、67.98%和12.02%；肉羊养殖总成本中以上三种成本分别占18.55%、36.13%和42.00%。散养奶牛养殖中，饲料成本、人工成本和固定资产折旧分别占总成本的60.26%、23.90%和11.27%。

表4　2017年畜牧业养殖成本主体构成

单位：元/头，%

品种	饲料成本		仔畜成本		人工成本		固定资产折旧	
	数量	占比	数量	占比	数量	占比	数量	占比
生猪	860.34	42.87	588.90	29.34	496.85	24.76	8.13	0.41
肉牛	1636.44	18.58	5987.77	67.98	1058.94	12.02	31.04	0.35
肉羊	198.12	18.55	385.85	36.13	448.53	42.00	5.58	0.52
奶牛	9935.37	60.26	0.00	0.00	3940.46	23.90	1858.59	11.27

注：生猪、肉牛、肉羊和奶牛养殖成本以散养为例。

资料来源：《全国农产品成本收益资料汇编（2018）》。

从总成本各项构成的变化情况来看，畜牧业总成本的变动趋势主要受饲料成本的影响。以奶牛养殖为例，2006~2017年，奶牛养殖的人工成本、固定资产折旧及土地成本都呈逐年上升的趋势，而饲草料尤其是精饲料投入的变动与总成本的变动趋势一致，即以2014年为分界点呈现先增长后下降的走势。2014年以来精饲料的价格下滑主要由国内玉米和豆粕价格的下降引起，2014年9月初玉米集贸市场价格达到最高点2.7元/公斤，之后呈不断下降趋势，到2017年底降到1.95元/公斤。虽然，2017年玉米价格比2016年有所上涨，但仍在低位运行。与此同时，由于进口量的增加，国内豆粕集贸市场价格从2013年10月的4.55元/公斤下降到2016年4月2.96元/公斤的最低点，虽然之后豆粕价格有所回升，但到2017年底价格仍比2013年的最高点低26.37%。

（二）不同养殖规模的成本差异

近年来，国家采取多项措施积极推动畜牧业规模化和标准化发展，畜牧业养殖呈现散养户快速退出、大规模养殖占比持续增长的趋势。从不同养殖规模的成本比较来看，生猪养殖的规模效益明显，但奶牛养殖却表现出规模不经济（见表5）。2017年，生猪养殖单位主产品的成本随着规模的扩大而降低，小规模、中规模和大规模养殖的成本分别比散养低11.77%、14.68%和15.11%[①]。对于奶牛，2017年虽然小规模养殖的单位主产品成本比散养低4.55%，但中规模和大规模养殖成本却比散养分别高7.34%和8.39%。

表5　不同规模养殖成本变化

| 品种 | 年份 | 单位主产品总成本(元/公斤) | | | | 规模养殖/散养 | | |
		散养	小规模	中规模	大规模	小规模	中规模	大规模
生猪	2012	15.34	13.85	13.68	13.83	0.90	0.89	0.90
	2014	15.71	13.79	13.49	13.40	0.88	0.86	0.85
	2016	17.20	15.42	15.02	14.83	0.90	0.87	0.86
	2017	16.48	14.54	14.06	13.99	0.88	0.85	0.85
奶牛	2012	2.52	2.56	2.88	3.11	1.02	1.14	1.23
	2014	2.98	2.85	3.23	3.44	0.96	1.08	1.15
	2016	2.85	2.78	3.01	3.16	0.98	1.06	1.11
	2017	2.86	2.73	3.07	3.10	0.95	1.07	1.08

注：对于肉牛和肉羊，只有散养的统计数据，因此未在本表中报告。

资料来源：各年度的《全国农产品成本收益资料汇编》。

动态来看，2012年以来畜牧业规模养殖在成本节约方面的作用还是比较明显的（见表5）。就生猪而言，2012～2017年，散养单位主产品成本增长7.43%，而小规模、中规模和大规模的养殖成本分别增长4.98%、

———————

[①] 本文不同规模的成本和净利润比较数据是根据四舍五入之前的成本和净利润数据计算得到。

2.78% 和 1.16%。就奶牛而言，2012～2017 年，散养户养殖成本增长
13.49%，小规模和中规模养殖成本分别增长 6.64% 和 6.60%，而大规模
养殖成本降低 0.32%。由此可见，整体上生猪和奶牛规模养殖的单位成
本增幅均低于散养，且随着养殖规模的扩大，单位养殖成本的增幅呈下降
趋势。

（三）不同养殖规模的盈利状况

近年来，畜牧业养殖盈利情况波动较大，且不同畜种之间的波动趋势也
不尽一致。2017 年，肉羊养殖的单位主产品净利润有所上升，肉牛和奶牛
养殖净利润略有下降，生猪养殖利润有较大幅度的下降。就生猪养殖而言，
2016～2017 年，散养每公斤猪肉的净利润从 1.38 元下降到 -1.48 元，养殖
利润大幅下降是猪肉价格下降与玉米和豆粕价格上升共同作用的结果。从猪
粮比①的变动趋势来看，2017 年猪粮比整体呈波动下滑趋势，生猪养殖盈利
状况与前两年比较有所变差（见图 6）。2017 年，虽然猪粮比保持在 6∶1 盈
亏平衡线以上，但从年初的 9.76 大幅下降到 6 月初的 7.19，下半年才震荡
缓慢回升到年底的 7.79。2018 年上半年猪粮比继续下降，到 3 月下旬开始
跌破 5.5∶1 的中度亏损线，到 5 月下旬才有所回升，到 2018 年底猪粮比为
6.70。因此，2018 年生猪养殖盈利情况变差，即使没有非洲猪瘟的影响，
养殖场（户）也出现不同程度的亏损。

就奶牛养殖而言，2017 年散养奶牛每公斤原料奶的净利润为 0.88 元，
奶牛养殖的盈利状况仍处于较低水平。2018 年，在生鲜乳价格整体上涨及
玉米和豆粕价格上升的共同作用下，奶牛养殖盈利情况稍有改善。从反映奶
牛养殖经济环境的奶饲比②来看，2018 年上半年奶饲比不断下滑，从年初的
1.48 下降到 5 月初的 1.38，之后才震荡回升，但截至年底依然低于 1.5∶1
的盈亏平衡线（见图 6）。2018 年 12 月，国内主产省奶饲比为 1.44，比上

---

① 根据农业部畜产品与饲料周监测数据的生猪价格与玉米价格计算得到。
② 根据农业部畜产品与饲料周监测数据的主产省生鲜乳价格与玉米、豆粕价格计算得到，玉
米和豆粕在饲料综合价格中的权重分别为 70% 和 30%。

年同期低 0.05，却是自 2016 年 9 月以来首次超过 IFCN 监测的国际市场平均奶饲比，这表明虽然当前国内奶牛养殖的盈利情况不容乐观，但从国际比较的角度看，国内奶牛养殖盈利情况有所改善。

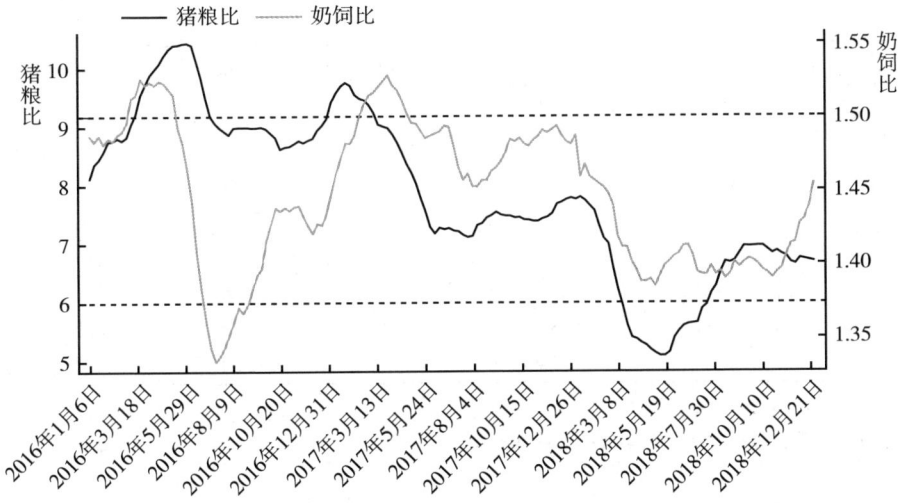

图 6　猪粮比与奶饲比走势

资料来源：农业农村部。

从净利润角度看，各畜种的规模经济特征也不尽相同（见表 6）。就生猪养殖而言，2017 年规模养殖每公斤猪肉的净利润比散养高很多，且净利润随着养殖规模的扩大而增加，中规模和大规模养殖的净利润比小规模分别增加 114.26% 和 139.49%。就奶牛而言，规模养殖在提高净利润方面的作用并不明显，小规模奶牛养殖的净利润最高，大规模养殖的净利润比散养和小规模分别低 8.44% 和 15.30%。

畜牧业养殖净利润的规模经济特征在不同畜种之间的差异在于：生猪规模养殖与散养的平均出售价格基本持平，但是猪肉的单位成本随着养殖规模的扩大而下降，因而呈现明显的规模效应；奶牛养殖的情况比较复杂，小规模和散养的交奶价格基本持平，但大规模牧场的交奶价格远高于小规模养殖和散养，也高于中规模养殖，但过高的养殖成本使得大规模和中规模养殖的净利润较低，小规模养殖由于其突出的成本优势每公斤牛奶的净利润最高。

表6　不同规模养殖单位主产品净利润变化

单位：元/公斤

品种	年份	散养	小规模	中规模	大规模
生猪	2012	－0.28	1.06	1.25	1.17
	2014	－2.06	－0.32	－0.06	0.02
	2016	1.38	3.14	3.47	3.73
	2017	－1.48	0.52	1.11	1.24
奶牛	2012	0.94	0.73	0.75	0.69
	2014	0.89	0.88	0.86	1.00
	2016	0.81	0.89	0.83	0.82
	2017	0.88	0.96	0.69	0.81

注：对于肉牛和肉羊，只有散养的统计数据，因此未在本表中报告。
资料来源：各年度的《全国农产品成本收益资料汇编》。

五　2019年畜牧业发展展望

2018年中国各畜产品生产及价格运行状况出现分化，猪肉生产在非洲猪瘟疫情的影响下有所下降，进而提高了牛肉和羊肉的替代消费需求，牛羊肉价格保持高位运行；牛奶生产略有增长，奶业市场进入阶段性高点。2019年，中美贸易摩擦对中国畜产品生产和贸易的影响将继续存在，在生猪产能不能迅速恢复的背景下，猪瘟疫情带来的牛羊肉消费对猪肉消费的替代效应将进一步提升。预测2019年畜牧业生产整体将保持平稳，畜产品价格将继续呈现"上半年下降、下半年回升"的波动走势，各畜产品价格较2018年有所上涨，畜牧业养殖效益略有改善，畜产品贸易将呈现进口量增加与进口来源更加多元化并存的局面。具体来看，表现如下。

2018年上半年猪肉价格仍处于下行周期，下半年非洲猪瘟疫情发生后，全国生猪产能连续下降，且下降的幅度不断扩大。根据农业农村部对400个县的监测数据，2018 年 9～12 月能繁母猪存栏量同比下降幅度分别为 4.8%、5.9%、6.9%、8.3%。虽然当前猪粮比呈不断上升趋势，生猪产能还将进一步增长，但受猪瘟疫情的影响，部分养殖场（户）补栏谨慎。因此，2019 年生猪市场供求会偏紧，全年平均价格将有所上涨，尤其是下半年在需求增加的拉动下猪肉价格会出现比较明显的上涨。2018 年猪肉进口量下降主要是非洲猪瘟疫情暴发的突发事件造成的，2019 年在国内猪肉供不应求、猪肉价格上涨的背景下，猪肉进口量将有所增加。

随着居民肉类消费转型升级及多元化消费需求增加，中国牛肉和羊肉市场消费旺盛，而且 2019 年猪肉供求总体偏紧将进一步拉动牛肉和羊肉的消费需求。因此，预测 2019 年牛肉和羊肉价格将继续保持高位，肉牛和肉羊养殖效益略有改善，牛肉和羊肉的进口规模将会扩大。而且，随着牛肉进口检验检疫国际合作的进一步开展，中国牛肉进口来源更加多元化，进口量将进一步增加。

2018 年，在奶业供求关系转变的背景下，国内奶业市场进入阶段性高点。一方面，当前国内奶饲比已回到 1.5 左右，奶牛养殖盈利状况得到改善，2019 年生鲜乳价格面临下降压力。另一方面，国内原料奶价格与进口原料奶粉价格的差距相对于历史高位来说处于相对较低水平，加上国内奶业素质与消费者信心的提升，进口增速明显减缓，进口对国内奶价的挤压明显下降。而且，国际市场将进入恢复性增长阶段，可以为国内奶价在阶段高点保持稳定提供支撑。综合考虑以上因素，预测 2019 年国内生鲜乳价格将窄幅波动，上半年有一定回调压力，但回调幅度将小于 2018 年，下半年也不会出现太大幅度增长。

G.7
2018年渔业经济形势及2019年展望

刘子飞*

摘　要： 2018年，渔业坚持生态优先、绿色发展，以供给侧结构性改革为主线，渔业产值和产量稳定增长，渔民人均纯收入快速增加至近2万元，水产养殖量突破5000万吨，水产品市场交易量额双升，质量安全水平较高。同时，受中美贸易摩擦、国际同构竞争、水产品竞争力下降等影响，贸易顺差继续收窄至74.6亿美元。基于"生态优先、绿色发展"的政策基础，预期2019年，渔业经济政策重点是水产养殖转型升级、加强资源与生态修复及渔业高质量发展。水产品产量为6600万吨左右，其中养殖水产品继续增加，近海捕捞再次减量，远洋产量微增；水产品消费进一步升级，市场交易量额稳定，价格稳中略升；渔业开放度扩大，贸易顺差持续收窄。

关键词： 水产品　渔业经济　养殖　捕捞

一　2018年渔业经济政策

从国务院、农业农村部等出台实施的主要渔业经济政策来看，重点是服

---

* 刘子飞，博士，中国水产科学研究院副研究员，主要研究领域为渔业经济与战略、资源与环境经济。

务于生态优先、绿色发展的渔业阶段与目标，具体是通过改革渔业资源与环境管理体制机制来实现，进而对水产供给与需求及渔业产业形成影响。

（一）水产养殖政策进一步向生态健康养殖方式转变

水产生态健康养殖政策不断推进，挤压了水产养殖水面，减缓了养殖水产品供给增速，但同时有利于提升水产品质量安全水平。2019年1月，农业农村部等10部委联合发布了《关于推进水产养殖业绿色发展的若干意见》。这是新中国成立以来第一个经国务院同意、针对水产养殖业的文件，将成为当前和未来一个时期水产养殖业发展的指导性文件。该意见提出了2020年的水产养殖业绿色发展总体目标，包括国家级水产种质资源保护区达到550个以上，国家级水产健康养殖示范场达到7000个以上，健康养殖示范县达到50个以上，健康养殖面积达到65%以上，产地水产品抽检合格率提升至98%以上等。

养殖污染尾水排放标准政策征求意见。2018年8月，农业农村部公布了《淡水养殖尾水排放要求（征求意见稿)》和《海水养殖尾水排放要求（征求意见稿)》，2019年将正式发布实施，政策将扩大监测范围，且严格了尾水排放污染物标准和监管与处罚措施等，增加了环保压力与养殖成本，同时有利于确保养殖业可持续发展和水产品质量提升。[①]

水域滩涂科学规划与落实全面推进。至2018年，77%的主产县政府完成了养殖水域滩涂规划编制和发布工作，2019年将实现重点县域全覆盖。科学合理划定县级水域滩涂宜养区、限养区、禁养区，将为未来县域层面生态健康养殖和优化水产养殖空间布局奠定基础，提供参考。

（二）海洋渔业资源总量控制制度扩大实施，远洋渔业规范发展

海洋捕捞渔业政策逐渐由投入式向产出型转变，资源总量管理制度进一

---

① 刘子飞、赵文武：《我国水产养殖40年：改革、成效、问题与对策（上）》，《科学养鱼》2018年第12期。

步推进。在 2017 年的限额捕捞试点基础上，2018 年，试点省份由浙江、山东 2 个省扩大至浙江山东、广东、福建、辽宁等 5 省，试点品种由梭子蟹、海蜇又增加了丁香鱼、白贝、中国对虾等。试点开展了渔政观察员制度，健全了渔获物监管机制和完善定点交易制度和配合管理政策等。同时，首次发布重要经济鱼类最小可捕标准及幼鱼比例管理规定，公布带鱼、小黄鱼等 15 个品种最小可捕规格，规定单航次渔获物中幼鱼最高限制比例。这些将提升我国近海渔业资源管理效率，有利于渔业资源恢复与保护。

国内捕捞渔船实施分级分区管理，更加科学合理。2018 年全面修改了《渔业捕捞许可管理规定》，对渔船分类分级分区管理和提高渔业组织化水平进行固定和规范，自 2019 年 1 月 1 日起施行。明确禁渔区线内侧为小型渔船作业场所，海洋大中型渔船应在禁渔区线外侧作业，不得跨海区生产。这标志着我国开始实行以船长为标准的捕捞渔船分类与管理，与国际接轨水平更高。此次渔船分级分区管理政策遵循了"依法规范、简政放权、强化监管"的原则，主要目标是通过责权明晰和加强渔船管理以促进近海捕捞渔业资源总量控制制度的实施，将有利于近海减量和资源恢复与养护，渔民群众办事也将更简便。

远洋渔业政策更加注重规范发展，政策体系不断健全。《"十三五"全国远洋渔业发展规划》明确了 2020 年"远洋渔船稳定在 3000 艘"和远洋企业数量"零增长"两个目标。我国还发布了《远洋渔业国家观察员管理实施细则》，加强派驻远洋渔船的科学观察员管理。修订出台《远洋渔业管理规定》，积极开展远洋渔业风险评估和远洋渔业履约评价体系研究。这些政策将有利于促进远洋渔业规范健康发展、塑造和提升我国负责任渔业大国的形象。

（三）内陆禁渔政策有序实施，七大水域禁渔期制度全覆盖

2018 年中央一号文件指出"科学划定江河湖海限捕、禁捕区域"和"建立长江流域重点水域禁捕补偿制度"。2018 年 9 月，国务院办公厅出台了《关于加强长江水生生物保护工作的意见》，2019 年 1 月，农业农村部、

财政部和人社部联合发布了《长江流域重点水域禁捕和建立补偿制度实施方案》，该方案明确了分类分阶段禁捕工作：2019年底以前，率先在332个水生生物保护区实现常年永久性禁止生产性捕捞；2020年底以前，完成长江干流和重要支流除保护区以外水域的渔民退捕。①

内陆七大水域首次实现禁渔期制度全覆盖。2018年2月，国家首次发布黄河流域为期三个月（4月1日至7月1日）的禁渔期制度，填补了黄河流域性水生生物资源养护政策的空白。2019年，海河、辽河、松花江和钱塘江将实施禁渔期制度，内陆七大水域实现禁渔期制度全覆盖。这些政策将有利于内陆水域水生生物资源与环境保护和修复，助推长江经济带发展战略、生态文明建设等顺利实施。

（四）渔港规划多规合一，助推渔区振兴

渔港多为传统渔业生产区和渔民聚居区，是重要生产基础设施和要素。2018年4月，国家发改委、农业农村部联合编制了《全国沿海渔港建设规划（2018~2025年）》。该规划提出10大沿海渔港群——辽东半岛、渤海湾、山东半岛、江苏、上海-浙江、东南沿海、广东、北部湾、海南岛、南海，并依托现有中心渔港、一级渔港及周边其他渔港，建设形成93个渔港经济区。渔港规划有利于改善捕捞渔业基础设施，提高渔业防灾减灾能力，可以推动产业集聚、人流集聚和各种资源要素集聚，加快形成渔港经济区，进一步繁荣区域经济，促进渔区振兴，有助于推进海洋渔业资源总量管理制度落实，促进海洋渔业持续健康发展，为沿海经济社会可持续发展做出重要贡献。

二　2018年水产品生产分析

2018年渔业经济围绕"提质增效、减量增收、绿色发展、富裕渔民"

---

① 刘子飞、于法稳：《长江流域渔民退捕生态补偿机制研究》，《改革》2018年第11期。

的目标任务，深入推进供给侧结构性改革，加快推进渔业转型升级，持续推进渔业绿色、安全、融合、开放、规范发展，顶住了环保挤压养殖水域、中美贸易摩擦等不利影响，实现了产量稳定增加、渔民持续高速增收、近海捕捞减量明显等成效。

（一）渔业产值与产量稳定增长，渔民人均收入接近2万元

1. 渔业经济不断增长，结构持续调优

一方面，渔业经济总产值持续增加，二、三产业比重进一步提高。2017年，渔业经济总产值达2.48万亿元，较2016年增长约6.53%，二、三产业增速高于一产，二、三产业占比在2016年过半基础上进一步提升至50.27%（见图1）。2018年，我国渔业经济未出现重大生产灾难和损失，渔业经济结构向优调整明显，预计将保持稳定增长势头，二、三产业比重进一步增加，超过50%。

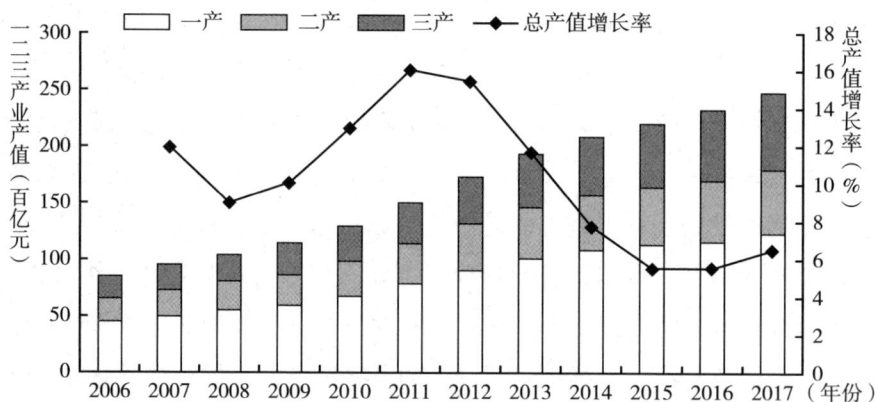

图1 渔业经济总产值持续增加

注：渔业经济总产值指以货币表现的核算期内渔业经济活动的总产出和总成果，包括全社会渔业、渔业工业和建筑业、渔业流通和服务业，未扣除中间投入，因此，较国家统计局网站渔业产值数据指标稍高。

资料来源：《中国渔业统计年鉴》（2006～2017）。

另一方面，渔业一二三产融合加快，休闲渔业持续快速发展。2017年，我国休闲渔业产值达764.41亿元，是2006年的近8倍，年均增速高达

20%，运用回归分析发现，目前休闲渔业发展呈指数式增长态势，增速远高于渔业经济整体水平。据农业农村部发布的《2018年渔业发展质量明显提升》数据，2018年前三季度我国休闲渔业接待人数超过1.3亿人次，产值同比增长31.45%。同时，我国培育了一批休闲渔业典型区域和模式，如鲤鱼溪鱼文化、象山开渔节、哈尼梯田稻花鱼丰收节、查干湖冬捕等渔业民俗节庆活动。实践表明，休闲渔业是渔业一二三产业融合发展的有效途径，带动了当地休闲观光、农事体验、餐饮住宿、特产销售等发展，成为区域经济增长亮点。

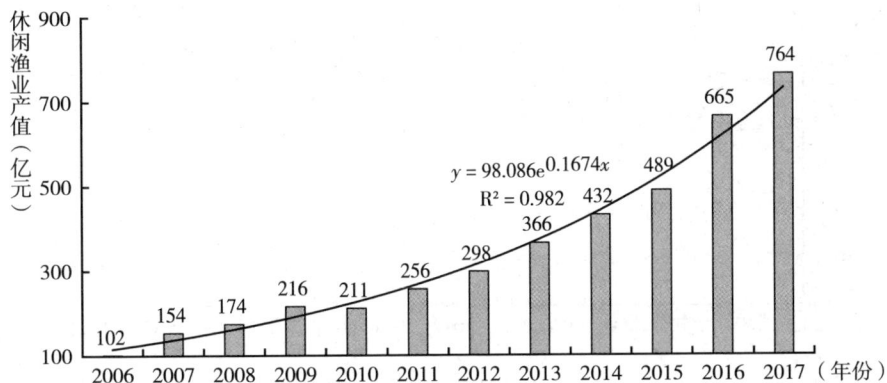

$$y = 98.086e^{0.1674x}$$
$$R^2 = 0.982$$

图2　休闲渔业产值

注：曲线为最优拟合趋势线。

资料来源：《中国渔业统计年鉴》（2006～2018）。

2. 水产品总产量稳定增加，增长主要来源为养殖

水产品供给稳定增长。在生态优先、绿色发展阶段，渔业注重资源与生态修复并兼顾水产品供给，积极调整和推进渔业生产，实现了捕捞减量目标，保障了水产品总产量稳定增加。据国家统计局统计公报数据，2018年，我国水产品总产量约6469.13万吨，较2017年增加23.8万吨，保持稳定增长态势。

养殖成为水产品主要增长来源。从水产品供给结构来看，养殖占绝对重

要地位，成为水产品增加的主要来源。据全国渔情监测系统数据，与 2017 年相比，2018 年国内捕捞产量下降了近 90 万吨，养殖水产品增加了 112 万吨，远洋捕捞产量增加 1.38 万吨，水产养殖增长量是水产品总量增加量的 4.71 倍。2018 年我国养殖水产品约占水产品总量的 78%，捕捞水产品仅占 22%，分别较 1978 年的 29%、71% 的水平提高、降低了 49 个百分点（见图 3）。这与 20 世纪 80 年代中期我国由"以捕为主"向"以养为主"的渔业发展方针转变紧密相关。

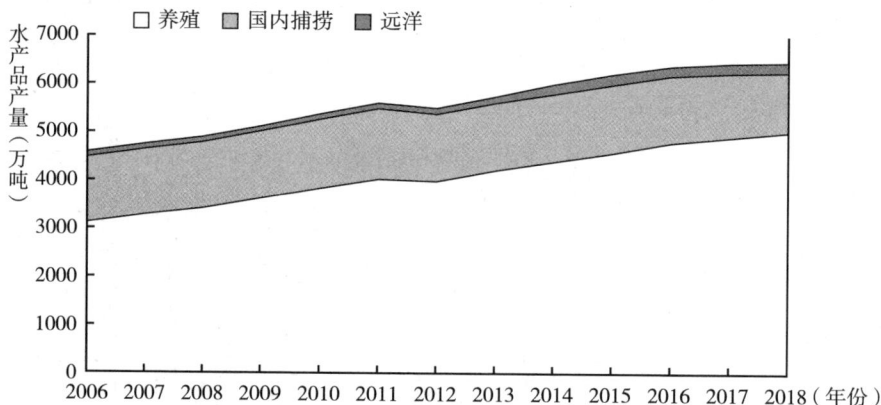

图 3　水产品总产量及结构变化

资料来源：2006～2017 年数据来源于《中国渔业统计年鉴》（2018），2018 年数据来源于国家统计局统计公报。

3. 渔民年人均纯收入接近 2 万元，增速呈放缓趋势

据农业农村部对全国 1 万户渔民家庭的调查，2018 年，我国渔民年人均纯收入为 19885.00 元，同比增长 7.76%，明显低于 2017 年 9.16% 的水平，也是 2006 年以来的最低点，增速趋缓（见图 4）。2018 年，我国渔民人均可支配收入为 18809.45 元，同比增长 8.87%，高于农村居民人均可支配收入增幅 0.07 个百分点。渔民收入增速放缓的原因有供给结构性过剩与成本上升两方面因素，具体主要包括水产品价格过低、饲料成本上涨、水产品出口收缩（如内陆重要养殖品种罗非鱼、叉尾鮰等出口受阻）等挤压和降低了水产养殖户利润。

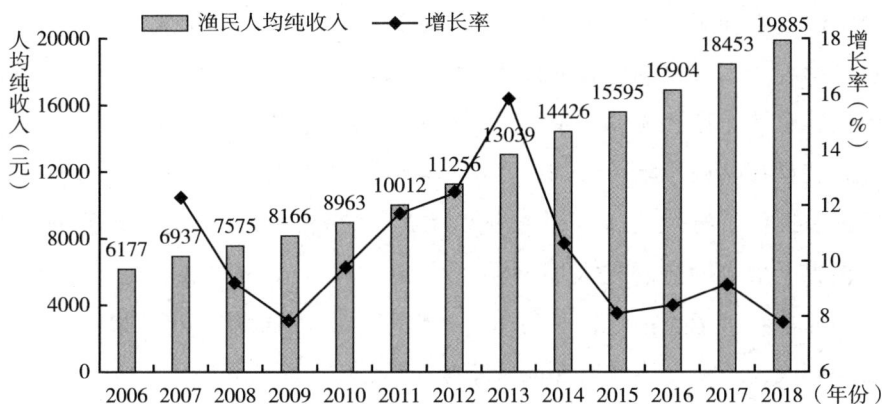

图4　渔民人均纯收入及增长率

资料来源：数据来源于相应年份《中国渔业统计年鉴》。

（二）水产养殖产量突破5000万吨，占水产品总产量的78%

1. 水产养殖产量持续增加，创历史新高

水产养殖产量持续稳定增长，2018年突破5000万吨大关，达5018万吨，较2017年增加112万吨，增幅为2.3%，水产养殖产量占水产品总产量的比重提高至78%，较2017年增加约1.5个百分点，对水产品供给的决定性作用进一步加强。

从水产养殖的区域结构来看，淡水养殖与海水养殖比例约为60∶40。据统计，2018年，淡水养殖产量、海水养殖产量分别为2965.69万吨、2052.3万吨（见图5），分别较上年增加2.08%、2.58%，占水产养殖产量的比重分别为59.10%、40.90%。主要得益于近两年深远海大网箱、路基池塘工厂化改造和海洋牧场等海水养殖模式的推进，海水养殖比重由2007年以来38%~40%的水平连续两年稳定在40%以上，逐渐接近1990~2006年的水平（约41%）。

2. 生态养殖模式呈多元化，稻渔综合种养成最大亮点

生态养殖模式多元化发展。示范场、示范县的认证与推广是促进水产养殖坚持绿色发展理念与转向生态模式的有效机制。2018年，共创建农业农

村部水产健康养殖示范场 1260 个、渔业健康养殖示范县 10 个。各区域因地制宜，形成了多样化的生态养殖模式。"跑道鱼"等新兴池塘循环养殖模式得到快速发展，全国建成"跑道" 2400 多条，示范带动养殖面积 30 多万亩。集装箱在甘肃、陕西、河南、山东等地广泛发展，为充分利用和改善盐碱地资源提供了有效途径。深远海智能养殖装备设计建造方面取得重大突破，世界上最大的全潜式大型网箱"深蓝 1 号"在山东成功建造并下水。净水渔业得到大范围推广，千岛湖、查干湖等生态养殖成为成功典范，湖泊水质得到改善，生态渔业产品品牌享誉全国。

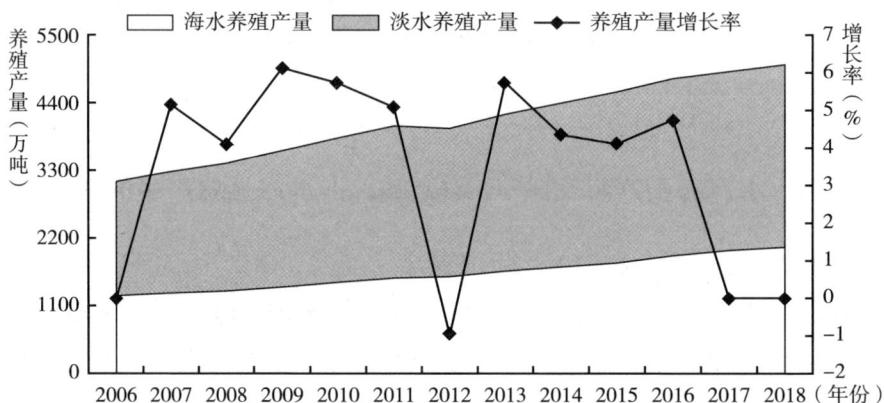

图 5　水产养殖产量及结构变化

资料来源：2006～2017 年数据来源于《中国渔业统计年鉴》（2018），2018 年数据来源于国家统计局统计公报。

稻渔综合种养发展势头迅猛，生态、经济效益明显。2018 年全国稻渔综合种养面积增加 400 多万亩，增幅超过 15%，总面积达 3200 多万亩，年产出 1600 万吨优质稻谷和 100 多万吨生态水产品，带动农民增收超过 550 亿元，全国稻渔综合种养产业进入高效发展阶段，成为生态渔业和产业扶贫的典型模式。目前，全国形成了稻鱼、稻蟹、稻虾、稻鳖等 7 大类 24 种稻渔综合种养具体模式，并得到广泛推广。2018 年，我国开展了国家级稻渔综合种养示范区创建，全国 17 个省份申报创建示范区 45 个。稻渔综合种养产业扶贫快速发展，云南红河州、内蒙古兴安盟、黑龙江泰来、贵州铜仁和遵义、陕西延安、四川老凉山等地稻渔综合产业发展势头强劲，取得"亩产千斤优质稻、亩产百斤生态鱼"生态与经济效益。

（三）捕捞产量达1451.44万吨，国内捕捞减量明显

1. 国内捕捞产量下降明显

主要受近海捕捞渔业减船、减产和内陆禁捕政策影响，国内捕捞产量下降明显。据统计，2018年，国内捕捞产量1241.44万吨，较2017年的1330.73万吨减少了近90万吨，同比减少8%以上。

近海捕捞方面，水产品产量为1043.06万吨，较2017年减少了69.37万吨，减少6.24%，连续两年下降，减船转产完成"十三五"目标的86%和69%。这意味着近海渔业资源总量管理取得实效，海洋渔业资源出现恢复性增长。

内陆捕捞方面，受长江全面禁捕、黄河禁渔期制度等内陆水域禁捕政策影响，2018年较2017年减少19.92万吨，水产品产量降到200万吨以下（198.38万吨），同比下降9.13%。

2. 远洋渔业稳定发展

远洋渔业产值方面，创历史新高。2018年远洋产量达到210万吨以上，与2015年产量基本持平，直接产值近250亿元，创历史新高，较上年增长约20%，远洋渔业企业经济效益明显提高（见图6）。2018年远洋渔业企业数量稳定在170家，船队规模稳定在2800艘以内。远洋渔船更新改造稳步实施，整体装备水平显著提升。

远洋渔业基地建设成效显著。舟山、荣成两个国家远洋渔业基地初步建成，带动效应明显。加纳、毛里塔尼亚2个远洋渔业海外综合基地改扩建工程顺利实施，服务范围辐射周边国家地区。新开拓坦桑尼亚桑给巴尔、冈比亚、刚果（布）、利比里亚等新渔场。

南极磷虾资源开发利用能力增强。加快推进国务院批准的南极磷虾资源规模化开发战略，新批建造7艘专业南极磷虾渔船，在保持原有南极海域48区作业基础上，成功派船赴南极海域58区实施探捕。

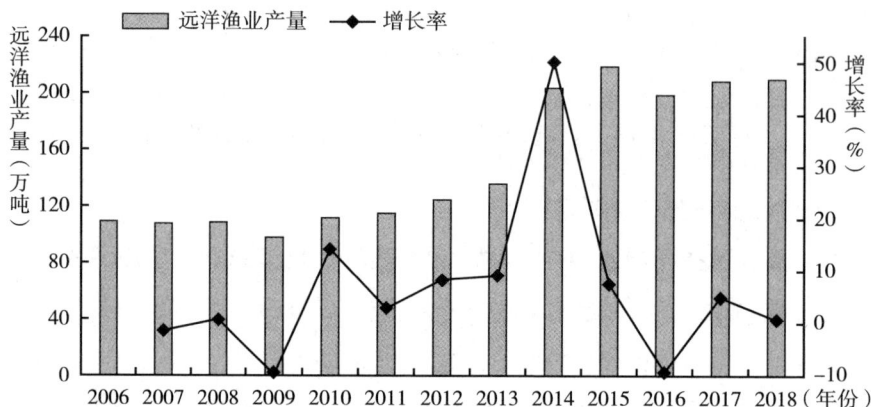

图6 远洋渔业产量及增长率

资料来源：2006～2017 年数据来源于《中国渔业统计年鉴》（2018），2018 年数据来源于国家统计局统计公报。

三 2018年水产品市场与消费分析

（一）水产品市场总体平稳略增

1. 水产品市场交易量额双升

据全国渔情监测系统对可比的 49 家水产品批发市场的成交情况监测统计，2018 年，全国水产品市场表现较好，成交量、成交额双增，成交量 1124.44 万吨，同比上涨 4.8%；成交额 2402.32 亿元，同比上涨 4.5%。

2. 水产品市场价格总体平稳略增

据全国渔情监测系统对全国 80 家水产品批发市场成交价格情况监测统计，2018 年，全国水产品综合平均价格为每千克 23.48 元，同比增长 2.79%。其中，海水产品每千克 42.53 元，同比增长 3.79%；淡水产品每千克 16.19 元，同比增长 1.53%。分月度来看，与其他大多鲜活食品基本一致，呈现春节略高、中间略低的季节性特征。

（二）海水产品价格以增为主

1. 海水鱼类价格总体与上年持平

海水鱼类价格总体与上年同期基本持平，变动幅度仅为 -0.09%。从具体监测的 10 个重点品种来看，带鱼价格下跌较大（8.67%），大黄鱼、马鲛鱼、银鲳、海鳗价格与上年基本持平，其他品种均呈上涨态势。其中：大菱鲆价格涨幅最大，同比上涨 10.35%，蓝圆鲹、马面鲀价格涨幅较大，同比分别上涨 8.25% 和 5.98%，小黄鱼、鲐鱼上涨幅度均在 4% 以下（见表 1）。

表 1　海水鱼类价格及变化

单位：元/千克，%

品种	2018 年	2017 年	同比增长
大黄鱼	37.13	36.85	0.76
小黄鱼	75.93	73.18	3.76
带鱼	27.51	30.12	-8.67
马鲛鱼	35.59	35.74	-0.42
银鲳	116.32	116.15	0.15
鲐鱼	7.20	7.00	2.86
蓝圆鲹	11.28	10.42	8.25
马面鲀	30.49	28.77	5.98
海鳗	39.65	39.64	0.03
大菱鲆	51.80	46.94	10.35

注："+""-"分别表示增、减，下同。
资料来源：全国渔情监测系统。

2. 海水甲壳类价格涨势明显

在 8 个监测的海水甲壳类品种中，6 个品种价格同比上涨，且涨幅较大。虾类产品方面，日本对虾和虾蛄价格涨幅均超过 10%，斑节对虾和鹰爪虾价格涨幅低于 3%，但南美白对虾价格下降明显，同比下跌 4.47%。蟹类方面，梭子蟹和花蟹价格涨幅较高，同比分别上涨 10.20% 和 21.44%，青蟹价格与上年基本持平（见表 2）。

表2　海水虾蟹类价格变化

单位：元/千克，%

品种	2018 年	2017 年	同比增长
南美白对虾	69.38	72.63	−4.47
斑节对虾	193.83	189.74	2.16
日本对虾	246.82	217.76	13.34
鹰爪虾	43.73	42.94	1.84
虾蛄	73.95	66.64	10.96
梭子蟹	153.48	139.27	10.97
青蟹	138.55	139.08	−0.38
花蟹	151.57	124.81	21.44

资料来源：全国渔情监测系统。

3. 海水贝类价格大幅上涨

贝类产品价格快速增长，同比涨幅为 5.93%。监测的 6 个品种中，除鲍鱼价格同比下跌外，贻贝、扇贝价格同比上涨幅度均较大，牡蛎价格上涨约 3.80%；蛏和杂色蛤价格与上年基本持平（见表3）。

表3　海水贝类和头足类价格

单位：元/千克，%

品种		2018 年	2017 年	同比增长
贝类	鲍鱼	153.39	163.58	−6.23
	贻贝	5.50	4.74	15.03
	扇贝	45.77	40.25	13.71
	牡蛎	15.84	15.26	3.80
	蛏	26.48	26.21	1.03
	杂色蛤	14.24	14.17	0.49
头足类	海蜇	38.93	36.84	5.67
	鱿鱼	34.09	30.30	12.51
	墨鱼	36.49	33.01	10.54

资料来源：全国渔情监测系统。

4. 头足类价格表现强劲

头足类价格自 2018 年初就开始显著上涨，全年同比增长近 10 个百分点。其中，海蜇、鱿鱼、墨鱼价格同比分别上涨 5.67%、12.51% 和 10.54%（见表3）。

（三）淡水产品价格增减差异较大

1. 淡水鱼类价格低迷

受拆围网短期集中上市、年初价格回暖投苗扩大和总体供给相对过剩影响，2018年的淡水鱼行情明显低迷，除1~2月价格较好外，淡水鱼价格持续震荡下行，批发价显著低于前两年同期水平。监测的13个品种的中半数价格下降，幅度均较大。其中，草鱼、鲫鱼、鳊鲂下跌幅度最大，分别达为 6.63%、9.66% 和 6.66%。罗非鱼、黄鳝、虹鳟和黄颡鱼价格跌幅为 1.7%~5.5%。鲤鱼和鲈鱼价格与上年同期基本持平。鲢鱼、鳙鱼价格涨幅均在 3% 以内；主要受市场对名特优水产品消费增长影响，乌鳢、鳜鱼价格上涨幅度较大，分别为 10.53% 和 7.25%（见表4）。

表4　淡水鱼类水产品价格

单位：元/千克，%

品种	2018 年	2017 年	同比增长
草 鱼	12.95	13.87	−6.63
鲢 鱼	6.99	6.87	1.75
鳙 鱼	13.69	13.32	2.78
鲫 鱼	14.21	15.73	−9.66
鲤 鱼	11.37	11.28	0.80
鳜 鱼	71.34	66.52	7.25
鳊 鲂	15.97	17.11	−6.66
罗非鱼	15.14	15.41	−1.75
乌 鳢	22.99	20.80	10.53
黄 鳝	56.78	58.56	−3.04
虹 鳟	37.98	39.34	−3.46
鲈 鱼	28.31	28.31	0.00
黄颡鱼	24.77	26.09	−5.06

资料来源：全国渔情监测系统。

2. 淡水甲壳类和淡水其他类价格大幅上涨

监测数据显示，淡水甲壳类价格同比上涨 6.78%；淡水其他类产品价格上涨幅度是各品类中最大的，同比上涨 24.13%。具体品种来看，克氏原螯虾（淡水小龙虾）、甲鱼价格涨幅达 20% 以上，蛙价格上涨明显，青虾、中华绒螯蟹价格同比分别上涨 2.23% 和 4.04%，罗氏沼虾和田螺价格基本与 2017 年持平（见表 5）。

表 5　淡水虾蟹及其他类产品价格

单位：元/千克,%

品　　种	2018 年	2017 年	同比增长
克氏原螯虾	62.64	51.83	20.86
罗氏沼虾	65.20	65.51	−0.47
青虾	113.82	111.34	2.23
中华绒螯蟹	112.64	108.27	4.04
甲鱼	59.75	47.11	26.83
蛙	19.86	17.55	13.16
田螺	8.96	8.95	0.11

资料来源：全国渔情监测系统。

（四）水产品消费与质量安全

1. 水产品消费升级趋势明显

目前，我国水产品每日人均摄入量约 30 克，低于全球人均水平 56%。然而，国内水产品消费向高端转换明显，野生捕捞和名特优水产品市场需求旺盛、价格良好，淡水小龙虾、对虾、蟹类、贝类、三文鱼等高质量水产品价格坚挺。随着居民收入水平提高，水产品消费向高质量升级和追求鲜活明显，带动现代冷链物流进一步发展，盒马鲜生、顺丰优先、京东到家等水产品冷链配送企业快速扩张，不断增强。

2. 水产品质量安全水平较高

2018 年全年未出现重大水产品质量安全事件，产地水产品监督抽检合格率达到 99.6%，市场例行监测合格率由 2013 年的 94.4% 提高至 2018 年的 97% 以上。

四　2018年水产品贸易分析

（一）水产品国际贸易量额双增

据海关统计，2018年，我国水产品进出口总量954.42万吨，进出口总额371.88亿美元，同比分别增长3.33%和14.44%。其中，全国水产品出口量432.20万吨，同比降低0.40%，出口额223.26亿美元，同比增长5.56%；全国水产品进口量522.22万吨，进口额148.62亿美元，同比分别增长6.64%和30.99%（见表6、图7）。贸易顺差为74.6亿美元，同比下降23.9%。

表6　2006~2018年我国水产品进出口量额及均价

年份	出口额（亿美元）	进口额（亿美元）	出口量（万吨）	进口量（万吨）	出口均价（美元/吨）	进口均价（美元/吨）
2006	93.60	42.99	305.95	332.21	3059.32	1294.06
2007	97.43	47.22	311.19	346.48	3130.88	1362.85
2008	106.14	54.04	300.55	388.47	3531.53	1391.10
2009	106.98	52.61	298.07	373.97	3589.09	1406.80
2010	138.28	65.36	333.96	382.02	4140.62	1710.91
2011	177.92	80.17	391.17	424.58	4548.41	1888.22
2012	189.83	79.98	380.12	412.38	4993.95	1939.47
2013	202.63	86.38	395.91	417.03	5118.08	2071.31
2014	216.98	91.86	416.33	428.10	5211.73	2145.76
2015	203.33	89.82	406.02	408.13	5007.88	2200.77
2016	207.38	93.74	423.76	404.13	4893.81	2319.55
2017	211.50	113.46	433.94	489.71	4873.99	2316.86
2018	223.26	148.62	432.20	522.22	5165.66	2845.74

资料来源：中国海关。

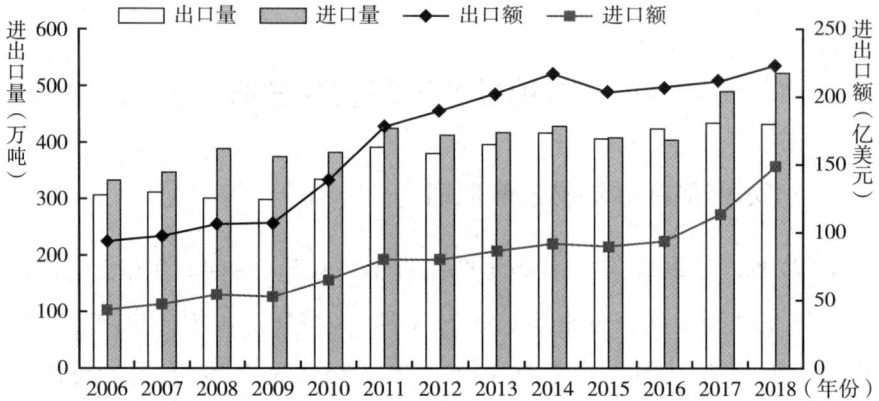

图7 2006～2018年我国水产品进出口量额

资料来源：中国海关。

（二）出口情况

1. 一般贸易出口额增长5.16%，优势品种集中

一般贸易方式是我国水产品出口的主要形式，2018年，水产品市场呈现一般贸易出口产品单价明显上涨特征，这主要得益于我国渔业转方式调结构、品质提升。全年水产品一般贸易出口量、额分为308.4万吨、164.49亿美元，同比增幅分别为0.43%、5.16%，占我国水产品出口量、额的比重相应为71.34%、73.68%。出口品种仍以头足类、对虾、贝类、罗非鱼、鳗鱼、蟹类等为主，六种水产品出口额占水产品总出口额的61.29%，其中鳗鱼、头足类、罗非鱼出口额增长明显（见图8）。

2. 来进料加工贸易出口量减额增

主要得益于渔业扩大开放度的影响，2018年，我国来进料加工贸易在劳动力上升、中美贸易摩擦压力下，出口额同比增长5.80%，达55.66亿美元，出口量105.96万吨，同比减少2.00%。其中进料加工出口量86.71万吨，同比下降2.50%，出口额42.47亿美元，同比增长5.06%。来料加工出口量19.25万吨，出口额13.18亿美元，同比分别增长0.31%和8.29%，出口额占来进料加工出口总额比重为23.69%。

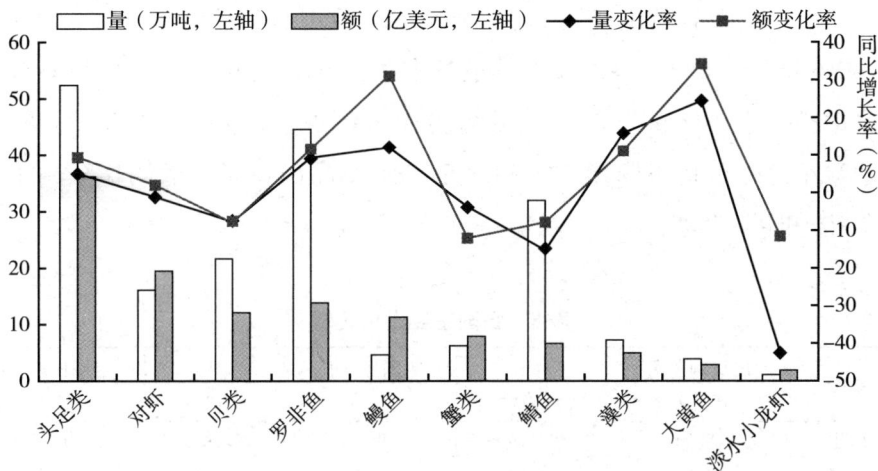

图8 主要水产品出口量额及变化

资料来源：中国海关。

3. 欧盟市场量额双增，日本、东盟市场量减额增

2018年我国水产品主要出口市场稳定增长，对美国、欧盟、中国台湾、韩国市场出口均量额齐增，主要受出口产品结构调整影响，对日本、东盟市场出口则量减额增（见表7）。

表7 我国主要出口市场及变化

出口市场	数量（万吨）	金额（亿美元）	量同比增长（%）	额同比增长（%）
日　　本	60.96	40.30	−2.83	4.77
美　　国	56.13	34.28	1.28	6.42
东　　盟	60.56	27.69	−9.52	1.37
欧　　盟	55.57	25.32	0.84	6.66
中国台湾	14.27	19.45	3.42	7.89
韩　　国	54.01	19.04	12.72	19.93
中国香港	18.40	17.63	−1.54	−4.99

资料来源：中国海关。

4. 福建、山东仍为我国水产品出口最大省份

福建、山东、广东、辽宁、浙江、海南等沿海省份仍是我国水产品主

要出口区，沿海省份出口量、额之和分别占全国水产品出口总量、总额的98.40%和96.86%。福建和山东继续在主要出口省份水产品出口额和出口量中排名第一（见表8）。内陆省份中，江西、吉林和湖北依旧位列前三。受小龙虾出口下降影响，湖北全年水产品出口量、额同比分别下降59.29%和44.75%。

表8　我国主要出口区域

省份	出口额比重 （%）	额 （亿美元）	额同比增长 （%）	量 （万吨）	量同比增长 （%）
福建	28.55	63.74	9.49	91.96	−1.82
山东	23.10	51.58	5.71	110.36	0.85
广东	16.05	35.83	4.29	60.40	5.21
辽宁	13.95	31.14	5.11	85.45	−0.16
浙江	9.10	20.32	9.41	49.89	−0.31
海南	2.03	4.52	−4.95	14.50	−0.76
江苏	2.01	4.48	20.29	5.33	10.21

资料来源：中国海关。

（三）进口情况

2018年我国水产品进口量522.22万吨，进口额148.62亿美元，同比分别增加6.64%和30.99%。

1. 进口品种结构调优

主要受我国养殖业绿色发展转型、高品质水产品消费需求强劲和水产品进口平均税率调减（由15.2%降至6.9%）影响，食用水产品进口大幅增加，饲料用鱼粉进口量明显下降。据海关数据，鱼粉进口量为146.08万吨，同比减少7.05%，进口额为22.21亿美元，与上年持平。一般贸易方式进口（主要用于食用）水产品进口量160.24万吨，进口额76.70亿美元，同比分别增长61.21%和80.21%。来进料加工原料进口量113.83万吨，进口额28.69亿美元，同比分别增加8.55%和15.40%。其他方式（边境小额贸易、保税区仓储等）进口量 102.07 万吨，进口额 21.01 亿美元，同比分别减少 20.44% 和 11.97%。

2. 俄罗斯是我国水产品第一大进口来源国，从美进口量额双降

我国从俄罗斯进口上涨，进口量、额分别增加 8.24% 和 42.85%，达到116.12 万吨、22.17 亿美元，其中冻鳕鱼、冻大马哈鱼、蟹类等进口量、额涨幅较大。从东盟进口量、额同比分别增加 30.01% 和 54.09%，其中自越南进口量额大增。受对原产于美国的水产品加征关税和鱼粉进口减少影响，从美国和秘鲁进口水产品均呈现量额双降（见表9）。

表9　我国主要水产品进口区域

进口区域	进口额比重 （％）	量 （万吨）	额 （亿美元）	量同比增长 （％）	额同比增长 （％）
俄罗斯	14.92	116.12	22.17	8.24	42.85
东　盟	14.79	84.24	21.98	30.01	54.09
秘　鲁	9.96	88.58	14.81	-10.16	-0.89
美　国	9.57	44.26	14.23	-16.94	-5.49
加拿大	6.82	11.90	10.13	3.70	34.45
智　利	4.84	20.00	7.17	8.33	19.95

资料来源：中国海关。

（四）贸易顺差持续收窄

受中美贸易摩擦、出口水产品价格下降和进口水产品价格上涨（见图9）等影响，我国水产品出口增速远低于进口增速，这是我国水产品贸易顺差不断收窄的直接原因。据统计，2018 年，我国对外水产品贸易顺差为 74.6 亿元，较上年减少 23.44 亿美元，继 2017 年减少 15.6 亿美元至 100 亿美元后，进一步更大额度减少，减幅高达 23.9%。导致顺差继续收窄的根本原因是，我国水产品竞争力下降，受东南亚国家水产品同构竞争挤压，水产品质量提升缓慢，进口高质量水产品需求强劲等。

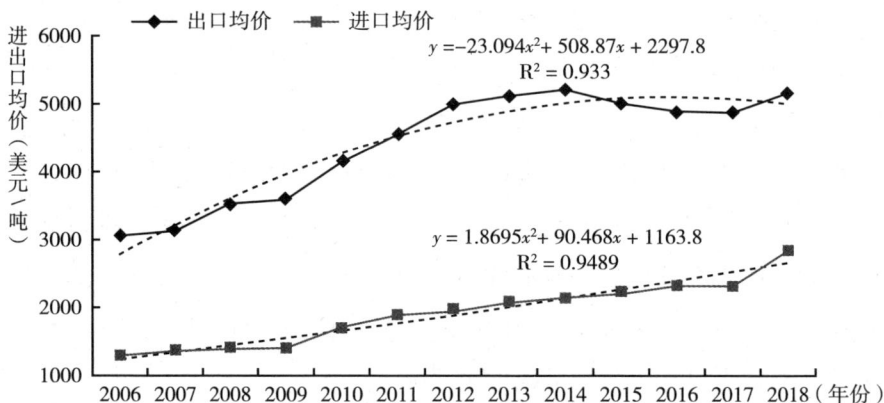

图9 2006～2018年我国水产品进出口平均价格

注：虚线为进出口均价相应趋势线；出口均价大致为倒"U"形，自2014年以来整体呈下降趋势；进口均价最近两年呈快速上升势头。

资料来源：中国海关。

五 2019年渔业经济形势展望

（一）机遇与挑战

我国渔业经济发展至少有乡村振兴战略、"长江大保护"、"一带一路"、消费升级等四方面机遇。第一，乡村振兴战略为"三渔"发展带来了新契机。"三渔"是"三农"的重要板块，乡村振兴战略为解决"渔业萎缩、渔村衰败、渔民失水"等问题提供基本方案，为通过增加资本投入、提升技术支撑、促进人员流动和人居环境综合整治、社会保障健全完善、渔业生态资源修复、传统文化弘扬传承等实现渔村振兴带来了新契机。第二，"长江大保护"为内陆水生生物保护提供了新机遇。长江经济带发展战略和习近平总书记多次提出与强调"长江大保护"，即"当前和今后相当长一个时期，要把修复长江生态环境摆在压倒性地位，共抓大保护、不搞大开发"，为内陆重要水域（如海河、辽河、松花江等）提供了借鉴和顶层设计。第三，"一带一路"倡议为水产品国际贸易拓展了市场。"一带一路"沿线65

国与我国渔业资源禀赋高度互补,特别是非洲、西亚、东南亚、欧洲等区域国家待开发渔业资源丰富且对我国水产品需求潜力巨大。第四,消费升级为渔业高质量发展增强了内在动力。目前,我国水产品人均日摄入量远低于国际平均水平和膳食指南建议水平。随着健康中国战略逐步推进、居民收入水平提高和膳食结构改善,我国对安全、健康、高品质的水产品需求将大幅增加,"吃鱼健脑、吃鱼强身"的消费观和市场行为将进一步倒逼渔业生产向绿色、生态、品牌的高质量发展转变。

同时,当前我国渔业经济发展主要面临三方面挑战。第一,渔业产业和产品结构有待协调。一方面,一产比重较大,产业结构有待优化。我国渔业二、三产业比重仅为50.38%,远低于美国、加拿大等国家70%以上的水平。主要原因是水产品加工率和加工水平低和休闲渔业起步晚与消费带动不足并存。① 另一方面,优质、安全、健康、便利水产品供给相对短缺,产品结构需调整。目前我国水产品大路货充斥市场,名特优水产品比重较小,养殖或流通环节违禁中间品滥用引起的水产品质量安全问题突出,对市场信心与消费者需求产生严重负面影响,削弱了水产养殖产业发展的内在动力。第二,渔业生产受资源与生态环境约束趋紧。养殖方面,作为我国水产品供给的重要来源,养殖水域空间受挤压。高密度水产养殖造成的水资源环境污染问题突出,环保督查高压态势减少了养殖水域,"一刀切""一关了之"的现象严重。据《中国渔业统计年鉴》数据,较2015年的846.50万 hm²,2017年我国水产养殖面积(744.90万 hm²)减少了12%以上。捕捞方面,近海渔业资源衰退和渔场荒漠化趋势明显,国内渔业资源恢复与保护形势严峻。据2018年在我国沿海和长江典型渔村的调研,渔民普遍反映近海、长江捕捞资源数量较生产责任制初期减少了80%以上,且呈明显的低值化、幼小化、性成熟提前趋势。第三,水产品国际贸易不确定性增加。一是水产品出口市场疲软和全球需求不振。以美国为代表的西方发达国家推行逆全球

---

① 刘子飞、张海鹏:《中国渔业供给侧结构性改革的路向选择———一个产业政策分析框架》,《中国井冈山干部管理学院学报》2018年第12期。

化、贸易保护主义，水产品被列为中美贸易摩擦的首批加征关税清单，已于 2018 年 9 月对我国水产品加征 10% 的关税税率，可能进一步提升为 25% 的加征税率，出口不确定性预期凸显。二是水产品出口遭遇国际同质竞争压力大。印度尼西亚、泰国、越南等对我国水产品替代性强，加上我国水产品生产成本不断上升，我国水产品出口同质竞争形势严峻。

（二）2019 年渔业经济形势展望

展望 2019 年，渔业将立足生态优先、绿色发展阶段，抓住高质量绿色发展机遇，进一步推进供给侧结构性改革，重点优化渔业产业结构，增加优质水产品供给，扩大水产生态养殖，加大捕捞资源养护，调整渔业国际贸易与合作战略，促进渔业经济转型升级。预期 2019 年水产品供给充足，水产品总产量可能增至 6600 万吨，水产养殖量进一步增加，近海捕捞产量连续减量，渔民年人均纯收入突破 2 万元，水产品价格稳中略升，水产品国际贸易顺差继续收窄。

1. 水产品供给

在不发生重大生产灾害情况下，水产品产量将为 6600 万吨左右，并呈现深远海养殖、大水面养殖增加，近海捕捞减量，远洋捕捞量稳定和水产品品质提升的特征，得益于产业稳定发展与转型升级，渔民人均纯收入将超过 2 万元。以上主要基于如下四点考虑。一是受环保督查压力、结构性问题、养殖水域调整的影响，我国内陆和近海网箱、围网、网栏养殖拆除可能扩大，养殖面积减少概率较大，工厂化池塘养殖扩大空间有限，同时我国正在加紧研发推广深远海养殖技术，并有望取得新的突破，随着环保"一刀切"和合理科学利用天然水域理性的回归，大水面生态养殖将得到重视并转型为生态健康养殖。二是近海捕捞方面，渔业资源总量控制将扩大落实，2020 年近海捕捞渔船、产量"双降"目标任务可能提前完成，伏季休渔制度更加严格，2019 年渔业燃油补贴将减少至 2014 年的 40%，近海捕捞时间将压缩积极性将得到抑制，近海捕捞很可能再次减量。三是远洋渔业方面，政策将维持渔船总量控制、注重规范发展和提升远洋渔业质量的阶段，不再注重数量扩张和产量增长，将通过远洋基地建设、充分利用南极磷虾资源等。四是生态养殖全面大发展，2019年初10部委联合发布了《关于推进水产养殖业绿色发展的若干意见》，该文件将成为水产养殖的纲领性文件，引领我国水产养殖业向生态健康转变，2019年将成为我国水产生态养殖的元年，稻渔综合种养、工厂化循环水、"跑道鱼"、深远海智能大网箱、集装箱、大水面生态养殖等迅速发展，这些都将有利于生态优质水产品供给的增加。

2. 水产品消费

从供给需求平衡来看，预期2019年我国水产品价格不会出现较大波动，量额保持稳定双升，价格总体稳中有升，水产品高质量消费和鲜活冷链运输平台将可能进一步快速发展与出现整合趋势。供给方面，如上所述，我国水产品供给充足，随着结构性改革深入推进，将有更多高质量、高品质水产品满足消费者需求。需求方面，居民健康消费意识不断增强，加上全面建成小康社会和居民收入增加，以及国内水产品消费市场培育力度，社会对安全、健康水产品需求增长强劲。从综合水产品供给与需求形势来看，大宗淡水鱼（青鱼、草鱼、鲢鱼、鳙鱼、鲫鱼等）价格大幅增长可能性较小，海水鱼类（大黄鱼、鲈鱼、大菱鲆、石斑鱼、鲷鱼等）价格可能小幅波动性上涨；作为连续多年水产品市场爆品，淡水小龙虾价格将可能维持在高位，但考虑到市场容量边际效应与消费市场理性回归，不排除价格下跌的可能性；对虾和贝类、藻类、海参等高品质特性明显且市场信任度较高的产品，价格将保持总体上升趋势。此外，生鲜配送平台和冷链物流体系经过前期发展，随着消费进一步转型升级，可能持续快速发展，同时因为资本积累、饱和与行业进入稳定阶段，可能出现"大鱼吃小鱼，小鱼吃虾米"的整合趋势。

3. 水产品贸易

主要受国际市场疲软、中美经贸摩擦预期不稳定、中国水产品比较优势下降和国内水产品高质量消费转换强劲影响，我国水产品进口增速将持续超过出口增速，水产品国际贸易顺差继续收窄，预期水产品国际贸易顺差将降到50亿美元以内。出口方面，主要受同质竞争压力和中美经贸摩擦影响，罗非鱼、大黄鱼、对虾、蟹类、头足类等一般贸易方式出口增速将趋缓；主要受劳动力成本上升影响，以鳕鱼、鲭鱼、大麻哈鱼、比目鱼等来进料加工方式为主的水产品出口贸易将收缩。进口方面，我国渔业开放度将进一步扩大，高质量水产品以满足国内消费升级需求和服务国内生态优先渔业政策的国际贸易策略将逐步推进与加强，鱼粉进口将稳定增长，大麻哈鱼、鳕鱼、鲆鲽类、龙虾等品种进口可能量额齐增。此外，随着"一带一路"倡议推进和渔业"走出去"成效显现，我国与"一带一路"区域国家或地区的水产品贸易量额将不断增长，先进装备研发、共建项目、基础设施建设、互派人员、技术援助等领域或方式的渔业国际合作与小额边境水产品贸易的作用将得到加强。

G.8

2018年农业对外开放形势及2019年展望

胡冰川[*]

摘　要： 2018年中国农产品贸易逆差继续扩大，传统劳动密集型农产品，如蔬菜、水产品顺差继续缩小，而水果首次出现了逆差。显然，自2004年国内农产品贸易首次出现逆差以来，趋势已经不可逆转，因此需要重新审视农产品贸易的功能和定位。实际上，无论是农业利用外资还是农业对外投资，由于数据口径等技术原因，在很大程度上被低估了，农业双向投资将会进一步增长。在农产品贸易与农业双向投资的带动作用下，农业科技合作也将会同步扩大。

关键词： 农产品贸易　农业利用外资　农业对外投资　农业科技合作

一　农产品贸易

2018年，我国农产品进出口额2168.1亿美元，同比增长7.7%。其中，出口797.1亿美元，增长5.5%；进口1371.0亿美元，增长8.9%；贸易逆差573.8亿美元，增长14.0%。农产品贸易在货物贸易中占比为3.2%，维持在相对稳定的水平。2018年受中美贸易摩擦影响，在大豆进口量下降了

---

* 胡冰川，管理学博士，中国社会科学院农村发展研究所研究员，研究方向为农产品贸易、农产品市场政策的数量评估。

7.9% 的同时，食用植物油、畜产品、水产品进口分别增长了 8.9%、11.3%、31%，对大豆进口下降起到了有效的补偿作用；加之非洲猪瘟疫情对猪肉消费的抑制作用，使大豆进口下降并未对国内农业生产与食品消费产生显著影响。值得注意的是，2018 年我国水果进出口首次出现贸易逆差，也标志着我国农产品贸易进入全面进口时代。

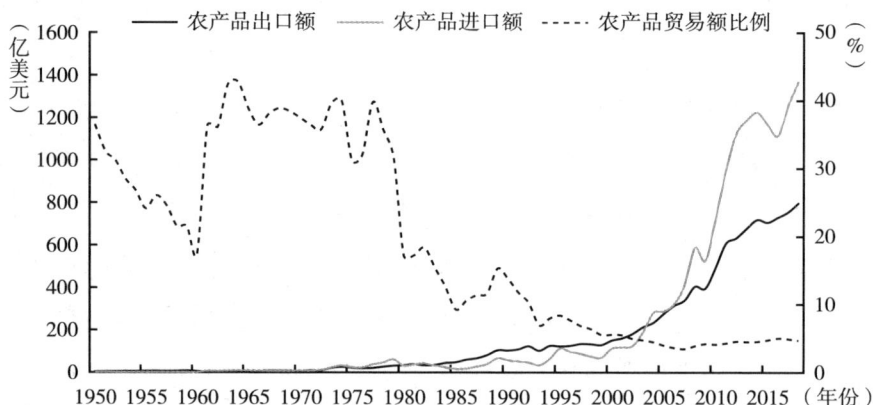

图 1　中国农产品进出口情况

资料来源：①1950~1960 年数据来自对外贸易统计年鉴；②1961~1979 年为 FAO 数值；③1980~1994 年为对外贸易统计年鉴；④1995 年以后数据来自农业农村部。

（一）谷物

2018 年我国农产品进出口保持稳定增长，出口增速进一步放缓，进口增速持续扩大。从具体产品来看，2018 年，谷物进口 2050.2 万吨，同比下降 19.9%；进口额 59.4 亿美元，同比下降 8.5%[①]。出口 254.4 万吨，增加 57.4%；出口额 11.0 亿美元，增加 38.4%；净进口 1795.8 万吨，减少 25.1%。其中玉米进口 352.4 万吨，同比增加 24.7%；大米进口 307.7 万吨，同比下降 23.6%；小麦进口 309.9 万吨，同比减少 29.9%。从玉米进

---

① 农产品贸易数据为农业农村部农业贸易促进中心（http：//www.mczx.agri.cn/）公布的数据，下同。

口增加，大米、小麦进口下降的现象中可以发现：2018年在国内谷物生产维持高水平的基础上，国内谷物需求呈现明显分化。

第一，2016年，随着玉米价格市场化，国内玉米的饲料消费量快速增长，尽管2018年非洲猪瘟疫情对国内生猪养殖有相当的抑制作用，但是玉米的饲料消费仍然维持在较高水平。能够观察到的是，随着玉米作为饲料消费的快速增长，玉米替代品的谷物进口快速下降，2015年谷物进口量达到历史性的3271.5万吨，其中饲料粮占比超过80%；2018年谷物进口量快速回落到2050.2万吨，其中饲料粮占比下降到70%。加之玉米去库存带来的工业消费快速扩张，2018年的玉米库存水平快速下降。根据联合国粮农组织（FAO）公布的数据测算，我国玉米库存消费比从2015年的72.5%下降到2018年的49.8%。

第二，与玉米去库存所不同的是，作为口粮的稻谷、小麦国内消费始终增长乏力，同时国内稻谷、小麦产出始终维持在较高水平，尽管稻谷、小麦的贸易量保持相对稳定，但是国内稻谷、小麦市场的库存不断提高。根据联合国粮农组织公布的数据测算，2015～2018年，我国大米库存消费比从66.1%上升到72.4%，我国小麦的库存消费比从64.4%上升到95.9%。除此之外，国内大米、小麦产品多元化消费需求的扩大，对优质大米、小麦进口需求进一步扩大；加之大米、小麦出口国的外交压力不断加大，未来大米、小麦的进口规模仍将稳中有增，国内稻谷、小麦市场压力将会进一步加大。

（二）油料

2018年我国油料进口总量为9448.9万吨，同比下降7.4%，进口额417.5亿美元，同比下降3.0%；油料出口量为119.5万吨，同比增长8.7%，出口额17.1亿美元，同比增加4.6%。其中，大豆进口量8803.1万吨，减少7.9%；油菜籽进口475.6万吨，同比增加0.2%。如果仅从油料进口来看，2018年国内油料贸易的确有所下降，但是食用植物油、粕类、畜产品等下游产品进口快速增长，对油料进口减少进行了充分的补偿。

2018 年食用植物油进口量 808.7 万吨，同比增加 8.9%，进口额 58.6 亿美元，同比增加 3.2%。其中，棕榈油进口 532.7 万吨，同比增长 4.9%；菜籽油进口 129.6 万吨，同比增加 71.2%；葵花油和红花油进口 70.3 万吨，同比下降 5.7%；豆油进口 54.9 万吨，同比下降 16.0%。从总量来看，国内食用植物油总量并未下降，根据农业农村部 2019 年 2 月公布中国农产品供需形势分析报告，2017～2018 年度我国植物油产量 2722 万吨，预计 2018～2019 年食用植物油产量为 2617 万吨，虽然产量有所下降，但是进口量的提高弥补了国内产出的下降。根据该报告，国内食用植物油消费量在 2018～2019 年基本保持稳定，这也说明了大豆进口下降通过植物油进口获得了有效补偿。

进一步从饲料角度来看，大豆进口下降在一定程度上对国内豆粕产量构成影响。但是从全年来看，2018 年 3 月随着中美贸易摩擦的加剧，国内豆粕价格快速上涨，杂粕进口增加 100 万吨以上，对豆粕在一定程度上起到替代作用，同时低蛋白饲料配方推广也对豆粕使用起到一定抑制作用。2018 年 8 月之后，非洲猪瘟疫情开始蔓延，生猪存栏量下降，豆粕消费进一步受到抑制。不难看出，2018 年豆粕替代品进口及非洲猪瘟导致的消费抑制基本平衡了大豆下降对豆粕与下游产业的影响。

（三）棉花、食糖

1. 棉花

2018 年，我国棉花进口 162.7 万吨，同比增加 19.4%；进口额 32.0 亿美元，同比增加 35.5%。此外，棉花替代性产品棉纱进口 206.4 万吨，同比增加 4.1%。同时，根据海关统计，2018 年全年纺织品服装累计出口 2767.3 亿美元，同比增长 3.5%，其中纺织品出口额 1191 亿美元，同比增长 8.1%，服装出口额 1576.3 亿美元，同比增长 0.29%。从棉花进口来看，2018 年棉花进口量创目标价格改革以来最高水平，而棉纱进口呈现稳步增长。其原因在于，2015 年目标价格改革使得棉花价格逐步市场化，国内外价差整体趋于缩小，特别是中国对美棉加征 25% 关税之后，进一步弥合了国内外价差空间。

在此背景下，国内储备棉库存进一步削减，根据美国农业部数据，我国棉花库存消费比从 2014～2015 年度的 196.8% 下降到 2018～2019 年度的 70.3%，接近库存临界水平。根据农业农村部 2019 年 2 月公布的中国农产品供需形势分析报告，2018～2019 年度棉花总产量为 604 万吨，消费量 845 万吨，产需缺口约为 240 万吨，受此压力国内棉花进口快速增长。

2. 食糖

2018 年，我国食糖进口 279.6 万吨，同比增长 22.1%，进口额 10.3 亿美元，同比下降 4.6%。与棉花进口管理措施相一致的，食糖进口采取进口配额管理，194.5 万吨配额内进口采取 15% 关税，配额外进口加征保障措施关税，2018 年配额外食糖进口总关税税率为 90%，这也使得配额外进口食糖完税价略高于国内。尽管如此，国内食糖消费需求仍然旺盛，2018 年预计国内消费量将在 1500 万吨左右，国内产量大致维持在 1000 万吨，除了食糖直接进口之外的缺口需要由库存填补，这也导致 2018 年末食糖库存降至 2010 年以来的最低水平。

从玉米、棉花、食糖三个品种来看，在农产品领域的去库存任务取得了阶段性成果。但是就食糖而言，值得注意的内容包括：①全球范围内食糖供给过剩仍将存在，全球食糖价格仍将维持相对低迷；②国际食糖价格下跌带来国内食糖价格下跌，使得淀粉糖与白糖价差减少，导致淀粉糖替代效应减弱，2018 年国内淀粉糖产量保持基本稳定；③由于配额外进口实施 90% 关税率，食糖走私规模很大，尽管已经采取了严厉的打击措施，但是仍然不能有效控制边境走私行为，这也给现有市场带来潜在风险。

（四）蔬菜、水果

1. 蔬菜

2018 年，我国蔬菜出口额 152.4 亿美元，同比减少 1.8%，蔬菜进口额 8.3 亿美元，同比增长 50%；蔬菜顺差 144.1 亿美元，同比下降 3.7%。蔬菜作为我国具有出口优势的农产品，始终是农产品顺差的重要来源，2018

年出口顺差呈现 2012 年以来的第一次下降。其原因来自两个方面：从出口来看，2018 年国内蔬菜种植面积和产量继续在高位保持增长，导致出口供给相对过剩，出口价格下降，从而拉低了蔬菜出口额；从进口来看，国内蔬菜消费要求的不断提高，拉动了高品质、多元化蔬菜进口不断增长。除此之外，蔬菜领域出现了类似大宗商品的进口，例如辣椒，我国作为传统的全球辣椒出口的第一大国，2018 年以来也大量进口印度高辣度辣椒，蔬菜贸易能够反映出整个国内蔬菜市场的新变化。

2. 水果

2018 年我国水果出口 71.6 亿美元，同比增加 1.2%；进口 84.2 亿美元，同比增加 34.5%；水果贸易逆差 12.6 亿美元，2017 年同期顺差为 8.2 亿美元，可以观察到的是，近年来我国水果顺差逐步缩小，2018 年从顺差转为逆差，未来水果逆差很可能常态化。与蔬菜贸易的逻辑相一致的，国内水果消费日益显现出对高品质、多元化产品的偏好。我国作为全球最大的水果生产和消费国，近年来水果进口增长非常迅速。从来源看，2018 年泰国、智利、越南、美国和菲律宾为我国前五大水果进口来源国；从品种看，2018 年前五位进口的品类为樱桃、榴莲、香蕉、葡萄和橙子。水果进口足以反映出国内当前农产品贸易的整体趋势：除了资源密集型农产品的进口外，我国农产品进口日趋显现出差异化特征，不仅是对本国农业生产资源的有效弥补，更是对我国农业资源配置在全球范围内的延展。

可以认为，水果进出口贸易逆差具有一定标志性意义，大致等同于 2002 年前后我国成为农产品净进口国的意义。如果说 2002 年加入 WTO 之后我国成为农产品净进口国的意义在于农产品贸易从出口创汇转为调节余缺，那么 2018 年中国水果进口逆差的标志意义在于中国农产品贸易即将走向全球配置农业资源的时代。

（五）畜产品

1. 猪肉

2018 年我国猪肉进口 119.3 万吨，同比下降 2%；猪杂碎进口 96.1 万吨,同比下降 25.1%。2018 年猪肉进口下降主要原因有三个:第一,受国内生猪养殖扩张、国内供给增强的影响,猪肉及产品进口连续两年下降,2018 年前三季度生猪出栏量接近 5 亿头,产量达到 3843 万吨,分别增长了 2.81% 和 3.39%,对进口产生了一定的抑制作用;第二,2018 年 8 月非洲猪瘟疫情不断蔓延,国内猪肉消费需求受到明显抑制,进而影响猪肉进口,同时受非洲猪瘟影响的国家,如匈牙利和比利时猪肉被暂停进口;第三,在中美经贸摩擦大背景下,我国对美国进口猪肉及产品加征 25% 的关税,降低了从美国进口的猪肉数量。

从国内猪肉消费整体来看,2018 年度的猪肉消费和进口下降具有一定的偶然性;但是从整个肉类消费结构来看,猪肉消费未来将保持稳定,动物蛋白消费的主要增量在于牛羊肉与水产品。与蔬菜水果进口逻辑一致,未来我国猪肉进口除了技术性调节余缺的功能外,在很大程度上满足多元化消费需求,因此猪肉进口整体应该保持相对稳定并略有增长。

2. 其他肉类

2018 年我国牛肉进口 103.9 万吨,同比增加 49.5%,牛杂进口 2.3 万吨,同比增长 21.1%;羊肉进口 31.9 万吨,同比增长 28.1%,均呈现大幅度上涨态势。主要原因在于:第一,国内肉类消费结构快速升级,猪肉消费趋于饱和,出于健康与多元化消费的考虑,牛肉、羊肉消费量快速增长,与猪肉市场供求关系不同的是,国内牛肉、羊肉已经无法满足国内消费需求,必须通过进口满足消费需求,由此带来牛羊肉进口快速增长;第二,2018 年以来,随着牛肉进口检验检疫国际合作的进一步开展,我国已经开放了 15 个国家的牛肉与牛杂进口,使得进口来源多元化,同时随着活牛进口检验检疫国际合作的开展,未来活牛进口来源会进一步扩宽,进口量也将进一步放大;第三,2018 年 8 月非洲猪瘟之后,国内猪肉消费抑制拉动了对牛羊肉的需求,产生了一部分补偿猪肉消费不足的牛羊肉进口。

从贸易来看,2018 年鸡肉进口 45.7 万吨,鸡杂进口 4.7 万吨,同比均小幅增长。鸡肉进口与牛羊肉不同,大致与猪肉相一致,主要是调节余缺，满足多元化消费需求，尽管 2018 年中国对巴西输华鸡肉进行了反倾销措施，但是并未影响巴西对华的鸡肉出口的绝对地位，主要原因在于：巴西对华出口的主要是鸡肉副产品，在中国具有很强的消费刚性，有效替代不足。随着国际检验检疫合作的开展，鸡肉进口来源会进一步多元化。

3. 乳品

2018 年我国共计进口各类乳制品 264 万吨，同比增加 6.7%，进口额 101 亿美元，约占国内乳制品销售收入的 20%，同比增长 14.3%。其中，进口干乳制品 193 万吨，同比增加 9.2%，进口额 91 亿美元，同比增长 15.7%，进口液态奶 70 万吨，同比增加 0.3%，进口额 10 亿美元，同比增长 2.9%。根据目前形势，国内乳品生产与消费之间的缺口不断加大，同时存在两种短缺：一种是结构性短缺，即乳品消费，特别是高品质乳品消费增长很难依靠国内生产加以满足，例如婴幼儿配方乳粉、液态奶；另一种为资源型短缺，例如进口大包粉与乳清粉。由此可见，国内乳品供给在总量和结构两个维度上同时短缺，乳品进口常态化已经形成。

（六）水产品

2018 年我国水产品出口 223.3 亿美元，同比增加 5.6%；进口额为 148.6 亿美元，同比增加 31%；贸易顺差为 74.6 亿元，同比下降 23.9%。2014～2018 年，水产品贸易顺差从 125.1 亿美元逐步下降到 74.6 亿美元，反映出水产品进口存在持续增长的趋势。与水果、牛羊肉、乳品进口相一致，在国内农产品消费升级的大背景下，水产品消费快速增长。同时，由于国内渔业政策完善和环保要求提高，国内水产品产量增长受到明显压力，根据国家统计局公布的数据，2018 年全年水产品产量 6469 万吨，比上年增长 0.4%，其中，养殖水产品产量 5018 万吨，增长 2.3%；捕捞水产品产量 1451 万吨，下降 5.7%。在此背景下，水产品供不足需的局面已经形成，未来水产品进口进一步增长的趋势不可避免。

二 农业双向投资

（一）农业利用外资情况

根据国家统计局公布的《2018年国民经济和社会发展统计公报》数据，2018年全年外商直接投资（不含银行、证券、保险领域）新设立企业60533家，比上年增长69.8%。实际使用外商直接投资金额8856亿元，增长0.9%，折1350亿美元，增长3.0%。其中，农林牧渔业外商直接投资企业741家，比上年增长5%，实际使用资金53亿美元，比上年下降26.4%。从比例看，农林牧渔业利用直接投资额比例为0.6%，占比较小。

其原因在技术层面反映统计口径的宽窄，按照现有外商直接投资的产业划分，一产只是狭义的直接从事面向自然资源生产的种养殖业，这也导致农林牧渔业利用外资的实际数据被低估。在产业层面则反映出农业自身的特征，无论是传统农业还是现代农业，经济性存在体量小、投入大、回报周期长的特征。在具体产品层面，大宗农产品自身的成本收益较低，而高经济价值农产品结构又十分多元，很难存在维持高额利润的细分市场，农林牧渔业注定不会成为海外对华投资的重点。

实际上，需要看到，大量的外商直接投资主要集中在农业产业链的两端，如农资（种子、化肥、农药）生产、农产品加工与市场流通服务等领域。以嘉吉公司在华肉鸡产业链投资为例，养殖环节只是其饲料、孵化、屠宰、精深加工的一个环节；更多的如种子、化肥、农药的投资，都可以属于大农业范畴。如果站在这一角度，外商对华农业投资应当是持续增长的。

近年来，国务院相继颁布了若干吸引外资的专项文件，2018年6月15日，国务院正式公布《关于积极有效利用外资推动经济高质量发展若干措施的通知》，扩大了电信、文化、农业、采矿等多个敏感领域的对外开放，具体到农业领域，将取消或放宽种业准入限制，同时该通知明确不得利用行政手段强制技术转让。从趋势来看，随着中国对外开放的进一步深入，外资对华农业投资将会持续增长；但是从统计数据观察到的农林牧渔业的直接投资仍然不会有太大增长。

（二）农业对外投资情况

根据国家统计局公布的《2018 年国民经济和社会发展统计公报》数据，2018 年对外非金融类直接投资额 7974 亿元，折合 1205 亿美元，同比增长 0.3%；其中，对"一带一路"沿线国家非金融类直接投资额 156 亿美元，增长 8.9%。在对外非金融类投资中，农林牧渔业投资总计 18 亿美元，同比下降 20.3%。根据国家统计局公布的 2017 年农林牧渔业对外投资净额为 25.1 亿美元，按同比类推，2018 年我国农林牧渔业对外投资约为 20 亿美元。2017 年与 2018 年我国农林牧渔业对外投资有所下降，在对外整体投资技术性调整的背景下具有合理性。但是必须要看到，我国农业对外投资的未来趋势一定是增长的：一方面，中国农业生产不仅存在资源性短缺，同样存在结构性短缺，中国市场对全球农业生产存在需求；另一方面，中国具备全球配置农业资源的能力，农业对外投资不仅作为农产品贸易的一个延伸，同时必将独立发展壮大，未来农业对外投资势必形成"买全球卖全球"的新格局。

当前农业对外投资存在两个平行的维度。

一个维度是在现有制度框架下，完全通过规范方式进行的农业对外投资。根据近年来的《中国对外农业投资合作分析报告》，不难发现，这类投资主要集中在亚洲发展中国家和少数发达国家。以 2016 年为例，中国对外农业投资流量 32.9 亿美元，主要集中在亚洲和大洋洲。其中亚洲 17.1 亿美元，主要分布在新加坡（7.7 亿美元）；大洋洲 8.1 亿美元，主要分布在新西兰（4.5 亿美元）；欧洲 3.3 亿美元，主要分布在俄罗斯（2.9 亿美元）；非洲 1.8 亿美元，主要分布在毛里塔尼亚（0.6 亿美元）；北美洲 0.3 亿美元，主要分布在美国（0.2 亿美元）；南美洲 2.3 亿美元，主要分布在巴西（2.0 亿美元）。境外企业设立数量分布主要也是在亚洲、欧洲和非洲，具体国家为俄罗斯（89 家）、老挝（85 家）、缅甸（57 家）、柬埔寨（49 家）、美国（44家）。从利润水平来看，目前规范的农业对外投资盈利水平非常有限。

另一个维度则是游离于现有制度框架外的农业对外投资，尽管没有确定统计，通过对相关企业调研，可以发现，当前存在大量的对农业资源富集地区的农业投资，如非洲、南美洲、澳大利亚、新西兰、俄罗斯等。这从另一个角度阐释了农业对外投资的基本特征：与正规投资所不同的是，农业对外投资往往投资规模并不大，但是利润水平往往比较可观。对比两种投资模式，不难得出：除战略性投资外，以获取农业资源为目的的农业对外投资更倾向陷入困境；而以获取农业收获为目的的投资相对更容易获得收益。显然，农业作为全球竞争性行业，在整体收益率不断下降的背景下，以获取资源为目的的投资需要更多地考虑成本收益的因素，所以当前海外农业重资产模式需要检讨。

（三）简要小结

与农产品贸易所不同的是，对于当前的农业投资而言，无论是外资对华农业投资还是我国对外农业投资，由于数据统计、投资方式等技术层面的因素，现有数据对真实发生的农业双向投资并不能很好地反映。例如，外资在华投资更多地侧重于农林牧渔业的前后两端，即上游的农业投入品，如种子、农药、化肥等领域，下游的农产品加工与深加工，这些并没有在数据方面得到充分体现，在现在及今后未来很长的时间，外资直接投资农林牧渔业的生产，仍然不会占太大份额。同样的，我国对外农业投资的数据在很大程度上仅能反映出现行规范操作的农业对外投资情况，受外汇管制、所在国行政法律许可等方式影响，有相当一部分对外农业投资游离于现行监管外，例如，通过离岸方式进行操作。所以，现有农业投资数据均在不同程度上低估了实际农业投资；从现实发展角度来看，受国内农产品消费升级的影响，国内对华农业投资持续加大，同样的，受到农业"走出去"的积极影响，越来越多的国内涉农企业与工商资本瞄准全球农业资源进行谋篇布局。综上，对于农业投资而言，除了现有数据之外，需要更多的观察与思考。

三　农业科技合作

当前我国农业科技合作主要内容是技术交流与人员往来，方式主要是"走出去"与"请进来"相结合，涵盖两个方向，一是与发达国家的农业科技合作，主要是学习发达国家的先进经验，加强双方农业科技合作并促进科技合作成果在华转化落地，包括：①与其他国家和地方政府、国际组织、跨国公司签订科技合作协议；②与海外机构共建联合实验室与联合研究中心；③引进农业种质资源、技术、农机装备、管理经验和智力资源。二是与发展中国家的农业科技合作，主要是推广中国农业科技成果与农业发展经验，帮助发展中国家消除饥饿、摆脱贫困，包括：①主要与非洲国家合作，通过建立农业技术示范中心的方式，对非洲国家进行农业技术援助与合作研究；②以农业技术示范中心为载体，对非洲国家进行专家派遣，就地实施技术援助与人员培训；③组织非洲农业技术人员来华参加培训。除上述两个方向之外，还包括在国内实施"走出去"人才培训的"扬帆出海"计划，对涉及农业"走出去"项目进行农业科技人才培训。

以中非农业合作为例，截至 2018 年 8 月，中国已在 19 个非洲国家援建 20 个农业技术示范中心；向 37 个非洲国家派遣农业技术、职业教育、高级顾问等 71 个援外专家组，共计 724 人次；在国内共举办了 337 期培训班，为非洲国家培训农业官员、技术人员和职业教育学生 57000 多人次；开展中非科研机构"10＋10"合作，围绕适用非洲大陆的新品种新技术新装备开展联合攻关和研究开发，累计在非洲各国试种作物品种 300 多个，传授实用技术 500 多项，约 100 万小农从中获益，为非洲农业发展提供了重要的科技支撑和服务保障[①]。同样的，中国与发达国家的农业技术合作也取得新进展，以中国农业科学院为例，截至 2017 年 9 月，与美国、加拿大、日本、荷兰、澳大利亚、巴西等国家科研院所，与国际

---

① 韩长赋：《推动中非农业合作再上新台阶》，《农民日报》2018 年 9 月 1 日。

水稻研究所等 CGIAR 体系研究所共建联合实验室或联合研究中心 62 个；在巴西、比利时、澳大利亚和哈萨克斯坦建立 4 个海外联合实验室，拥有 FAO 和 OIE 参考实验室 6 个①，与发达国家的农业合作水平与层次不断提高。

四　2019年展望

（一）农产品贸易

2018 年中国农产品贸易逆差继续扩大，传统劳动密集型农产品，如蔬菜、水产品顺差继续缩小，而水果首次出现了逆差。显然，自 2004 年国内农产品贸易首次出现逆差以来，趋势已经不可逆转。未来，中国农产品贸易的逆差将进一步扩大。对待这一现象，需要理性的分析与宏观的视角：①随着经济社会的不断发展，国内农产品与食品消费不断升级，受国内农业资源环境约束的影响，不可避免地将增加国外农产品进口；②对农产品逆差的价值判断需要更为理性，对农业行政主管部门和社会舆论来说，在传统观念中，顺差是"好事"，逆差是"坏事"，如果将农产品贸易置于货物贸易乃至国民经济中，农产品贸易逆差不仅占比很小，而且扩大农产品进口对平衡货物贸易和促进国民经济发展都有现实意义，因此对农产品贸易逆差扩大在价值判断上可以更为宽容；③农产品贸易逆差扩大将有助于"倒逼"国内农业生产的转型升级，并对农产品出口起到积极作用，农产品贸易逆差不代表农产品出口走向末路，反倒是促进农产品出口向更高水平与更高层次跃进。

2019 年，中国农产品贸易逆差将继续扩大。原因包括：①国内农产品需求，特别多元化消费需求仍在快速增长，农产品进口将维持惯性增

---

① 《开放合作引领农业走向世界——党的十八大以来农业国际合作成就综述》，《农民日报》2017 年 9 月 23 日。

长；②中美经贸摩擦趋于缓和，中国将恢复和增加对美国农产品进口；③2019年中央一号文件提出"实施重要农产品保障战略"，要求"主动扩大国内紧缺农产品进口，拓展多元化进口渠道"；④缉私措施有望进一步加大实施，农产品正规进口会进一步提高。从进出口结构来看，①进口重点仍将以油脂油料为主，多元化以食品为主的农产品（水产品、畜产品、水果蔬菜）进口将进一步快速增长，而工业用途的农产品如棉花、橡胶等将保持相对稳定，在农产品整体进口中的份额将有所下降；②出口重点一方面在于传统劳动密集型农产品，如蔬菜、水果、加工水产品的出口，另一方面在于附加值更高、技术含量更高的精深加工农产品出口增长。从农产品贸易国别来看：农产品进口主要来源仍将集中在南北美洲，但是随着进口产品多元化带来的产地多元化，进口来源国在一定程度上将会分散；随着中国农产品出口结构调整，由于传统以亚洲和北美为主的出口目的地面临竞争压力越来越大，出口市场也将不断拓展，出口目的地趋于分散。

（二）农业国际合作

尽管当前数据对农业吸引外资和农业对外投资都不能很好地体现，但是无疑，无论是农业吸引外资，还是农业对外投资都将继续保持增长。2018年10月，世界银行发布《2019年营商环境报告》，中国的营商环境在全球190个经济体中的排名从2017的78位跃升至2018年的46位，一次性提升32位。2018年6月，国务院正式公布《关于积极有效利用外资推动经济高质量发展若干措施的通知》，明确了进一步扩大开放的具体范围，《外商投资法（草案)》已于2019年3月8日提交十三届全国人大二次会议审议。由此可见，中国对外开放程度将不断提高，尽管在现行条件下外资直接对农林牧渔业的投资较小，这也符合发达国家的投资经验，农业投资一般都不直接进入农林牧渔业生产，但是并不会因此影响外资在华涉农领域，如农业投入品、技术服务等领域的投资。农业对外投资也是如此，从现实角度，一是国内农产品进口需求不断增长，二是与发展中国家存在农业发展的代际差异，三是工商资本存在避险、套利等不同动机，需要通过农业对外投资方式假以实现。与农产品贸易发展的进口增长单向性所不同的是，农业双向投资都将快速增长。农业科技合作作为农业国际合作的一个组成部分，与农产品贸易、农业投资之间都存在显著的正向关系，随着贸易、投资、人员往来的加深，农业科技合作必将更上一步。

热 点 篇

Reports on Hot Issues

G.9

新时期农业化肥减量与
有机肥替代的进展与对策

孙若梅*

摘 要： 化肥减量与有机肥增施正在成为我国农业绿色发展的重要目
标和实现途径。本文首先回顾新中国成立以来化肥生产和管
理的历程，评述 2015 年以来化肥减量与有机肥替代政策进
展。其次，利用统计数据描述我国化肥生产和消费，揭示出
自新中国成立到 2015 年的 60 多年间，我国化肥产量和用量
持续增长，这一局面终结于 2015 年，2016～2018 年化肥产量
和用量均出现负增长。再次，以调研发现为基础，概括目前
有机肥增施中的供给问题。最后提出对策建议：明确化肥负

* 孙若梅，管理学博士，中国社会科学院农村发展研究所研究员，主要研究领域为生态经济学、
发展金融等。

增长目标区间和实现步骤，重构服务于现代农业的肥料产业体系，实现氮肥管理科学化和精准化。

关键词： 化肥减量　有机肥　肥料产业　氮肥管理

一　我国化肥生产和管理历程的简要回顾

我国化肥生产和管理历程具有四点特征：新中国成立后到改革开放初期化肥工业化的努力，改革开放到 2015 年化肥用量和产量高速增长，新时期化肥减量化和有机肥替代政策出台，有机肥尚未全部纳入肥料管理体系。回顾我国化肥实现生产工业化、完善流通与推广体系、达到化肥供需平衡，到目前面临化肥产能过剩与化肥使用过量困境的进程，有助于准确评价新时期化肥减量与有机肥替代进展及未来发展战略目标。

（一）新中国化学肥料工业化的努力（1949～1978年）

新中国成立到改革开放初期的 30 年（1949～1978 年），党中央和国务院十分重视农业发展，坚持把支援农业作为首要任务，用于支农化工产品的投资约占全部化工投资的 50%。国家非常重视氮肥厂的建设，集中力量在浙江、上海和广州建成投产三个氮肥厂，标志着我国氮肥工业进入自己设计、自己施工、自己制造设备的新阶段。在这之后，国家又分期分批建设了以煤、重油气化制合成氨和天然气制合成氨的中型氮肥厂，走出了一条自力更生发展氮肥工业的道路。国家为了适应农业生产的迫切需要和地方财政能力，在花钱不多的条件下，积极寻找建设小型化肥厂的路子。到 1976 年，全国小氮肥厂总数达到 1300 多个。从 1973 年开始，分别从美国、日本、荷兰、法国引进了多套合成氨和尿素大型化肥装置。同时，国家还组织科技人员自主设计和制造设备，1979 年上海建成投产大型氮肥装置，大幅度提高了化肥的产量、质量和技术水平。

（二）改革开放以来的化肥管理改革（1979～2014年）

在改革开放之后的前20年（1979～1998年），我国化肥的生产和流通以计划经济管理体制为主，在这个阶段，我国化肥的产量不能满足农业生产对化肥的需求，每年需要进口一定数量的化肥。国家通过加强对大化肥厂管理、将粮食合同定购与供应化肥挂钩、实行化肥专营和最高限价等办法，最大限度地保障化肥供给。

1998年，以《国务院关于深化化肥流通体制改革的通知》（国发〔1998〕39号）文件为标志，开启我国化肥流通的市场化改革。国家对化肥流通的管理由直接计划管理为主改为间接管理为主，发挥市场配置化肥资源的基础性作用。化肥生产企业可将自产化肥销售给各级农资公司和农技推广站、土肥站、植保站以及以化肥为原料的企业，也可以设点直接销售给农民。2009年，以国家发改委、财政部发布的《关于改革化肥价格形成机制的通知》（发改价格〔2009〕268号）为标志，开启化肥价格从政府定价到市场定价的转变。该通知决定，推进化肥价格改革，建立以市场为主导的化肥价格形成机制。

自1998年我国实施化肥流通体制改革以来，一直对化肥生产和流通中的电价、天然气价格、铁路运价和增值税等执行补贴和优惠政策；2009年在化肥实现定价市场化的改革中，继续保留了化肥的补贴政策。

（三）新时期化肥减量与有机肥替代政策进展（2015～2018年）

新时期化肥减量政策始于2015年，其标志是：提出化肥零增长和负增长目标，将"单位耕地化肥使用量"纳入生态文明考核指标，将化肥减量与有机肥替代纳入一个政策框架，并开启新时期化肥的市场化改革。

1. 提出化肥零增长和负增长目标

第一，2015年，以农业部发布《到2020年化肥使用零增长行动方案》（以下简称《方案》）为标志，我国首次提出到2020年化肥零增长目标。《方案》明确提出蔬菜、果树等附加值较高的经济园艺作物过量施肥比较普遍，是我国当前化肥施用存在的问题；提出的化肥减量技术路径是：精、调、改、替；提出重点任务是推进测土配方施肥，推进施肥方式转变，推进新肥料新技术应用，推进有机肥资源利用，提高耕地质量水平。由此，标志着全国首次将化肥减量与有机肥替代纳入统一管理体系中。

第二，2019 年，明确提出化肥负增长目标。2018 年 11 月农业农村部在召开全国果菜茶绿色发展暨化肥农药减量增效经验交流会上，提出：在稳定果菜茶面积、提高产品质量效益、提高产业竞争力、提高产业绿色发展能力的同时，力争到 2020 年化肥使用量实现负增长。2019 年 2 月，中共中央、国务院发布《关于坚持农业农村优先发展做好"三农"工作的若干意见》，提出：加大农业面源污染治理力度，开展农业节肥节药行动，实现化肥农药使用量负增长。这是我国首次明确提出化肥负增长目标。

2. 将单位耕地化肥使用量纳入生态文明考核体系

2016 年 12 月，中共中央办公厅、国务院办公厅发布《生态文明建设目标考核办法》，设定有"单位耕地化肥使用量指标"，具体是以 2015 年国家统计局公布的各省份统计值为基数，使用量增加，该项为减分项；反之，使用量降低，该项为加分项。由此，标志着明确的化肥减量国家政策导向。

3. 出台化肥减量与有机肥替代支持政策

果菜茶有机肥替代化肥和畜禽废弃物肥料化利用，是 2017 年以来国家出台的两项重要支持政策。

第一，果菜茶有机肥替代化肥。2017 年初《农业部关于印发开展果菜茶有机肥替代化肥行动方案的通知》（农发〔2017〕2 号）。同年 6 月，农业部印发了《关于做好 2017 年果菜茶有机肥替代化肥试点工作的通知》，明确 2017 年在全国选择 100 个示范县，每个县补贴 1000 万元，目标任务包括：2017 年核心产区和知名品牌生产基地的化肥用量较上年减少 15% 以上，辐射带动全县化肥使用量实现零增长；有机肥用量提高 20% 以上，大力推广化肥减量增效、有机肥替代化肥等绿色高产高效技术，集中连片、整体实施。2018 年果菜茶有机肥替代化肥试点行动继续推进，《农业农村部、财政部发布 2018 年财政重点强农惠农政策》中提出：选择 150 个果菜茶种植优势突出、有机肥资源有保障、有机肥施用技术模式成熟、产业发展有一定基础、地方有积极性的重点县开展有机肥替代化肥行动，以新型农业经营主体为承担主体，探索一批"果沼畜""菜沼畜""茶沼畜"等生产运营模式，推进资源循环利用。

第二，畜禽废弃物肥料化利用。畜禽养殖废弃物肥料化利用长期以来是我国传统农业生产的突出特征。新时期以畜禽废弃物处理和减少环境污染为目标的肥料化利用的国家部署，始于2016年。2016年12月中央财经领导小组第十四次会议指出，加快推进畜禽养殖废弃物处理和资源化，力争在"十三五"时期，基本解决大规模畜禽养殖场粪污处理和资源化问题，明确指出了畜禽养殖废弃的肥料化利用方向。2017年6月，《国务院办公厅关于加快推进畜禽养殖废弃物资源化利用的意见》（国办发〔2017〕48号），提出了总体要求、需要建立健全的畜禽养殖废弃物资源化利用制度和保障措施。

4. 新时期化肥的市场化改革

新时期化肥的市场化改革的特点是，结束了我国化肥免税和天然气补贴的历史，回归化肥的普通商品属性。

首先，进行化肥企业增值税改革。长期以来，我国化肥企业享受增值税优惠（减免）政策，这项执行了半个多世纪的政策终止于2015年，财政部等《关于对化肥恢复征收增值税政策的通知》（财税〔2015〕90号）指出，经国务院批准化肥增值税优惠政策停止执行。自2015年9月1日起，对纳税人销售和进口化肥统一按13%税率征收国内环节和进口环节增值税，钾肥增值税先征后返政策同时停止执行。在我国供给侧结构性改革和给企业减负降税的背景下，化肥企业增值税率分别于2017年7月从13%下调到11%、2018年5月增值税率从11%下调为10%。

其次，化肥天然气价格市场化。2016年11月，《国家发展改革委关于推进化肥用气价格市场化改革的通知》（发改价格〔2016〕2350号）中提出：为推进化肥行业供给侧结构性改革，促进化解产能过剩矛盾，优化天然气资源配置，全面放开化肥用气价格，由供需双方协商确定。鼓励化肥用气进入石油天然气交易中心等交易平台，通过市场交易形成价格，实现价格公开透明。

最后，建立化肥备案制。2018 年 10 月 8 日，国务院常务会议决定再次修订政府核准的投资项目目录，促进有效投资和创业；会议确定进一步缩减核准范围。对市场竞争充分、企业能自我调节、可以用经济和法律手段有效调控的项目，由核准改为备案。会议决定，对城市道路、供水、化肥等 15 类项目取消核准，改为备案。①

（四）有机肥尚未全部纳入肥料管理体系

相对于具有完备的产品体系、流通体系、统计体系的工业产品——化肥，我国农业生产中长期施用的有机肥仍有两点缺陷。

有机肥是一个笼统的概念，从管理上可以分为两大类——畜禽粪便堆肥（或称农家肥）和商品有机肥，亦可称为资源类有机肥和资本类有机肥。到 2018 年，畜禽粪便堆肥尚未纳入肥料管理中，也尚未纳入化肥减量与有机肥替代的绿色农业政策支持体系中。因为畜禽粪便堆肥尚未实现商品化，更难以谈到市场化。商品有机肥实行备案登记制管理，根据规模不同在国家农业农村部和各省份农业农村厅备案。

尚未形成完备的有机肥产业体系和仍未纳入工业产品体系中，由此导致有机肥产品市场严重分割，缺乏产品分类和可靠区分标准，没有建立统计体系等。商品有机肥根据形态可分为颗粒肥、粉状肥、沼液肥等，或根据成分可为生物肥、菌肥、有机复合肥等。商品有机肥定位于营利性目标，为了达到标准和增强市场竞争力，针对不同作物需求直接添加各种元素的做法屡见不鲜，或者通过添加生物菌增强整体肥效。在这个意义上，商品有机肥与化肥生产思路一致，即肥料的目标是直接服务于作物，通过满足作物的元素需求以提升产量或质量，而不是直接服务于土壤可持续性。

---

① 《李克强主持召开国务院常务会议　确定完善出口退税政策加快退税进度的措施等》，中国政府网，2018 年 10 月 8 日。

二 化肥产量与用量数据分析

分析化肥产量和用量数据可以看到，经历了 1949～1980 年的缓慢增长和 1980～2015 年化肥用量和产量的持续快速增长后，2016～2017 年化肥用量和产量出现双下降。2016 年 12 月至 2018 年 11 月化肥月度产量同样呈现波动下降趋势。2016 年以来化肥产量下降发生在我国供给侧结构性改革和化肥去产能的背景下，是适应化肥用量的市场选择，从一个角度佐证着同期我国化肥用量的减少。

（一）化肥产量和用量的变化

1. 1949～2017年化肥产量与增长

1949～2017 年，我国化肥产量增长可分为三个阶段。第一阶段，新中国成立到改革开放之初（1949～1978 年）。1949 年我国化肥产量 0.6 万吨，1952 年 3.9 万吨，到 1978 年达到 869.3 万吨。第二阶段，改革开放之初到提出化肥零增长目标之时（1979～2015 年）。1979 年我国化肥产量 1065.4 万吨，首次超过千万吨；1992 年化肥产量 2047.9 万吨，从 1000 万吨台阶增长到 2000 万吨台阶用了 13 年；2015 年的化肥产量增加到 7532.0 万吨，达到峰值。第三阶段为 2016 年至今，在供给侧结构性调整和化肥减量背景下，化肥产量回落，2016 年和 2017 年化肥产量分别较上年减少 12.1% 和 12.5%（见图 1）。

2. 1952～2017年化肥用量与增长

我国化肥用量统计数据起始于 1952 年。1952～2017 年，我国化肥用量增长可以分为三个阶段。第一阶段（1952～1978 年），1952 年用量 7.8 万吨，1978 年用量 884 万吨。第二阶段（1979～2015 年），化肥用量由 1979 年的 1086.3 万吨增加到 2015 年的 6022.6 万吨，达到峰值。第三阶段（2016～2018 年），在生态文明战略布局和化肥减量背景下，用量回落，2016 年和 2017 年分别较上年减少 0.6% 和 2.1%（见图 2）。

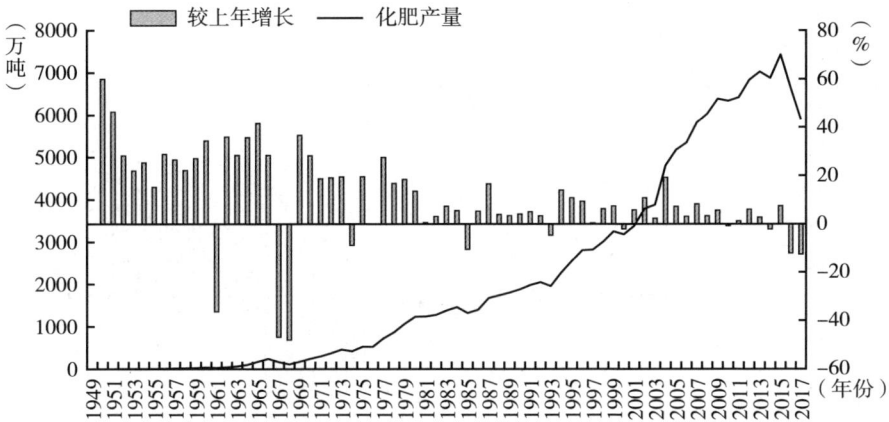

图1　1949～2017年我国化肥产量与增长

资料来源：《中国工业年鉴》《中国统计年鉴》。

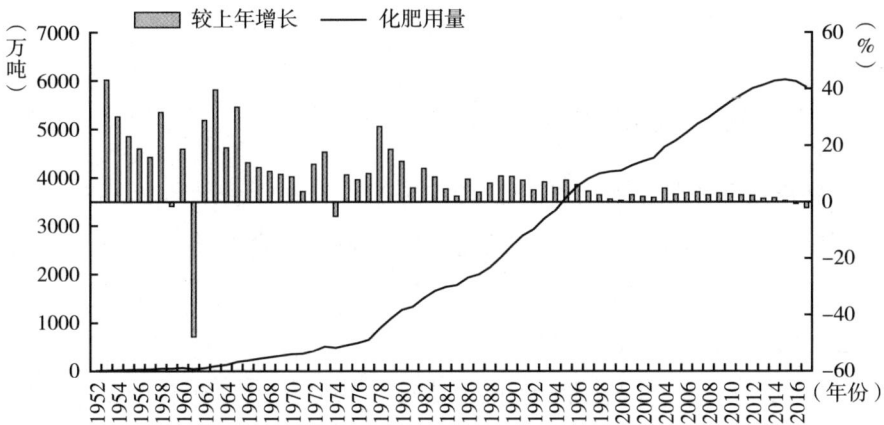

图2　1952～2017年我国化肥用量与增长

注：1953～1956年数据是1952年和1957年数据的平均内插值。

资料来源：《中国统计年鉴》《新中国50年》《中国工业年鉴》。

3. 化肥的供需分析

2004年，我国实现化肥总产量稳定超过总用量，即在总量上实现供需平衡（见图3）。事实上，自1980年起化肥供需缺口逐步加大，1993～

179

1998 年的 6 年间缺口均超过 1000 万吨。而 2005 年以来，化肥产量一直大于用量。

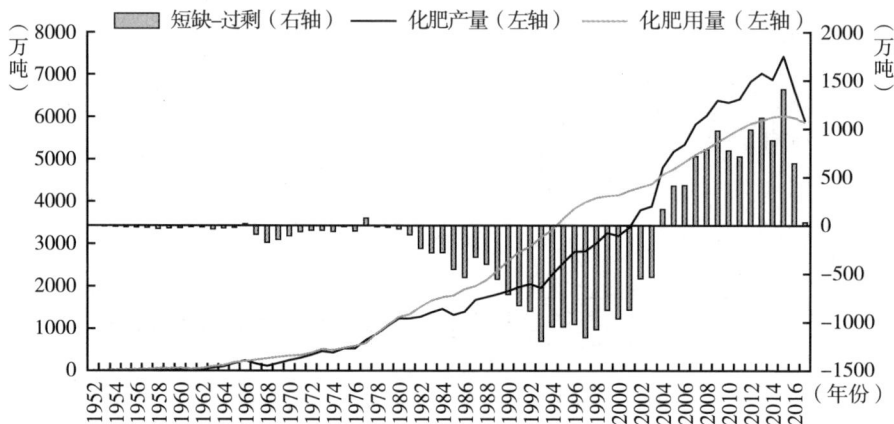

图 3　1952～2017 年我国化肥产量和用量

注：短缺 - 过剩即化肥的产量与用量之差。
资料来源：《中国工业年鉴》《中国统计年鉴》。

（二）氮肥产量和用量的变化

氮肥产量和用量的数据包括：1952～2017 年的氮肥产量，1980～2017 年的氮肥用量、复合肥用量，以及由氮肥用量和复合肥用量构成的全氮肥用量①。

1. 1952～2017 年氮肥产量变化

我国氮肥产量统计数据起始于 1952 年。1952～2017 年我国氮肥产量变化分为三个阶段。第一阶段（1952～1980 年），1952 年氮肥产量 3.9 万吨，占化肥总产量的 100%。1980 年氮肥产量 999.3 万吨，占化肥总产量的 81.1%。第二阶段（1981～2015 年），1981～2012 年氮肥产量稳步增加，2012 年达到 4865.6 万吨，2013～2014 年波动下降，2015 年再次达到 4970.6 万吨的峰值。第三阶段（2016 年以来），2016 年和 2017 年呈现快速

① 全氮肥用量 = 氮肥 + 复合肥 × 50%。

下降趋势，2017 年为 3795.2 万吨，2017 年氮肥产量为 2015 年的 76.3%，回落到 2005 年的水平。

1952～2017 年，氮肥产量占化肥产量的比重的平均值为 73.3%，1978～2017 年氮肥产量占化肥总产量的 75.2%，其中，1978～1987 年的十年间高达 80% 以上（见图 4）。

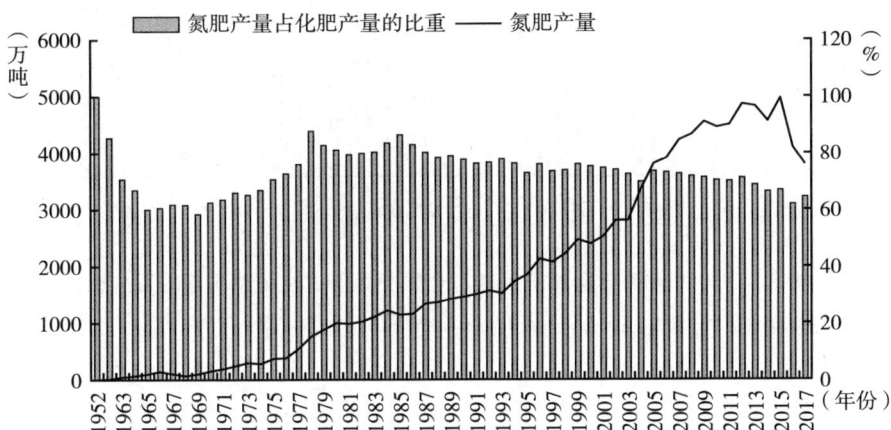

图 4   1952 年、1957 年和 1963～2017 年年氮肥产量与氮肥产量占化肥产量的百分比

资料来源：《中国工业年鉴》《中国统计年鉴》。

2. 1980～2017年全氮肥用量

我国复合肥用量统计数据起始于 1980 年。1980～2017 年我国全氮肥用量具有三点特征。第一，全氮肥用量逐年上升。1980 年为 129.6 万吨，2015 年达到 4537.3 万吨，2016 年和 2017 年有所下降，分别较上年度下降 0.4% 和 1.7%。第二，全氮肥用量占化肥用量的比重逐年增加。全氮肥用量占化肥总用量的比重，1980 年为 9.13%，2007 年达到峰值 59.7%，2017 年为 56.9%（见图 5）。第三，全氮肥用量中复合肥的比重逐年增加。1980 年氮肥和复合肥用量分别为 102.3 万吨和 27.2 万吨，复合肥用量与氮肥用量之比为 26.7%；2017 年氮肥和复合肥用量分别为 2221.8 万吨和 2220.3 万吨，复合肥用量与氮肥用量之比为 99.9%（见图 6）。

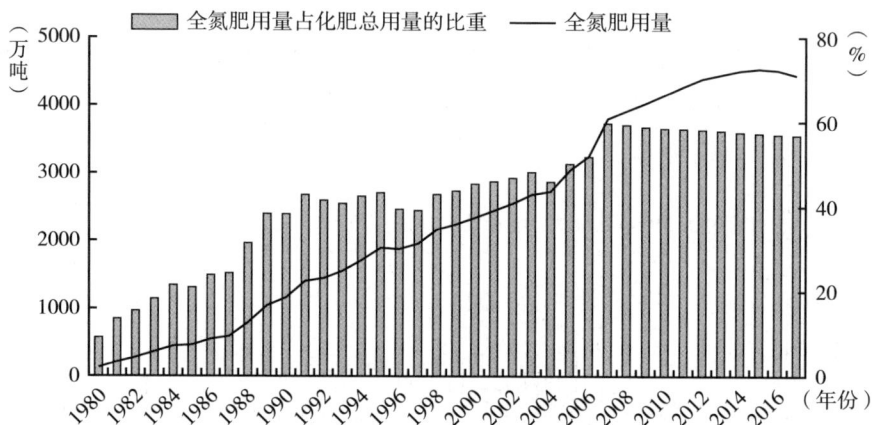

图5　1980~2017年全氮肥用量与全氮肥用量占化肥总用量的百分比

资料来源:《中国统计年鉴》《新中国50年》《中国工业年鉴》。

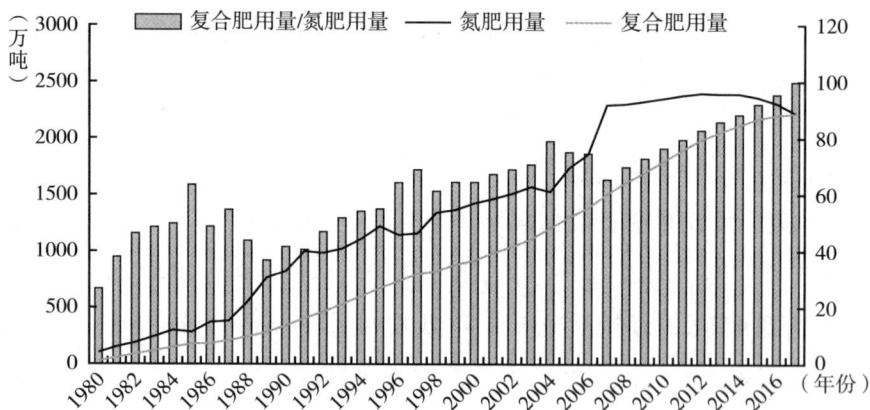

**图6　1980~2017年氮肥相关三个指标的变化（氮肥用量、复合肥用量、
复合肥用量与氮肥用量之比）**

资料来源:《中国统计年鉴》《新中国50年》《中国工业年鉴》。

（三）新时期化肥产量下降，价格上涨

2016 年 12 月至 2018 年 11 月的 24 个月度化肥产量和价格指数数据显示出化肥产量下降和价格上涨的趋势。

化肥当月产量趋于下降和与上年同月比较的月度化肥价格指数（上年同月 = 100）趋于上涨。2016 年 12 月化肥产量 580.3 万吨，2018 年 11 月 480 万吨，下降 20.9%；2016 年 12 月化肥月度价格指数为 95.5，自 2017 年 3 月到 2018 年 11 月连续 21 个月化肥价格与上年同月相比均为增长（见图 7）。

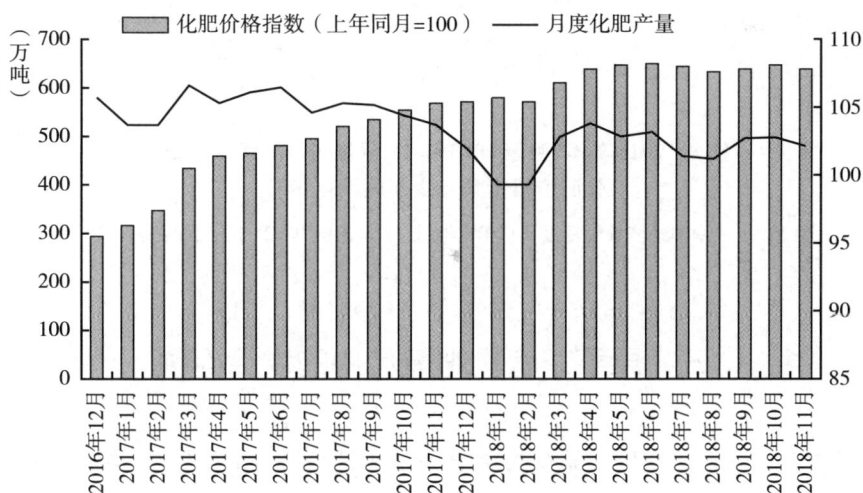

图 7　2016 年 12 月至 2018 年 11 月月度化肥产量与
化肥价格指数（上年同月 = 100）

资料来源：《中国经济景气月报》（2016 年 12 月至 2018 年 12 月），国家统计局。

化肥月累计产量趋于下降和与上年同期比较的年度化肥价格指数（上年同期 = 100）趋于上升。2016 年 1～12 月月度累计产量下降 4.8%，2017 年 1～12 月月度累计产量下降 2.6%，2018 年 1～11 月月度累计产量下降 4.8%。2016 年 1～12 月年度化肥价格指数为 96.9，2017 年 1～12 月年度化肥价格指数为 102.1，2018 年 1～11 月年度化肥价格指数为 107.4，化肥价格呈现上涨趋势（见图 8）。

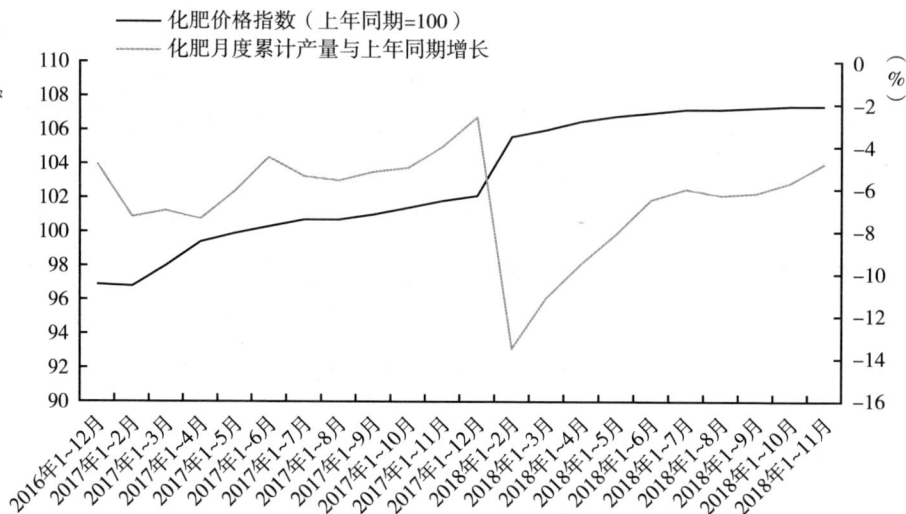

图8　2016年12月至2018年11月化肥月度累计产量与

化肥价格指数（上年同期＝100）

资料来源：《中国经济景气月报》（2016年12月至2018年12月），国家统计局。

三　果菜茶有机肥替代中的供给问题

2017年以来，我国实施旨在减少化肥用量和提高畜禽废弃物肥料化利用水平的"果菜茶有机肥替代化肥"项目。通过实地调查发现，由政策支持驱动的此类项目，在起步阶段存在从各地实际情况出发的多样化做法，包括资本密集型替代资源密集型有机肥，能耗密集型有机肥供给，优质商品有机肥替代伪劣品。突出体现为有机肥供给问题。

（一）资本密集型替代资源密集型有机肥

1. 蔬菜种植中长期直接施用牛粪的现状

目前，我国蔬菜种植中直接施用粪肥的做法仍不少见。这种直接施用粪肥的隐患是，发酵不充分粪肥对蔬菜质量和土壤的影响，以及病菌的传播。实地调查村庄（山西省清徐县成子村）是当地的蔬菜种植村，家家户户常年在各自承包耕地上种菜，而且几乎所有种菜户都是直接施用牛粪。重要原因是：有一个中型养牛场距离本村10公里，养牛场以低廉的价格将牛粪直接送到蔬菜种植大棚中或周边。养牛场和菜农之间的牛粪循环方式已经持续了20年。具体是：每茬蔬菜用一次牛粪作为底肥，用量为每亩20方（约18吨），平均价格为每方40元。

2. 商品有机肥替代牛粪中存在的困难

清徐县是2017年山西省唯一的蔬菜有机肥替代化肥示范县，项目实施区达5000亩。结合当地蔬菜用肥特点确定的项目内容是，通过政府招标程序确定有机肥厂家，直接给使用指定有机肥的菜农以补贴，即蔬菜"有机肥替代化肥"的内涵是，以发酵腐熟的畜禽有机肥对直接施用的牛粪替代，本质是资本密集型有机肥替代资源密集型有机肥。但是，实施中遇到了有机肥供给的难题。若按商品有机肥标准招标，必将是商品有机肥价格过高导致菜农无法承担而放弃；若选择畜禽发酵有机肥，则因为没有标准和没有纳入政策管理体系而无法完成招标。

由此得到的启示是，畜禽发酵有机肥应纳入肥料管理体系，政策支持应拓展到畜禽发酵有机肥。政府应在制定标准和控制污染中发挥作用，有机肥的标准不仅仅是商品有机肥的元素含量标准，更是畜禽有机肥发酵过程的标准控制；政府应干预直接使用没有发酵或者发酵不充分的畜禽粪肥的做法，确保粪肥发酵腐熟后用于蔬菜种植，控制运输环节的污染和疫情传播。

（二）能源密集型快速发酵有机肥替代项目

1. 蔬菜种植户得到有政府补贴的有机肥

山东省郓城县是2017年和2018年国家支持的畜禽养殖废弃物资源化整村推进县和果菜茶有机肥替代化肥县，项目资金用于有机肥厂建设补贴、有机肥使用者补贴等。实地调查发现，为了执行项目必须增加有机肥供给。由此，当地补贴建设的有机肥厂采用高温快速发酵工艺，为蔬菜种植户提供由政府补贴的有机肥。有机肥定价每吨580元，其中，农户交款每吨280元、农业局补贴300元。农业局按农户交款的销售额补贴给有机肥厂。

2. 高耗能快速发酵有机肥的供给值得关注

参加郓城 2017 年有机肥替代化肥项目的有机肥厂，是一家主业为养牛的牧业公司，生产有机肥的原料是 60% 牛粪、30% 蘑菇基质（每吨 200元）、10% 的淀粉渣原料（每吨 350 元）。政府支持企业在养牛场的基础上建成有机肥厂，采用高温快速发酵罐（国产设备），1 罐发酵时间 12 小时、用电 300 度，即可生产出有机肥产品提供给周边农户。在肥料需求旺季每天生产 24 小时（2 罐），1 个月生产 26 ~ 27 天。

值得关注和讨论的问题是：在政府既提供建厂补贴亦对产品进行补贴的双重诱导下，企业获得激励快速提供高耗能有机肥产品，满足农户获得廉价有机肥的需求。这样的一种高耗能速熟快餐产品，与有机肥替代化肥项目支持的初衷是否有所偏离？

（三）优质商品有机肥替代伪劣品

1. 以目标产量和收益决定施肥品种和数量

山东省栖霞市是烟台苹果的主产区，2018 年全市耕地面积 51911 公顷，其中绝大部分是苹果种植园。实地调查显示，栖霞苹果种植中肥料使用分为三个阶段，20 世纪 90 年代为追求产量的"大化肥"（即氮、磷、钾肥）阶段，化肥用量逐年增加；2000 ~ 2010 年为追求产量为主、关注质量阶段，以化肥为主、辅以粪肥和开始少量购买使用有机肥；2011 年以来进入关注质量和商品有机肥为主阶段。苹果种植户以目标产量和收益决定施肥品种和数量，2015 年以来，施用有机肥资金投入有所增加，苹果收益也是稳步增加。

2. 优质商品有机肥替代伪劣品

来自一位种植苹果 30 年以上的果农的施用肥料情况是，每棵苹果树每年 10 公斤有质量保证的商品有机肥和 1 公斤复合肥，同时每亩果园每年需要追 4 次液体肥。2010 ~ 2015 年，该果农曾经使用过 4 ~ 5 个厂家代销的商品有机肥，但肥效都不理想，每年换用不同的商品有机肥。2015 年底，果农自主找到周边一家大型有机肥企业有质量保证的优质商品有机肥，满足了苹果种植对有机肥的需要，2015～2018 年该果农不仅自己稳定地使用本厂家的有机肥，还示范带动本村周边果农自主选择使用了这个厂家的商品有机肥。对专业化的小型果园种植户而言，商品有机肥的质量是选择肥料首要考虑的因素。

由此得到的启示是：在栖霞苹果种植中有机肥替代化肥已经是果农的自主选择。果农的困境是：即便预期通过增施有机肥提升苹果质量可获得合理的收益，但仍无法有效甄别有机肥的质量。由此，政府在推进有机肥替代中亟待发挥的作用是：提升有机肥市场供给中肥料质量区分度，激励优质有机肥生产，淘汰劣质有机肥。

事实上，山东省农业农村厅 2018 年对省内部分有机肥料生产企业进行的监督抽查结果显示①，抽查 81 个有机肥料产品中，检验结果合格 67 个，合格率 82.7%。不合格产品存在的主要问题是：有效养分不足和有机肥料中重金属的限量指标超标。

四　对策建议

为实现化肥减量与有机肥增施，实现工业化与农业现代化同步发展，本文提出三点对策建议：明确化肥负增长的目标区间与实现步骤，重构服务于现代农业发展的肥料产业体系，实现氮肥管理的科学化和精准化。

（一）明确化肥负增长的目标区间和实现步骤

第一，相对于化肥零增长的数量性目标，化肥负增长只是一个方向性目标。尽管在新时期的政策导向与考核机制作用下，统计数据显示出化肥减量已经成为现实，2020 年化肥负增长目标可以预期，但这不意味着 2020 年以后化肥长期负增长目标的合理性和必然性，需要进一步确定化肥负增长的目

---

① 《山东有机肥料生产企业抽检，14 个产品不合格》，中国化肥网，2018 年 12 月 29 日。

标值和目标区间。

第二，需要在对近两年实现化肥减量目标的方式有准确的评判基础上，制定出化肥负增长的实现步骤。应该认识到，近两年的化肥减量在粮食播种面积下降、种植户使用复合肥和新型肥料代替碳铵和氮肥、测土配方技术推广等是重要贡献因素的同时，目标考核的推动作用不容忽视。为了确保我国粮食安全和实现农业绿色发展，需要进一步确定化肥用量负增长的实现步骤。完善化肥淡季收储机制，稳定化肥价格，保障耕种季节化肥需求，仍是政府的重要使命。

（二）重构服务于现代农业发展的肥料产业体系

为了解决化肥减量和有机肥增施问题，实现新时期绿色农业发展和工业化与农业现代化的同步，重构适应生态文明战略布局的现代肥料产业体系是重要举措。具体包括两点。

第一，完善有机肥管理体系。需要重视目前"果菜茶有机肥替代化肥"政策支持项目中多种多样的实践，正视种植户普遍认可有机肥的作用，却无法实现充分利用有机肥资源的现实。如何使有机肥成为可服务于现代农业的生产要素，以提高施肥的劳动生产率和扩大施用面积？迫切的问题包括标准化、市场化、生态化。有机肥的标准化不仅仅是产品元素含量的标准化，更是生产过程的标准化；提升商品有机肥市场化程度，破解市场分割导致的价格高和质量难甄别的难题；遵循生态系统循环原理，强调畜禽有机肥发酵过程控制。

第二，构建支撑现代农业的肥料产业体系。包括新型高效肥料、液态肥料研发与推广体系，化肥与有机肥的互补体系，肥料元素标准与生产过程标准体系，工业产品体系和生态产品体系等。农业现代化的核心是农业劳动生产率的提高，肥料的有效供给是其实现的一系列条件之一，包括肥力高效满足作物需求，施肥劳动生产率高效提升市场竞争力。一个重要含义是应将有机肥纳入现代农业的肥料体系中，赋予有机肥以现代投入要素的特征，从肥料利用和污染物控制两方面进行管理。

（三）实现氮肥管理的科学化和精准化

鉴于化肥过量施用中的突出问题是氮肥过量，建议将化肥减量与负增长目标重点聚焦到氮肥管理上。特别需要指出，氮肥不仅仅来源于化学氮肥，有机肥过量施用和不合理施用同样造成氮素过量，例如，粪肥管理不善同样会影响土壤功能和环境质量。由此，需要控制氮肥总量，无论是来自化肥还是有机肥。利用现代科学技术和工具评估土壤状况，制定精准化的氮肥管理方案。

在能够实现氮肥精准化管理的基础上，一个待讨论的建议是：提出和界定"氮素交易权转让"（简称"氮交易"或"氮转让"）的概念，确定具有科学性和可比性的"转让当量"，实现氮肥减量与有机肥替代氮肥可以在一个平台交易转让，将氮肥资源化管理拓展为资本化管理，构建多元化的资金支持工具。

G.10
乡村振兴中的新型职业农民培育

曾俊霞*

摘　要： 我国正处在传统农业向现代农业的转型时期。新型职业农民是现代农业的主力军，是乡村振兴的人才支撑。新型职业农民培育是提高农民人力资本、提升农民素质、增加农民收入的重要途径，是促进农民由身份向职业转变的推动力量。新型职业农民在经过多年概念表述和培育政策演变后，其培育制度体系已初步建立，其队伍建设取得了实质性进展，包括队伍规模不断壮大、培育数量大幅增加。但是新型职业农民队伍建设仍然和现代农业不相适应，存在培育的吸引力不足、总量不足、认证标准不确定、精准性不强、机制体制不健全等问题。为了更好地加强新型职业农民队伍建设，需要坚持农业农村优先发展，加强新型职业农民培育的法律支持和财政保障，统一职业农民概念标准，探索职业农民制度建立，加强监督考核机制，促进培育体制的改革创新。

关键词： 新型职业农民　农民培育　人才振兴

一　乡村振兴对新型职业农民的需求

2017 年，党的十九大提出了实施乡村振兴战略，并把"培育新型农业

---

* 曾俊霞，博士，中国社会科学院农村发展研究所土地经济与人力资源研究室助理研究员，主要研究方向为农业农村人才、农村教育。

经营主体"纳入乡村振兴战略。新型职业农民是新型经营主体的重要组成部分。新型职业农民是现代农业的主力军，是实施乡村振兴战略的核心人才力量。实施新型职业农民培育工程，加快构建一支爱农业、懂技术、善经营的新型职业农民队伍，是坚持农业农村优先发展、实现传统农业转型升级、实现农业农村现代化的重要保障。

（一）新型职业农民提出的背景

改革开放后，伴随着工业化、城镇化的进程，农业劳动力数量减少，结构发生不利变化，直接引发了"谁来种地""如何种好地"的现实难题。2017年底，第一产业就业人数下降到20963万人，比1991年最高峰值减少了46.4%。农业劳动力数量减少的同时，农业生产出现了"老龄化、低文化、兼业化"现象。大量的农村青壮年进城务工，留在农村从事农业生产的劳动力平均年龄在50岁以上，55岁以上的占到33.6%；文化程度以初中及以下为主，其中小学及文盲的占到了43.4%（第三次全国农业普查数据）。农民不再以农业收入为主，2016年87.3%的农户农业收入占家庭总收入不足50%（农业农村部全国农村固定观察点数据）。农业老龄化和兼业化直接导致了农业生产效率与耕地利用率的下降。

我国正处在传统农业向现代农业转型的关键时期，而现有的农业劳动力结构、素质与现代农业发展的要求不相适应。改革开放40多年来，我国农业总体发展良好，农业综合生产能力实现跨越发展，粮食总产量翻番。但是农业发展也出现了一些新问题，尤其是中国加入WTO之后，中国农业面临了巨大的全球化挑战。农业生产成本上升，农业竞争力下降，进口和库存暴增，农业生产的生态环境压力巨大。这些农业发展中出现的新问题都对农业从业者提出了专业化、职业化的时代要求。现有的农业劳动力队伍整体素质偏低、结构不优、专业水平和职业能力不强，成为影响农业劳动力效率、资源利用率和土地产出率、国际竞争力提高的障碍。

中国迫切需要培育一支有文化、懂技术、善经营、会管理的新型职业农民队伍。农民是农业生产力中最活跃、最能动的要素，其他要素必须通过农民才能在农业生产上发挥作用，中国农业技术变迁的路径也证明劳动力要素作为最核心要素，带动实现了各类资源的优化配置①。舒尔茨在其著作《改造传统农业》中提出传统农业与现代农业的巨大差别主要是农民生产能力和素质的差别，而农民能力和素质必须通过人力资本投资才能形成；对中国的实证研究发现教育和在职培训体现出的人力资本是拉大农户收入差距的主要原因②。我国由于多年的城乡二元结构，农民还是一种身份象征，只有对其开展专业化的培育，促进农民由身份属性向职业属性转化，才能构建一支适应现代农业发展需求的新型职业农民队伍。

（二）新型职业农民培育对乡村振兴战略的重要意义

党的十九大提出乡村振兴战略，将培育新型经营主体纳入其中。新型职业农民作为新型经营主体的重要组成部分，是实现农业现代化的主力军，是有效解决中国农业"谁来种地""如何种好地"的最佳人选，同时也是实现乡村振兴战略的核心人才支撑。

近年来，新型经营主体，包括家庭农场、专业大户、农民合作社、农业产业化经营组织和农业社会化服务组织蓬勃兴起。这些经营主体中的关键个体，如家庭农场主、专业大户主要经营者、农民合作社带头人等都是新型职业农民。推进新型职业农民培养和新型农业经营主体培育融合发展，打造高素质现代农业生产经营者队伍，是破解乡村振兴人才瓶颈的首要任务。

1. 新型职业农民培育是坚持农业农村优先发展的重要保障

乡村振兴战略提出了要坚持农业农村优先发展。2019 年中央一号文件以坚持农业农村优先发展为主题展开。长期以来，农村的资金、土地、人才等各种资源要素大量流入城镇，导致工农、城乡发展失衡，造成巨大的城乡差距。坚持农业农村优先发展，根本上就是要促进生产要素分配、公共资源

---

① 孔祥智、张琛、张效榕：《要素禀赋变化与农业资本有机构成提高——对 1978 年以来中国农业发展路径的解释》，《管理世界》2018 年第 10 期。

② 高梦滔、姚洋：《农户收入差距的微观基础：物质资本还是人力资本?》，《经济研究》2006 年第 12 期。

配置向农业农村倾斜。资金、土地、技术、政策等各种资源的作用发挥，都必须通过"人"来把握和实现。习近平总书记多次强调，农村经济社会发展，归根到底，关键在人。坚持农业农村优先发展，首先需要培育一支高素质的新型职业农民队伍，实现各种要素在农村的资源化配置。

2. 新型职业农民培育是实现农业现代化的重要保障

我国是农业大国，目前正处于传统农业向现代农业转型的关键时期。传统农业以资源为基础，现代农业以科技为支撑，注重科学技术对稀缺资源的替代。目前我国的农业发展取得了较好的成绩，2017 年我国农业科技进步贡献率超过57%。但与发达国家相比，农业科技进步贡献率还相差约20 个百分点，农业发展仍然依赖大量消耗水土资源。现代农业需要实现规模化生产、科技生产、绿色生产，这些都对从业者提出了更高要求。职业农民不再是自给自足的小农，而是掌握了先进生产经营技术、注重资源合理配置、推行绿色生产方式、懂得农业经营管理的企业家。

3. 新型职业农民培育是实现农村现代化的重要保障

乡村振兴战略第一次提到了"农业农村现代化"，相对于农业现代化而言，农业农村现代化的内涵更加丰富，农业农村现代化是农业现代化的继承与升级，不仅包含了农业经济发展，而且包含了农村生态环境、社会治理、乡风文明和农民生活富裕等多方面融合共生的发展目标[1]。培育新型职业农民不仅有利于农业现代化的实现，更有利于促进农村一二三产业融合，推进创业创新深入开展，实现乡村全面振兴。由此可见，高素质的新型职业农民群体是实现农业农村现代化的中坚力量和重要保障。

二　新型职业农民培育现状

我国的新型职业农民培育政策立足点经历了"培训"到"培育"的

---

① 魏后凯等：《中国农村发展报告（2018）——新时代乡村全面振兴之路》，中国社会科学出版社，2018。

转折，队伍建设经历了"兼业化"到"职业化"的转折。新型职业农民培育政策历经演变，新型职业农民概念表述也历经演化。目前，我国基本确立了教育培训、规范管理、政策扶持"三位一体"，生产经营型、专业技能型、专业服务型"三类协同"，初级、中级、高级"三级贯通"的新型职业农民培育制度框架。新型职业农民队伍建设取得了实质性进展，队伍规模不断壮大，培育数量大幅增加，管理认定逐步推进，扶持政策普遍加强。

（一）新型职业农民培育的政策梳理

新型职业农民培育具有公共性、基础性和社会性等特征，已经被纳入国家经济社会发展规划，国家和地方都针对新型职业农民培育出台了很多政策文件。

1. 新型职业农民概念表述的演化

新型职业农民概念表述，经过了一系列的演化，呈现了新型职业农民发展动态性、上升性的轨迹，也体现了农村经济社会发展对农民素质要求的提高，具备时代特征。新型职业农民经历了"新型农民""职业农民"两个概念表述过渡阶段，最终形成了"新型职业农民"表述。

1997年，为了提高农业劳动生产率，保障粮食安全，推广农业科技成果的应用，国务院实施了"跨世纪青年农民培训工程"，温家宝指出要培养"觉悟高、懂科技、善经营的新型农民"。随着中国传统农业的转型升级发展，对专业化职业化的从业者要求逐渐提高。2005年，农业部在《关于实施农村实用人才培养"百万中专生计划"的意见》中首次提出了"职业农民"这一概念。职业农民概念突出了农民的职业属性，促进农民由身份属性向职业属性转化。之后七年，中央文件中新型农民的概念又基本取代了职业农民概念。

2012年中央一号文件中首次提出大力培育新型职业农民。新型职业农民相比新型农民和职业农民，来源更加多元，突破了农村户籍限制，标志着我国农民开始由身份型向职业型转变。

2. 新型职业农民培养政策的演变

我国对新型职业农民培养政策的立足点经历了从"培训"到"培育"的转变，培养方式经历了从"技能培养"到"人才培育"的转变，培养目标经历了从"分散"到"瞄准"的转变，培养地区经历了从"试点"到"推广"的扩散。新型职业农民队伍培养政策主要经历了三个阶段，可以概括为技能培训、职业培育和全面制度建立阶段。

（1）技能培训阶段（2012 年以前）

2012 年之前，针对农业劳动者的培养政策立足点在培训上，培训内容涉及面广，主要针对技能和素质的提升；目标人群覆盖面广，涵盖了大部分的农民群体，分散性强。

在 2005 年"新型农民"概念提出之前，农民培训的背景主要是进城务工人员职业技能不足、农业劳动力出现季节性短缺、科技知识应用不足。农民培训针对的群体主要是农民工群体和留在农村务农群体，并对两类群体展开了技能培训。针对务农群体，出台了"绿色证书培训"、农民科技培训、农业远程培训等政策，以提升农业从业人员的专业素养，推广先进农业技术，促进农业现代化。

随着农民群体的分化，农民培训逐渐聚焦于从事农业的"职业农民"和亟须重点提升科技知识应用的"新型农民"。这一阶段虽然培训群体限制在农村务农群体，但是基本没有区分传统小农和职业农民群体，培训目标没有聚焦；同时培养政策的配套措施不足，没有达到培育目标，以培训为主。

（2）职业培育阶段（2012～2016 年）

2012 年中央一号文件中首次提出大力培育新型职业农民，是我国新型职业农民培养政策的转折点。在这之后，培养政策的立足点正式从"培训"过渡到"培育"，培养目标正式聚焦到具备职业属性的农民群体。

2012～2016 年，中央连续 5 个一号文件对新型职业农民培育工作做出全面部署。2012 年农业部印发《关于新型职业农民培育的试点工作实施方案》，在全国 100 个县市区启动新型职业农民培育试点工作，到 2016 年，新型职业农民培育工程已经覆盖 8 个整省、30 个整市和 800 个示范县，全国共 1600 多个县开展了新型职业农民培育工作①。

新型职业农民培育政策还注重培育制度环境的改善。2015 年的中央一号文件提出要完善新型职业农民的金融支持服务，建立信贷支持体系；2016年的中央一号文件要求建立新型职业农民养老保障体系。

（3）全面制度建立阶段（2017 年至今）

2017 年 1 月，农业部发布了《"十三五"全国新型职业农民培育发展规划》，标志着新型职业农民培养政策正式从培育阶段过渡到"职业农民制度建立"阶段。2017 年的中央一号文件提出围绕新型职业农民培育，优化农业从业者结构，深入推进现代青年农场主、林场主培养计划和新型农业经营主体带头人轮训计划，探索培育农业职业经理人，培养适应现代农业发展需要的新农民。2017 年 10 月，党的十九大提出"乡村振兴战略"，将培育新型农业经营主体纳入其中。2018 年中央一号文件提出全面建立职业农民制度，完善配套政策体系。

（二）新型职业农民队伍建设情况

随着新型职业农民培育工作深入开展，全国新型职业农民总量不断增加，结构不断优化，来源不断丰富，逐步发挥了发展现代农业的主力军作用，为发展现代农业、实施乡村振兴战略提供了坚实的人力基础和保障。

1. 总量不断增加

新型职业农民队伍数量迅速增加。农业农村部从 2016 年开始启动农村实用人才和新型职业农民培育数据报送工作，该数据显示，2017 年全国新型职业农民队伍数量达到 1556.69 万人，比 2016 年 1401.32 万新型职业农民增加了 155.37 万人，增加 11.09%。其中，西部增速最快，高达 30%。2010 年新型职业农民只有 821 万人，七年来共增加了 735 万人，平均每年增加 105 万人，增速明显②。

---

① 崔红志：《新型职业农民培育的现状与思考》，《农村经济》2017 年第 9 期。
② 杭大鹏等编《2017 年全国新型职业农民发展报告》，中国农业出版社，2018。

2. 结构不断优化

新型职业农民队伍结构呈现优化趋势。根据农业农村部数据，2016 年末全国新型职业农民队伍以 41~50 岁年龄段为主，占比达 42.21%。新型职业农民队伍中初中学历的占 57.63%，其次是高中学历的占 24.87%，大专及以上学历的占 5.47%。大专及以上学历的人群增长最快，说明新型职业农民队伍的整体文化素质在增强。新型职业农民整体与全国农业生产经营人员相比更加年轻，文化程度也更高。2016 年全国新型职业农民仍以男性为主，男性占比 76.26%。女性占比虽然小，但是较 2015 年，女性的增长率高于男性近 3 个百分点，说明女性新型职业农民发展更为迅速。

3. 来源不断丰富

新型职业农民的来源不断扩展和丰富，户籍、身份、区域、从业经历等都不再是限制因素。新型职业农民队伍中大部分是传统农民，也有更多的大中专学生、退伍军人、返乡农民工、返乡涉农创业者等，加入新型职业农民队伍。更多的青年农民正在成为种养大户、家庭农场主和农民合作社领办人。根据 2018 年中央农业广播电视学校的调查，新型职业农民队伍中 22.7% 的从业者是进城务工返乡人员，还有少量的退伍军人、科技研发人员和大学生村官。

表1　新型职业农民来源构成

单位：人，%

新型职业农民来源		大学生村官	进城务工返乡人员	退伍军人	科技研发推广人员	没有任何以上经历	合计
有该经历的	人数	86	2296	415	309	6614	9307
	占比	0.9	24.7	4.5	3.3	71.1	100.0
仅有该经历的	人数	67	2112	292	222	6614	9307
	占比	0.7	22.7	3.1	2.4	71.1	100.0

资料来源：中央农业广播电视学校开展的 2018 年"新型职业农民发展指数"调查，该调查覆盖全国 31 个省份 181 个区县，共获得了 176 个区县 9763 个新型职业农民的有效数据。

（三）新型职业农民培育的总体情况

各地新型职业农民教育培训体系初步形成，中央和地方投入新型职业农民培育资金不断扩大，以实施新型职业农民培育工程为主要依托，按照教育培训、规范管理、政策扶持"三位一体"培育制度，推进新型职业农民队伍发展。

1. 培育体系初步形成

新型职业农民培育体系以政府参与为主体，以市场多元参与为补充。各地发挥农业广播电视学校（科技教育培训中心）的组织协调与基础服务作用，吸引涉农院校、科研院所、农技推广等社会培训机构参与培训，引导农业企业、农业园区、农民合作社等市场主体建立实训基地和农民田间学校，支持农技推广机构对接跟踪服务，初步形成了以农业公益性机构为主体、多方资源和市场主体共同参与的"一主多元"新型职业农民教育培训体系。

2. 培育资金不断扩大

新型职业农民培育资金扩大，培育标准提高，培育效能提升。2014 年和 2015 年中央财政资金每年投入 11 亿元，2016 年和 2017 年分别扩大到 13.9 亿元和 15 亿元。中央财政资金投入带动了省级财政资金，据不完全统计，2016 年地方各级财政投入突破 10 亿元。省级财政突破 1000 万元的有 18 个省份，其中江苏、山西省财政安排专项资金 1 亿元①。

3. 培育工程涵盖面广泛

新型职业农民培育工作主要依托三大重点工程——新型职业农民培育工程、新型职业农民学历提升工程、新型职业农民培育信息化建设工程。

三大重点工程中，新型职业农民培育工程为重中之重。新型职业农民培育工程包括新型农业经营主体带头人轮训计划、现代青年农场主培养计划和农村实用人才带头人培训计划。新型农业经营主体带头人轮训计划以专业大户、家庭农场经营者、农民合作社带头人、农业龙头企业负责人和农业社会化服务组织负责人等为对象。2016 年培育 42.5 万人，2017 年培育 46.15 万人。现代青年农场主培养计划以中等教育及以上学历，年龄在 18 ~ 45 周岁的返乡下乡创业农民工、中高等院校毕业生、退役士兵以及农村务农青年为

---

① 杭大鹏等编《2017 年全国新型职业农民发展报告》，中国农业出版社，2018。

对象。2015～2017 年共培育 3.6 万名青年农场主。农村实用人才带头人培训计划以贫困地区农村两委干部、产业发展带头人、大学生村官等为主要对象。目前在江苏、安徽、山东、重庆开展试点，全年培训 3000 多人。

4. 培育数量大幅增加

近几年，国家培育的新型职业农民数量不断增加。2016 年全国共培育新型职业农民 91 万人，2017 年、2018 年培育数量均超过 100 万人。此外，示范培育范围扩大。2012 年全国只有 100 个县市区开展了第一次试点培育工作，到了 2017 年，全国共有 2027 个农业县（区、农场）开展新型职业农民培育工作。其中 127 个县开展现代青年农场主培育，1041 个县开展新型农业经营主体带头人培育。

5. 学历教育探索前进

新型职业农民的学历教育分为中等职业教育和高等职业教育；培育对象又分为务农农民和农业后继者两类群体。

中等职业教育工程主要包括"百万中专生计划"。自 2005 年起，农业部计划用 10 年时间，依托全国农广校系统和农业中等职业学校，为农村培养 100 万名具有中专学历的农村实用人才。截至 2015 年底，"百万中专生计划"累计招收学员 112 万人，毕业学员近 90 万人。务农农民高等职业教育尚处于起步阶段，福建、北京等地对农民高等职业教育进行了积极探索。2013 年，福建省在全国率先实施了万名新型职业农民素质提升工程，每年招生培养 2000 名专科学历、10000 名中职学历的职业农民[①]。

6. 管理认定逐步开展

各地结合产业发展和新型职业农民队伍发展情况，积极制定出台了新型职业农民认定管理办法，认定的新型职业农民数量增加。截至 2017 年 7 月，已有 18 个省（区、市）和黑龙江农垦、宁波市出台了认定管理办法。2016 年全国共认定新型职业农民 27.6 万人，占培育总人数的 30.21%。生产经营型职业农民是新型职业农民认定的重点类型。新型职业农民分级认定不断

---

① 房风文：《福建省新型职业农民学历教育人才培养探析》，《教育与职业》2016 年第 3 期。

推进，2016 年分级认定的新型职业农民占认定总体的 52.6%，其中初级占 92.20%，中级占 3.65%，高级占 4.15%①。

7. 政策扶持普遍加强

新型职业农民普遍享受到了政策扶持。根据 2018 年中央农业广播电视学校"新型职业农民发展指数"研究数据，2017 年 88.21% 的新型职业农民享受到了扶持政策，平均每人享受到 2 项政策。11.1% 的新型职业农民享受到了规模经营补贴政策；有贷款需求的新型职业农民中 61.93% 人成功获得贷款。2017 年调查的 176 个区县中 40.8% 的区县出台了针对新型职业农民的扶持政策。

医疗养老保障方面，从 2017 年全国平均来看，99.08% 的新型职业农民享受到医疗保障，92.77% 的人享受城乡居民医保，只有 6.52% 的新型职业农民享受城镇职工医疗保险。88.93% 的新型职业农民享受到养老保险，78.93% 的新型职业农民享受城乡居民基本养老保险，只有 10.33% 的新型职业农民享受到城镇职工基本养老保险。

三　新型职业农民培育存在的问题

我国的新型职业农民队伍建设取得了实质性的进步，但是新型职业农民队伍建设仍然和现代农业要求不相适应。新型职业农民培育的吸引力不足，农民仍然没有具备社会一般职业的吸引力；培育数量虽然连年增加，但是总量不足；培育的管理逐步规范，但是认证标准不确定，职业认证无法和政策扶持相挂钩；培育的精准性不强，培育对象的瞄准性差，政策对应扶持性差；培育政策的监督与激励机制不健全，培育体系建设不健全。这些都影响了新型职业农民的培育效果，阻碍了新型职业农民的队伍建设。

---

① 杭大鹏等编《2017 年全国新型职业农民发展报告》，中国农业出版社，2018。

（一）新型职业农民培育的吸引力不足

新型职业农民培育的吸引力不足主要表现在三个方面，首先是"农民"作为一种职业的吸引力不强；其次是农村作为一个生活场所吸引力不强；最后是新型职业农民培育本身的吸引力不强。

新型职业农民培育的关键问题是，如何激励农民愿意从事农业，愿意生活在农村。只有当从事农业生产可以获得与非农工作大体相当的福利，农民才能成为一种体面的职业；只有当农村经济社会条件得以改善，生活便捷舒适，成为令人向往的地方，才能留住农村本地人才，吸引城镇高素质从业者加入这支队伍。我国城乡差距虽然在缩小，但是农村公共设施、公共服务、社会事业等发展仍然明显滞后。农民作为一种职业，收入仍然低于城镇居民收入。根据《2018 年国民经济和社会发展统计公报》，2018 年城镇居民人均可支配收入 39251 元，农村居民人均可支配收入 14617 元，两者之比为 2.69。新型职业农民的收入虽然高于普通农民，但是仍然低于城镇居民。根据中央农业广播学校 2018 年"新型职业农民发展指数"研究的调查数据，从 2017 年全国平均来看，新型职业农民的农业经营纯收入为 2.78 万元，是农村居民人均可支配收入 1.34 万元的 2 倍多，但是低于同期城镇居民人均可支配收入 3.6 万元的水平，只有 27.68% 的新型职业农民的农业经营纯收入大于等于同期城镇居民人均可支配收入。

（二）培育总量仍然不足

新型职业农民培育数量逐年增加，最近两年每年都超过 100 万人。2014 年国家开始正式启动新型职业农民培育工程，即使按照每年 100 万人的培育数量计算，到 2020 年接受培育的新型职业农民数量总计 700 万人。到 2020 年，我国新型职业农民队伍总数将超过 2000 万人。届时，接受培育的新型职业农民占比估计约为 35%，比重仍然偏低。

新型职业农民队伍整体数量也不足。根据第三次全国农业普查，2016 年全国农业生产经营人员为 31422 万人，全国新型职业农民数量仅占农业生产经营人员总量的 4.46%。有学者估算我国新型职业农民队伍的供需缺口超过 8000 万①。从而可以看出，新型职业农民队伍总量、培育总量都呈现不足态势。

（三）新型职业农民认证标准不统一

新型职业农民的内涵特征至今在学术界和实践中都没有明确的统一界定。目前农业农村部给出的定义为：新型职业农民是以农业为职业、具有相应的专业技能、收入主要来自农业生产经营并达到相当水平的现代农业从业者。新型职业农民基本类型有三种，各自的经济性、技术性、社会性、稳定性特征不尽相同，且从事多元的产业，所在区域异质性严重。这些因素都导致各界对新型职业农民的理解差异较大，也直接增加了新型职业农民资格准入、认证工作的难度。

（四）培育的精准性不强

新型职业农民培育由于存在吸引力不足、界定标准不统一等问题，培育的精准性不强，表现在培育对象的瞄准性差和政策对应扶持性差两方面。

1. 新型职业农民培育的对象瞄准性差

乡村振兴的产业振兴是建立在现代农业的基础上，发展新产业新业态。服务现代农业产业发展是培育新型职业农民的出发点和落脚点。哪些人是从事现代农业或可能转型到现代农业的？这个问题没有回答清楚，导致了一些地方在新型职业农民培育对象的选择上出现了偏差，甚至一些地方出现了硬性摊派或物质奖励组织农民培训，"为培训而培训"的情况不同程度地都有所发生。而真正有实际扶持政策的培育项目，又出现了精英虏获现象，导致一部分真正符合培育条件的农民群体错失培训机会。

此外，各地应围绕自己的主导产业、特色产业、优势产业培育新型职业

---

① 张蕙杰、张玉梅、赵邦宏等：《我国新型职业农民队伍总量与结构的需求估算研究》，《华中农业大学学报》（社会科学版）2015 年第 4 期。

农民。而哪些产业才是各地的主导产业、特色产业、优势产业？一些地方政府计划出来的这些产业经不起市场的检验，"被培育"的农民跟着政府"指挥棒"从事这些"计划产业"吃了亏，对后续培育也失去了兴趣。

2. 政策对应扶持性差

新型职业农民的培育制度是呈现教育培训、规范管理、政策扶持"三位一体"。教育培训是培育的基础环节，规范管理是贯穿培育的保障，而政策扶持则是培育效果体现的必要条件。只有对参加了教育培训的新型职业农民加以对应性强、跟踪性强的政策扶持，才有可能将培训真正转化为培育。而现行我国新型职业农民培育制度所体现的政策扶持对应性还有待提高。

如在信贷支持与社会保障方面，现有的政策对新型职业农民的扶持力度明显不足。首先没有对信贷、利率、成果奖励、养老保障等方面明确的细化规定，只有"优先""倾斜"等定性表述，导致新型职业农民获得的资格证书与生产扶持未能实现挂钩[①]。根据中央农业广播电视学校开展的 2018 年"新型职业农民发展指数"调查，新型职业农民获得的贷款满足度仍然偏低。在所有获得贷款的新型职业农民中，31.85% 的人的贷款需求满足程度不足1/3，17.75% 的人的贷款需求满足程度介于 1/3 ~ 2/3，只有 12.33% 的人的贷款需求满足程度超过 2/3。养老保障方面，全国只有 37.82% 的新型职业农民认为享受的养老保险和当地城镇职工养老保险待遇相比差不多。

（五）培育的机制体制有待健全

农民职业教育是乡村振兴所需人才供给的重要渠道。当前的农民职业教育体系建设普遍存在缺陷，严重影响其人才供给作用的发挥。农民职业教育培训主体市场竞争性不足、考核科学性不强，导致职业教育整体质量低下，无法为乡村振兴提供强有力的人才支撑。

---

① 杜彬：《新型职业农民培育政策：变迁特点、效应评析及完善方向》，《继续教育研究》2018 年第 10 期。

现行培训主体秉承一主多元，即以农广校、涉农院校、农业科研院所、农技推广机构等各类公益性培训机构为主，辅以农业企业、农民合作社、行业协会等市场主体。作为主体的公益性培训机构培育能力不足，大量培训资源掌握在各类政府机构中，培训主体缺乏统一规划管理，呈现条块分割、分散化、碎片化特征，从而影响了资金使用效率和培训效果。职业教育和科技培训资金统筹协作不足，存在教育培训内容与对象脱节或重复现象。由于市场竞争和监管不到位，培训考核重数量轻质量，新型职业农民培训课程设置与市场需求不符，培训质量不高，培训效果不佳，培训资金使用效率低，农民培训满意度低。

新型职业农民培育政策的监督与激励机制不健全。在当前政策实施过程中，无论是中央还是地方均缺乏明确的监督机制，没有确定的政策监管部门，更没有处罚措施，导致培育政策在执行过程中具有一定的随意性，影响了新型职业农民培育的质量。

四　新型职业农民培育的政策建议

为了更好地加强新型职业农民队伍建设，需要坚持农业农村优先发展，继续缩小城乡差距；加强新型职业农民培育的法律支持和财政保障，从根本上保障培育政策的执行力；统一职业农民概念标准，探索新型职业农民制度建立，完善政策扶持保障机制；加强监督考核机制；促进培育体制的改革创新，吸收借鉴可复制可推广的地方模式，创新培育方式。

（一）坚持农业农村优先发展，缩小城乡差距

新型职业农民培育的关键问题还是农民作为一种职业、农村作为一种生活场所是否具有吸引力。当前农民增收压力增大，农业发展面临的困难加大，农村和城镇的基础设施、公共服务差距大，这些都导致了新型职业农民队伍建设的根本困难。

坚持农业农村优先发展总方针，以实施乡村振兴战略为总抓手，扎实推

进乡村建设，加快补齐农村人居环境和公共服务短板，加大公共财政覆盖农村的范围和力度，在城乡融合发展的体系框架下，推动土地、资金和劳动力等生产要素在城乡之间自由流动。发展壮大乡村产业，拓宽农民增收渠道，继续缩小城乡差距。

（二）加强新型职业农民培育的法律支持和财政保障

新型职业农民是我国现代农业发展的核心主体，是乡村振兴的核心人才支撑力量，对其培育关系到我国农业的转型升级，关系到乡村振兴战略的实现，关系到城乡的融合发展。

新型职业农民培育政策缺乏基本的法律保障。自2012年以来，我国就新型职业农民培育问题出台了很多政策。政策是一种指导性规范，其在强制力、保障性、执行力等方面相对于法律是有一定差距的。目前与农民职业培训相关的法律只有《农业法》《职业教育法》等法律，但这些法律并不属于专门法律，立法时间也较长，对新型职业农民培育，尤其是当今乡村振兴战略下新型职业农民的培育支持力度有限①。新型职业农民的培育需要从立法层面加以规范，建立国家层面的财政保障机制，才能从根本上保障培育政策的执行力。

（三）统一职业农民概念标准，探索新型职业农民制度

针对现有新型职业农民内涵、特征、认证标准等，加大学术研究和实践探索。尽快在国家层面出台可操作的标准，指导地方根据自身情况制定地方标准。完善新型职业农民的职业资格准入及证书制度。在农民职业制度体系下，建立新型职业农民的准入标准、岗位标准及晋升模式。对新型职业农民进行认证后的政策扶持，从而保障培育的持续性、稳定性。在地方层面探索新型职业农民制度建立，完善政策扶持保障机制，降低农业从业风险，从根本上吸引高素质人才加入新型职业农民队伍。

---

① 杜彬：《新型职业农民培育政策：变迁特点、效应评析及完善方向》，《继续教育研究》2018年第10期。

（四）加强监督考核机制，发挥农民决策能力

建立新型职业农民培育的监督考核机制，提高培育对象的瞄准性和培育资金的使用效率。新型职业农民监督考核机制不仅要注重监管，更要注重激励，尤其是提高对培育实施单位的工作激励，加大对参与农民的政策扶持。

提高培育的精准度就需要充分重视和保障农民自身的需求决策。乡村振兴是所有农民共同的建设事业，乡村振兴的人才培养需要充分重视农民的实际需求，保障他们人才培养需求的决策能力。政府要组织新型职业农民开展广泛的讨论、商议、决策，尊重他们的人才培养需求，为他们提供自身发展所需的各类培养计划、培训课程、优秀师资和跟踪服务，尤其是与新型职业农民成长环境相适应的政策福利。要逐步形成"由下而上"的人才培养动力和与其相适应的人才培养机制，充分保障广大农民在人才培养中的主动权和发言权，提升他们的内生发展动力，保障新型职业农民队伍建设的内在性和持续性。

（五）促进培育体制改革，创新培育方式

现有的新型职业农民培育体系不够健全，培育主体的合力不够。新型职业农民培育需要统筹各类政府机构、地方各级教育培训资源，合理配置，统一规划农民职业教育投入，避免教育培训对象、培训课程的重复，节约职业教育培训资金。改革农民职业教育的管理体制，推进政府主导、市场参与的培训体系建设，加强培训质量监管，予以各培训主体更加科学、全面的考核和激励。围绕新型职业农民队伍建设的需要，促进培育主体满足新型职业农民学历教育和技能培训的需求，全面提升广大农民知识与技能、科技文化素质和职业发展能力。

吸收借鉴可复制可推广的地方模式，政府引导并发挥保障作用，有效整合政府、公益培训机构、企业、合作社、农户等各方资源，协调各方利益，创新培育方式。大力引导和培养不同群体参与。强化女性群

体、学生群体在新型职业农民培育中的重要性。政府可以借鉴日本、韩国在农村振兴运动中的人才培养经验，强化"农业天下之大本"的意识。将农村的基础性义务教育与多元化教育培训有效地结合起来，大幅提高所有农民群体的综合素质，从而更加全面、持久地推进新型职业农民队伍建设。

G.11
农村土地制度三项改革试点的评价与建议

崔红志*

摘　要： 农村土地征收、经营性建设用地入市、宅基地制度改革三项改革试点推动了城乡统一的建设用地市场建设，增强了农村产业发展用地保障能力，增加了农民土地财产收入，提升了农村土地利用和治理水平，也为相关法律修订提供了依据。但改革推进不平衡，三项改革试点样本分布不均衡，土地征收制度改革试点相对不足，平衡国家、集体、个人三者之间收益的有效办法不多，宅基地"三权分置"的探索和实践还不充分。三项改革试点与相关改革和社会经济发展的协调配套不足、顶层设计存在瑕疵、试点地区的改革动力不足，是造成上述问题的主要原因。深入推进农村土地制度三项改革试点的思路：一是鼓励改革试点地区的各种探索；二是统筹推进农村土地制度三项改革试点；三是坚持发挥市场在资源配置中的决定性作用和更好发挥政府作用；四是坚持试点与修法同步推进，相向而行。根据上述改革思路，以国家政策要求和已有改革试点存在的问题为导向，提出了深化农村土地制度三项改革试点的对策建议。

关键词： 农村土地制度　三项改革试点　宅基地制度

---

* 崔红志，博士，中国社会科学院农村发展研究所研究员，农村组织与制度研究室主任，博士生导师，主要研究领域为农村组织与制度、农村社会保障。

2015 年初，我国在 33 个县（市、区）启动农村土地征收、集体经营性建设用地入市、宅基地制度改革试点（以下简称"三项改革试点"）。本报告第一部分介绍三项改革试点的进展；第二部分分析三项改革试点的成效与不足；第三部分分析影响三项改革试点的因素；第四部分提出深化三项改革试点的思路；第五部分是关于深化三项改革试点的对策举措。

一 三项改革试点进展

（一）三项改革试点的启动

我国的土地管理制度与社会主义市场经济体制不相适应。党的十八届三中全会提出建立城乡统一的建设用地市场，对农村土地征收、集体经营性建设用地入市、宅基地制度改革进行了部署。2014 年 12 月，中央全面深化改革领导小组和中央政治局常委会审议通过《关于农村土地征收、集体经营性建设用地入市、宅基地制度改革试点工作的意见》。新一轮的改革强调于法有据。2015 年 2 月 27 日，十二届全国人大常委会审议通过《关于授权国务院在北京市大兴区等三十三个试点县（市、区）行政区域暂时调整实施有关法律规定的决定》（以下简称《决定》）。33 个试点县（市、区）中，开展土地征收改革试点的有 3 个，分别是河北省定州市、内蒙古和林格尔县、山东省禹城市；开展农村集体经营性建设用地入市改革试点的有 15 个，分别为北京市大兴区、山西省泽州县、辽宁省海城市、吉林省长春市九台区、黑龙江省安达市、上海市松江区、浙江省德清县、河南省长垣县、广东省佛山市南海区、广西北流市、海南省文昌市、重庆市大足区、四川省郫县、贵州省湄潭县、甘肃省陇西县；开展宅基地制度改革试点的有 15 个，分别为天津市蓟县、江苏省常州市武进区、浙江省义乌市、安徽省金寨县、福建省晋江市、江西省余江县、湖北省宜城市、湖南省浏阳市、四川省泸县、云南省大理市、西藏曲水县、陕西省西安市高陵区、青海省湟源县、宁夏平罗县、新疆伊宁市。

《决定》指出，在 33 个试点县（市、区）行政区域暂时停止《土地管理法》第 43 条和第 63 条、《城市房地产管理法》第 9 条关于集体建设用地使用权不得出让等规定，明确在符合规划、用途管制和依法取得的前提下，允许存量农村集体经营性建设用地使用权出让、租赁、入股，实行与国有建设用地使用权同等入市、同权同价。暂时调整实施《土地管理法》第 47 条关于征收集体土地补偿的规定，明确综合考虑土地用途和区位、经济发展水平、人均收入等情况，合理确定土地征收补偿标准，安排被征地农民住房、社会保障；符合条件的被征地农民全部纳入养老、医疗等城镇社保体系；有条件的地方可采取留地、留物业等多种方式，由农村集体经济组织经营。暂时调整实施《土地管理法》第 44 条、第 62 条关于宅基地审批权限的规定，明确使用存量建设用地的，下放至乡（镇）人民政府审批，使用新增建设用地的，下放至县级人民政府审批。授权期限截至 2017 年 12 月 31 日[①]。

《决定》强调，暂时调整实施有关法律规定，必须坚守土地公有制性质不改变、耕地红线不突破、农民利益不受损的底线，坚持从实际出发，因地制宜。国务院及其国土资源主管部门要加强对试点工作的整体指导和统筹协调、监督管理，按程序、分步骤审慎稳妥推进，及时总结试点工作经验，并就暂时调整实施有关法律规定的情况向全国人民代表大会常务委员会做出报告。对实践证明可行的，修改完善有关法律；对实践证明不宜调整的，恢复施行有关法律规定。

在全国人大授权之后，各试点地区开始制定试点方案。2015 年 7 月，33 个试点地区的改革实施方案获批，试点工作全面启动。

（二）三项改革试点的主要内容

中央《关于农村土地征收、集体经营性建设用地入市、宅基地制度改革试点工作的意见》提出了三项改革试点的总体要求和主要内容。

---

① 《全国人民代表大会常务委员会关于授权国务院在北京市大兴区等三十三个试点县（市、区）行政区域暂时调整实施有关法律规定的决定》，http：//www.npc.gov.cn/npc/xinwen/2015-02/28/content_1906228.htm。

土地征收制度改革试点的主要内容是：缩小征地范围；规范土地征收程序；完善对被征地农民合理、规范、多元保障机制；建立土地征收中兼顾国家、集体、个人的土地增值收益分配机制。

农村集体经营性建设用地入市改革试点的主要内容是：赋予农村集体经营性建设用地出让、租赁、入股权能；明确农村集体经营性建设用地入市范围和途径；建立健全市场交易规则和服务监管制度。作为这一改革试点的"风险管控"措施，试点行政区域只允许集体经营性建设用地入市，非经营性集体建设用地不得入市。入市要符合规划、用途管制和依法取得的条件。入市范围限定在存量用地。

农村宅基地制度改革试点的主要内容是：改革完善农村宅基地权益保障和取得方式；探索宅基地有偿使用制度；探索宅基地资源有偿退出机制；完善宅基地管理制度。

（三）三项改革试点政策的调整

在推进三项改革试点期间，相关的政策进行了调整。一是改革试点任务的调整。在开展三项改革试点时，每个试点区域只能承担一项改革试点任务。2016年9月，中央决定在现有33个试点地区进一步统筹协调推进三项改革试点。具体的办法是：把土地征收制度改革和农村集体经营性建设用地入市改革扩大到现有33个试点地区，宅基地制度改革仍维持在原15个试点地区。2017年11月，中央决定将宅基地制度改革拓展到全部33个试点县（市、区）。

二是改革期限的调整。三项改革试点的期限经过了两次调整。2017年10月31日，全国人大常委会审议了国务院关于提请审议《关于延长授权国务院在北京市大兴区等33个试点县（市、区）行政区域暂时调整实施有关法律规定期限的决定（草案）》的议案，同意将农村土地征收、集体经营性建设用地入市、宅基地制度改革等三项改革试点期限延长1年至2018年12月31日。2017年11月4日，十二届全国人大常委会第三十次会议决定，授权在试点地区暂时调整实施有关法律规定的期限延长至2018年12月31日。

2018 年 12 月 29 日，第十三届全国人大常委会审议通过《关于延长授权国务院在北京市大兴区等三十三个试点县（市、区）行政区域暂时调整实施有关法律规定期限的决定》，将农村土地制度三项改革试点法律调整实施的期限再延长 1 年至 2019 年 12 月 31 日。

二　三项改革试点的主要成效与不足

总体上看，三项改革试点取得了积极进展并向纵深推进，成效显著。同时，与预期目标相比，也存在一些不足。

（一）成效

2018 年 12 月 23 日，提请全国人大审议的《国务院关于农村土地征收、集体经营性建设用地入市、宅基地制度改革试点情况的总结报告》[①]（以下简称《总结报告》）指出，截至目前，33 个试点县（市、区）已按新办法实施征地 1275 宗 18 万亩；集体经营性建设用地已入市地块 1 万余宗，面积 9 万余亩，总价款约 257 亿元，收取调节金 28.6 亿元，办理集体经营性建设用地抵押贷款 228 宗 38.6 亿元；腾退出零星、闲置的宅基地约 14 万户 8.4 万亩，办理农房抵押贷款 5.8 万宗 111 亿元。关于农村土地制度改革的成效，可以从不同角度进行理解和总结。《总结报告》从四个维度对改革试点的成效进行了归纳。

1. 推动了城乡统一的建设用地市场建设

农村土地制度改革三项试点赋予集体建设用地与国有建设用地同等权能，将集体经营性建设用地纳入国有建设用地市场进行公开交易，充分发挥了市场在土地资源配置中的决定性作用，实现了城乡土地平等入市、公平竞争。集体经营性建设用地入市培植了市场信心，激发了农村土地资源活力，

---

① 《国务院关于农村土地征收、集体经营性建设用地入市、宅基地制度改革试点情况的总结报告》http：//www. npc. gov. cn/npc/xinwen/2018 - 12/23/content_ 2067609. htm。

社会和市场对于入市集体土地的接受程度逐步提高。

2. 增强了农村产业发展用地保障能力

通过农村土地制度改革三项试点，将存量集体建设用地盘活后优先在农村配置，为乡村振兴增添了动力。浙江德清、河南长垣、山西泽州、辽宁海城等地通过集体建设用地调整入市建设乡（镇）工业园区，为促进乡村产业集聚、转型发展提供了有效平台。福建晋江通过"指标置换、资产置换、货币补偿、借地退出"等4种方式腾退宅基地6345亩，为农村产业发展提供了较为充足的用地空间。

3. 增加了农民土地财产收入

33个试点县（市、区）征地补偿安置标准比法定补偿标准普遍提高，增加的征地补偿费用全部由财政列支。集体经营性建设用地入市进一步显化了集体土地价值，试点地区共获得入市收益178.1亿元。浙江德清已入市集体经营性建设用地183宗1347亩，农村集体经济组织和农民获得净收益2.7亿元，惠及农民18万余人，覆盖面达65%。宅基地制度改革通过解决历史遗留问题，保障了农民土地权益，形成了多样的农民住房保障形式，有效满足了农民的多元化居住需求。农房抵押、有偿退出、流转等制度设计，促使农民财产性收入增加。

4. 提升了农村土地利用和治理水平

通过集体土地权属调查、登记发证，完善村庄规划，夯实了农村土地管理基础。违法用地大幅减少，耕地得到更好保护，农村土地节约集约利用水平明显提升。试点地区多项改革措施协同发力，在确保试点任务有序推进的同时，也健全了集体经济组织，增强了基层组织的凝聚力，调动了农民参与集体资产管理和乡村公共事务管理的积极性。很多试点地区建立了村民事务理事会，通过集体讨论、集体决策、集体执行，激发农民自主管理农村土地的主动性和责任心。

改革试点的重要目的之一是为相关法律修订提供依据。从这一角度看，改革试点也取得了一定成效。试点地区在坚持"不能把农村土地集体所有制改垮了，不能把耕地改少了，不能把粮食生产能力改弱了，不能把农民利益损害了"的前提下，因地制宜，大胆探索，形成了一批可复制、可推广、利修法的制度创新成果。2018年12月，全国人大审议《〈中华人民共和国土地管理法〉、〈中华人民共和国城市房地产管理法〉修正案（草案）》[①]，吸收了农村土地制度三项改革的成果，主要体现在以下三个方面。

一是缩小土地征收范围，规范土地征收程序，完善对被征地农民合理、规范、多元保障机制。《土地管理法修正案（草案）》删去了现行《土地管理法》中关于从事非农业建设使用土地的，必须使用国有土地或者征为国有的原集体土地的规定。农民住房不再作为地上附着物补偿，而是作为专门的住房财产权给予公平合理补偿。

二是明确集体经营性建设用地入市条件及管理措施。对土地利用总体规划确定为工业、商业等经营性用途，并经依法登记的集体建设用地，允许土地所有权人通过出让、出租等方式交由单位或者个人使用；集体经营性建设用地使用权的最高年限、登记等，参照同类用途的国有建设用地执行。

三是健全宅基地权益保障方式，完善宅基地管理制度。对人均土地少、不能保障一户一宅的地区，允许县级人民政府在尊重农村村民意愿的基础上采取措施，保障农村村民实现户有所居的权利；下放宅基地审批权，明确农村村民申请宅基地的，由乡（镇）人民政府审核批准，但涉及占用农用地的，应当依法办理农用地转用审批手续。

（二）不足

三项改革试点工作在取得显著成效的同时，也存在一些问题和不足。《总结报告》指出，从面上来看，33个试点县（市、区）的改革推进不够平衡，一些试点地区试点项目数量不够多；一些试点地区村级土地利用规划编制、宅基地确权登记颁证等基础工作还比较薄弱。从点上来看，三项改革试点样本分布不够均衡，土地征收制度改革试点相对不足，33个试点县

---

① 《全国人大就土地管理法、城市房地产管理法（修正案草案）公开征求意见》，https：//www.sohu.com/a/287058466_120053752。

（市、区）实施的 1275 宗征地项目中，有 918 宗（占 72%）集中在河北定州、上海松江、浙江义乌、福建晋江、山东禹城等 5 个试点地区。从内容上来看，平衡国家、集体、个人三者之间收益的有效办法还不够多；宅基地"三权分置"的探索和实践还不够充分。从笔者近年来对若干三项改革试点区域的实地调研看，《总结报告》的结论是中肯的，符合实际情况。

三　影响三项改革试点的几个问题

（一）三项改革试点与相关改革和社会经济发展的协调不足

从实地调研中发现，三项改革试点相关的政策和制度安排滞后，直接影响了三项改革试点的进展和效果。

1. 基础工作滞后

三项改革试点都需要以清晰界定的产权为前提。2011 年，国土资源部、财政部、农业部发布了《关于加快推进农村集体土地确权登记发证工作的通知》。2013 年中央一号文件提出"用 5 年时间基本完成农村土地承包经营权确权登记颁证工作，妥善解决农户承包地块面积不准、四至不清等问题。加快包括农村宅基地在内的农村集体土地所有权和建设用地使用权地籍调查，尽快完成确权登记颁证工作"。目前，我国农村承包地的确权登记颁证工作进展较好，农村经营性建设用地和农村宅基地的确权登记颁证工作相对滞后。33 个试点县（市、区）同样存在这种情况，一些试点县（市、区）在有限的试点期限内花费了大量时间和精力来进行土地确权工作，从而直接影响了后续试点工作的推进。另外，在土地入市交易中，需要符合土地利用规划、用地性质合法、用地手续齐全、不存在权属争议等前置条件，但我国普遍没有村级土地利用规划。

2. 三项改革试点与其他改革不协调

目前，33 个试点县（市、区）已全部纳入新型城镇化试点，多数被纳入农村改革试验区及农民住房财产权抵押贷款试点，三项改革试点与其他农村综合改革协同推进。但一些关键领域的改革滞后，直接影响了三项改革试点的进展。例如，土地财政是很多县（市）的重要收入来源，缩小征地范围就减少了财政收入。一些改革试点县（市、区）正处于城建提速、产业提升的发展阶段，用地需求量较大。在地方财政没有替代性收入来源的情况下，征地制度改革很难有实质性突破。又如，建立兼顾国家、集体和农民之间利益共享的分配机制是三项改革试点的重要内容，但目前农村集体产权改革滞后，集体经济组织的运行机制不完善，甚至很多村没有集体经济组织，由村民委员会代行农村集体经济组织的职能。于是，农民和村集体之间围绕土地增值收益的分配问题就出现了很多纠纷，从而制约了三项改革试点工作的顺利推进。

（二）顶层设计不够完善

三项改革试点是在顶层设计和法律保障先行的前提下开展的。但从理论逻辑和实践进程看，顶层设计存在问题从而影响了改革试验的效果。这些问题主要体现在以下两个方面。

一是对三项改革试点联动的重要性认识不足。三项改革试点之间存在密不可分的关系。例如，农村集体经营性建设用地入市改革，实际上就是让原本须通过征收变性为国有土地的集体土地，无须采取这一途径就可以直接入市流转，从而赋予其与国有土地同样的流转权能。如果不开展土地征收制度改革从而缩小征地范围，那么农村集体经营性建设用地入市的空间就小得多。又如，探索宅基地有偿使用制度及有偿退出机制是宅基地制度改革的重要内容，如果退出的宅基地不能转换为建设用地进而入市交易，那么其价值就不能显现，农民和农村集体组织也就没有开展宅基地退出改革试点的动力。

一些地方在2015年初进行改革试点方案设计时，就希望同时开展两项或三项改革试验。但当时的政策明确要求三者之间不能打通，一个试点区域只能开展一项试验主题。2016年9月，中央调整了之前的政策，这时候已经超过预定的三年改革期的一半期限了，而且当时的"联动改革"仍要求宅基地制度改革维持在原 15 个试点地区，也就是说，其他 18 个试点县（市、区）不能开展宅基地制度改革试点。到 2017 年 11 月，中央才决定将宅基地制度改革拓展到全部 33 个试点县（市、区）。如果按照原来的改革试点期限，改革试点工作在这个时候就快结束了。

二是农村土地资源的交易权限不充分。我国土地制度的弊端是农村集体土地的自由交易权利受到限制。从落实中央政策精神和解决现实问题出发，三项改革试点应探索如何弱化及解除这些限制，从而使市场在土地资源配置中发挥决定性作用。但中央政策对改革试点设置的一些限制条件，使得市场的决定性作用难以体现。在农村宅基地制度改革中，中央政策要求宅基地转让范围限于本集体经济组织内部。但显而易见的事实是，如果农户仅可以将宅基地使用权转让给本村集体内的农户，由于在目前法律下一个农户只能有一处宅基地，那么有条件成为受让农户的数量将会非常少，也就是说，在一个村庄内部，并不存在对宅基地市场的有效需求。国家政策明确要求对农民住房财产权抵押贷款的抵押物处置，受让人原则上限制在农村集体经济组织范围内。这种规定增加了银行将抵押物处置变现的难度，进而影响银行开展这项业务的积极性。在农村集体经营性建设用地入市改革中，允许入市的只是农村存量集体经营性建设用地，且必须在符合规划和用途管制的前提下，集体经营性建设用地的使用权才可以入市交易。按照这种制度安排，符合入市条件的农村集体经营性建设用地的数量很少。而且，入市后的集体经营性建设用地仅能用于工业、商业等经营性用途，不能用于建造住宅。这种规定显而易见会影响入市土地的交易价格。

（三）试点地区的改革动力不足

从利益激励的角度看，改革试点地区的激励性不足。土地征收制度改革要缩小征地范围，又要完善补偿机制。对于地方政府来说，这种改革将导致其土地财政收入减少和补偿支出增加，相应地，其也就很难有主动推进改革试点的积极性。之前国家相关法律禁止集体建设用地使用权入市的重要目的，在于维护国有土地使用权一级市场的法律地位。农村经营性建设用地入市之后，建设用地供给主体将从国家变为国家和集体并存，从而对国有土地使用权一级市场形成冲击并引发连带反应。例如，政府征地的困难程度将会提高；在地方财政收入严重依赖土地财政的背景下，征地数量的减少也意味着地方财政收入的减少。在实地调研中发现，一些地方政府从自身利益最大化的角度考虑，限制农村集体经营性建设用地入市的范围。因此，如何确定征地与农村经营性建设用地直接入市的范围从而实现二者之间的有机衔接，就成为一个亟待解决的问题。作为宅基地制度改革核心的有偿使用制度和自愿有偿退出机制难以落实。在受让方受到严格管控的情况下，宅基地的退出大多要依靠政府或者集体经济组织出资回购，但这种成本分担方式既不现实也难以持续。

从实地调研看，各试点地区的改革试验内容具有同质性，差异性不大。在农村土地征用制度改革方面，试点范围窄，一开始只有三个县；试点地块少；试点进展慢。在农村集体经营性建设用地方面，入市的地块少，一些地方仅仅是对已经在使用的农村集体经营性建设用地进行补办手续。在农村宅基地制度改革方面，只有少数试点县（市、区）采取了全域推进的做法，例如，江西省余江县在全县 1040 个自然村全面进行宅基地制度改革试点。大部分地方的做法是在县（市、区）域范围内选择很少的几个试点村进行改革。

四　深入推进三项改革试点的思路

（一）鼓励改革试点地区的各种探索

通常有两种改革路径，一种是试点先行、政策和法律跟进；另一种是先有顶层设计，政策和立法先行，实践跟进。农村土地制度改革试图采用后一种改革方式，授权试点地区暂停执行相关的法律，但授权突破的法律条款和政策不足以支撑改革的顺利推进。在这种情况下，农村土地制度三项改革试点实际上处于前述两种改革路径之间。想改革、改革有利可图的地区，改革进展就快一些，反之就以各种理由应付改革。但土地制度三项改革试点涉及的法律修订和政策调整，不可能等这些条件都完备之后再进行改革。由这种特征所决定，农村土地制度改革应坚持顶层设计与基层探索相结合的路径。这种路径的关键点是允许出错，只要试验区的改革大方向与社会主义的立法精神一致，把握住方向，就可大胆探索。为了进一步激发基层的创新精神，建议采取以下举措：第一，中央有关部门允许经过批准的试验项目突破相关领域的政策和体制，列出可以突破内容和范围的具体清单。第二，中央明确赋予农村改革试验区"试错权"。试验不等于示范，试验的结果包含证实和证伪。试验成功了，可以作为示范性经验加以推广。即使试验失败了，也有意义，可以为其他地方提供借鉴，避免重走弯路。第三，加强中央有关部门与各试验区之间的沟通交流，对于基层的创新和突破进行规范性的总结和肯定①。

（二）统筹推进三项改革试点

1. 加强三项改革试点之间的协调

三项改革试点中的每一项改革试点都有其特定的试验主题和试验方式，相应地就要求根据专项改革任务推进改革试验。不同地区可以根据其特定的社会经济条件，侧重于某一项改革试验。但是，农村土地制度三项改革之间紧密联系，应加大统筹协调力度，着力解决不协调、不平衡等问题，增强改革的整体性、系统性和协同性。一是补短板。目前农村土地制度三项改革试点的进展不平衡，征地制度改革进展较慢，应加快改革进度。二是实现空间上的协调，把国有建设用地和集体建设用地均纳入土地利用总体规划，实现全覆盖。三是平衡各方的利益。优化国家、集体、个人间土地增值收益的分配关系，是本轮改革中探索的一项重要内容，三项改革都有涉及。根据试点情况来看，改革后国家明显让利，集体收益增加得比较多，个人收益增加不

---

① 杜志雄、崔红志：《从注重改革"三性"看农村改革及试验》，《理论探讨》2015年第2期。

明显。理顺国家、集体、个人之间的分配关系，增加农民的获得感，应是推进三项改革试点的重点和关键切入点。

2. 加强三项改革试点与农村相关改革的统筹

注重系统性、整体性和协同性是全面深化改革的重要原则和方法。农村土地制度改革是基础性改革，"牵一发而动全身"，尤其应注重改革的系统性、整体性、协同性。为此，应将农村土地制度改革与其他关联改革相结合，统筹协调推进农村户籍、财税、社保、金融、不动产统一登记等相关领域改革，形成改革合力。

（三）坚持发挥市场在资源配置中的决定性作用和更好发挥政府作用

中共十八届三中全会关于全面深化改革的决定指出，经济体制改革的核心问题是处理好政府与市场的关系，使市场在资源配置中起决定性作用和更好发挥政府作用。中共十九大报告指出，要"加快完善社会主义市场经济体制。经济体制改革必须以完善产权制度和要素市场化配置为重点，实现产权有效激励、要素自由流动、价格反应灵活、竞争公平有序、企业优胜劣汰"，要"加快要素价格市场化改革"。土地是农民集体所拥有的最重要的要素资源和资产，市场在资源配置中的决定性作用，首先应在土地资源配置中体现出来。

农村土地的性质具有多样性。其中，宅基地是否应该由市场配置，争议较大。笔者认为，诞生于 20 世纪 60 年代的宅基地使用权制度是以城乡二元户籍制为基础、以限制城乡人口流动为初衷、以实现重工业优先发展战略为最终目标而做出的一种制度安排。时至今日，在国家已经着力破除城乡二元户籍制度和大力推行新型城镇化的背景下，限制农民宅基地自由交易的制度安排也就失去了既往的存在理由。有的学者以宅基地的生存保障功能为理由，反对赋予农民宅基地使用权更加完整的权能。但宅基地的生存保障功能与财产功能不是对立关系。改革开放以来，农民流转宅基地使用权的现象越来越普遍，流转宅基地使用权的农民能够得到相应的现金补偿，这实质上是宅基地使用权生存保障价值形态的转化。而且，随着社会经济发展和发展观的转变，我国农村社会保障事业的改革和发展在最近的 10 多年中有了突破性进展，应对农民生产和生活各种风险的社会保障制度已经基本确立并正在逐步完善，可以将农民宅基地使用权从"公平"和生存保障功能转为"效率"功能。流转其宅基地使用权的农民的确存在丧失居有其所的风险，但同时也应看到，完整的产权仅仅给农民扩大财产性收入提供了一个机会，农民是否会利用这一机会，取决于他们对把宅基地抵押、担保和转让出去风险的评估，取决于他们对宅基地提供居住安全的评价。如果宅基地的处置权缺失，其自身价值就无法显现，保障功能也就降低了。反之，宅基地财产功能的增强，会增进其潜在的保障功能[1]。

政府作用是为市场的决定性作用创造条件。主要体现在，搞好农村土地确权登记办证工作；编制和落实土地利用规划，保持规划的权威性和严肃性，鼓励和引导农民参与地方土地规划的编制和管理；着力建立健全集体建设用地市场交易规则和监督机制，构建统一的市场交易平台，促进城乡统一的建设用地市场规范有序运行；主导再分配，市场机制可以有效配置土地资源，但会出现公平性问题。应由政府主导，建立健全相应的制度和机制，对土地交易中的利益进行再分配，促进社会和谐和公平正义。这里所说的公平，既包含政府与村集体之间的公平，也包含集体与农民之间以及集体内部农户之间的公平，还包含土地规划受益区和受损区之间的公平。

（四）坚持试点与修法同步推进，相向而行

三项改革试点的重要目的是以试点探索成果为法律修订提供支撑。目前，《土地管理法修订案（草案）》已经通过，其继续完善仍需要借助试点经验的支撑。因此，三项改革试点应围绕修法需求，瞄准一些修法中的重点、难点及社会各界关注的热点问题，调整改革试验主题，继续完善改革内

---

[1]　崔红志：《关于赋予农民宅基地使用权更加完整权能的探析》，《农村经济》2015 年第 3 期。

容和改革方法，实现可复制、利修法的改革试点目标。同时，国家应及时总结改革试点地区的经验，加快修法进度，以便尽快在全国范围内推进农村土地制度改革。

五　深入推进三项改革试点的对策建议

（一）征地制度改革试点领域

1. 深入探索具体用地项目公共利益认定机制，实质性缩小征地范围

农村土地征收制度改革的核心是缩小征地范围。这就需要对征地范围进行限定。《土地管理法修正案（草案）》限定了可以征收集体土地的几种情形，但同时明确"由政府在土地利用总体规划确定的城镇建设用地范围内组织实施成片开发建设需要用地的"纳入政府征地范围。由于地方政府拥有土地规划权，这一规定就存在扩大集体土地征收范围的风险。为了实质性地缩小征地范围，应明确只有公共利益项目才可以动用征地权，非公益性项目用地涉及集体土地的则不能使用土地征收的方式。试点地区应继续开展明确公共利益范围的实践探索，避免"成片开发建设需要""其他情形"等模糊界定；并通过程序设计，更好地规范和约束地方政府行为，防止公共利益的界限被随意突破。

2. 进一步探索更加公平合理的土地征收补偿方式

《土地管理法修正案（草案）》修改了土地征收的补偿办法，取消了补偿总和"不得超过土地被征收前三年平均年产值的三十倍"这一既不合理又事实上早已被突破的最高限额，不再对征地补偿标准和限额做出规定，而是明确"给予公平合理补偿，保障被征地农民原有生活水平不降低、长远生计有保障"；补偿的具体操作基准由原来的原用途平均年产值的若干倍，改为相对更合理的片区综合价，并规定，区片综合地价的制定要综合考虑土地原用途、土地资源条件、土地产值、安置人口、区位、供求关系以及经济社会发展水平等因素，并根据社会、经济发展水

平，适时调整区片综合地价标准。同时，农民住房不再作为地上附着物补偿，而是作为住房财产权，进行专门补偿。显而易见，这些改变是很大的进步。但从本质上看，这种补偿价格的确定方式是政府定价而非市场定价，依然是由政府直接配置土地资源而不是让市场在土地资源配置中起决定性作用。从长期看，还是应该由市场交易主体通过自主谈判协商的方式，确定土地征收补偿标准。农村土地征收制度改革试点地区应该在这方面进行探索。

3. 建立健全失地农民可持续生计保障制度

《土地管理法修正案（草案）》提出，市、县人民政府应当将被征地农民纳入相应的社会养老保障体系，但没有明确纳入哪种类型的社会养老保险制度。如果仅仅笼统地规定"将被征地农民纳入相应的社会养老保险体系"，市、县政府就有可能从减轻财政负担角度出发而将被征地农民纳入城乡居民社会养老保险体系。目前，城乡居民社会养老保险已经基本实现了适龄参保人口的全覆盖，但其保障水平低。把失地农民纳入城乡居民社会养老保险体系，他们就只能享受较低水平的养老金。基于上述情况，应探索把失地农民纳入城镇职工社会养老保险的覆盖范围，并提高失地农民就业特征与城镇职工社会养老保险制度之间的适应性、匹配性，例如，根据失地农民的特点，适当降低费率，并增加缴费方式的灵活性，例如，允许断缴后在一定期限内进行补缴。同时，应积极探索解决失地农民就业、医疗、工伤等风险的防范机制，把失地农民纳入相应的社会保险制度覆盖之中。对生活困难的失地农民，纳入城镇低保范围。

（二）农村集体经营性建设用地入市改革试点领域

农村集体经营性建设用地入市是突破现行二元土地制度的核心。《土地管理法修正案（草案）》删去了从事非农业建设必须使用国有土地或者征为国有的原集体土地的规定，从而破解了集体经营性建设用地入市的法律障碍。为了促进农村集体经营性建设用地入市改革向纵深推进，试点区域可以在一些关键内容上开展改革试验。

1. 适度放宽入市条件

农村集体经营性建设用地是指存量农村集体建设用地中被土地利用总体规划和城乡规划确定为工矿仓储、商服等经营性用途的土地，数量有限，地块分散，也就不可避免地会出现入市收效不明显或难以入市的情形。试点地区所探索的异地入市方式，在一定程度上解决了农村集体经营性建设用地位置偏远、地块分散等问题，但交易手续和利益关系复杂。试点地区有必要放宽市场准入条件，探索增量的集体建设用地入市的可能性。尤其是，应充分利用农村宅基地制度改革的成果，把村庄中节约、腾退的宅基地转化为农村集体经营性建设用地，进而入市交易。

2. 稳慎探索集体经营性建设用地进入住宅用地市场

目前，农村集体经营性建设用地入市的用途只能是工商业用地，不能用于住宅建设，交易价格受到限制。而且，不少地方存在大量土地利用效率低、闲置浪费严重的开发区、工业区、产业园，对工商业用地的需求不足。在这一背景下，农民集体经营性建设用地上市交易、入股或直接从事经营性项目的收益增长空间有限。应稳慎探索集体经营性建设用地进入住宅用地市场的可能性。

3. 探索建立城乡统一的建设用地入市交易平台

农村集体经营性建设用地与国有土地均在交易平台上入市，二者之间执行同样的交易规则。政府主要负责平台的运行维护、划定基准地价、提供交易信息等基础性工作。

（三）宅基地制度改革试点领域

在三项改革试点中，宅基地制度改革涉及权利主体多、历史遗留问题突出、利益关系复杂。2018 年中央一号文件明确提出了"探索宅基地所有权、资格权、使用权'三权分置'，落实宅基地集体所有权、保障宅基地用户资格权和农民房屋财产权，适度放活宅基地和农民房屋使用权"，这为农村宅基地制度改革指明了方向。2019 年中央一号文件提出要"稳慎推进农村宅基地制度改革，拓展改革试点，丰富试点内容，完善制度设计"。对于农村土地改革试点县（市、区）来说，有必要在已有的基础上，进行大胆、有针对性和前瞻性探索。

1. 实质推进农民宅基地使用权的确权登记颁证工作

对农村宅基地进行确权登记颁证，是农村宅基地制度改革的前提和基础。从实地调研的情况看，这项工作进展缓慢、质量较低。出现这种情况的主要原因是，对于一户多宅、少批多占或超标准面积占用、未批先建和宅基地闲置等遗留问题，各地没有赖以遵循的政策和法律依据。建议中央在系统总结各地试点经验的基础上，制定农村宅基地确权登记颁证的指导性意见；县级单位根据中央的指导意见，制定辖区内的实施意见。

2. 适时停止农民宅基地的无偿分配制度

通过宅基地让农民获得稳定居住权是宪法赋予农民的权利。值得指出的是，宪法赋予农民的是居住权益，而宅基地只是其中的一种实现方式。随着工业化、城市化的推进，土地资源越来越稀缺，农民居住权益不应也不能够再以无限扩大宅基地供给的方式来保障，实际上，土地征用和农转居的那部分农民的权益也不再是以宅基地供给的方式保障了。因此，建议在宅基地确权的基础上，划定时点，取消宅基地的福利分配，并把农民居住权的实现方式从"一户一宅"调整为"一户一宅"和"一户一居"并存。在城近郊区，可直接将新增农村人口纳入城镇保障性住房体系解决其新增居住需求问题。即使在偏离城镇较远的乡村区域，也可停止在原村庄无偿分配宅基地，通过乡村振兴规划，建立新立户农村人口集中居住区。

3. 适度扩大农民宅基地使用权的流转范围

进一步完善农村宅基地制度的关键是扩大农民宅基地使用权的可转让性。有必要放开宅基地转让的范围。在不改变宅基地集体所有性质的基础上，允许宅基地及农房突破村级集体经济组织的边界，在全县范围内的农业户口之间进行置换、转让、继承。对于宅基地使用权流转买受人因其主体身份是否为集体经济组织内部成员的不同而区别对待，集体成员交纳的出让金可以相对较少，且有优先买受的权利。应赋予宅基地抵押权、担保权能。试点地区应重点探索农民宅基地使用权流转范围超出村集体经济组织范围以及赋予宅基地抵押、担保权能的条件和方式，评估这种做法的风险程度。政府应建立宅基地使用权价值的评估机构，出台评估管理、技术规范等有关法律和业务准则，为金融机构开展宅基地使用权抵押贷款提供完善的评估服务。在宅基地所有权、资格权、使用权"三权分置"的框架下，超出农村集体经济组织的受让人仅仅拥有宅基地的使用权。宅基地的所有权仍归农村集体经济组织，资格权归转让宅基地使用权的农户。

4. 深化探索农民住房使用权抵押和担保品权能实现过程中的风险化解途径

党的十八届三中全会提出了要探索农民住房财产权抵押、担保和转让试点试验。国务院《关于开展农村承包土地的经营权和农民住房财产权抵押贷款试点的指导意见》（以下简称《抵押试点意见》），对确权登记颁证、流转平台建设和抵押价值评估等提出了明确要求。农民住房财产权抵押贷款涉及的一个问题是如何保障农户基本住房权利。《抵押试点意见》提出，"因借款人不履行到期债务或者发生当事人约定的情形需要实现抵押权时，允许金融机构在保证农户承包权和基本住房权利前提下，依法采取多种方式处置抵押物"，并且"农民住房财产权（含宅基地使用权）抵押贷款的抵押物处置应与商品住房制定差别化规定"。关于如何化解农民住房抵押权实现风险，《抵押试点意见》要求，"完善抵押物处置措施，确保当借款人不履行到期债务或者发生当事人约定的情形时，承贷银行能顺利实现抵押权"，且"探索农民住房财产权抵押担保中宅基地权益的实现方式和途径，保障抵押权人合法权益"。

上述这些政策要求，规定了风险处置的原则，但尚需具体的操作办法。例如，对于农民住房这一抵押物处置与商品房抵押物处置上，应采取哪些差异性办法？在地方实践探索中，有的采取集体经济组织担保、多户联保的方式，一旦农户个体发生偿贷困难时由集体出面扶助，确保农户不致失去基本住房，同时承贷银行也能顺利实现抵押权。有的由地方政府提供担保，可以起到集体经济组织担保同样的作用。有的由政府出资成立农房抵押机构，一旦需要实现抵押权，银行可将该农房卖给抵押机构，抵押机构再将房子租给农户居住。这些做法和经验都值得进一步总结提炼并上升到政策和法律层面，指导各地的工作。

5. 深入探讨宅基地抵押和担保品权能实现问题

值得指出的是，从现实情况看，仅有农民住房抵押是不够的。基于"房地一体"的自然特征，银行不大可能愿意接受没有宅基地作为抵押物的农村住房抵押。因此，农民宅基地的抵押、担保和转让是农民住房财产权抵押、担保、转让的前置条件，允许农民宅基地使用权可以作为抵押和担保品势在必行。

任何物品的抵押、担保和转让都要求有明确的价值。这一价值可以由交易双方协商确定，也可以由当事双方认可的具有评估资质的中介机构评估确定。政府可以通过建立农民宅基地使用权价值评估服务的机构，出台评估管理、技术规范等有关法律和业务准则，从而促进农民宅基地使用权抵押、担保和转让的顺利推进。

金融机构应设计农民宅基地使用权抵押贷款的风险防范措施，包括把关贷款用途、防范信贷风险和用地政策风险；合理确定贷款金额与期限，宅基地使用权抵押贷款金额只能低于宅基地抵押认定价值的一定比例（如70%）；建立担保机制；等等。

6. 探索闲置宅基地的退出和利用方式

应鼓励集体经济组织在尊重农民意愿前提下，依法、有偿回购村庄内部退出的闲置宅基地，宅基地回购价格由集体经济组织与原宅基地使用权人等利益相关者协商确定。对于回购宅基地的用途，允许集体经济组织根据规划用途，采取以地入股、联营等方式筹集资金发展壮大农村集体经济以及用于除商品住宅开发以外的各种有利于促进乡村振兴的用途。

G.12
中国农村宅基地闲置现状及整治模式

李婷婷*

摘　要： 近年来，我国农村宅基地闲置问题日益普遍。2018年，农村宅基地闲置程度平均为10.7%。按四大区域分析，东部农村宅基地闲置程度最高，西部次之，东北第三，中部最低；按村庄区位条件看，村庄离城市距离越远，宅基地闲置程度越高；按地形来看，平原农区村庄宅基地闲置程度最高，丘陵地区最低；从贫困角度看，村庄宅基地闲置程度随村庄贫困程度的加深而升高。农村宅基地闲置最主要的两个原因是家庭成员长期外出务工和城镇有其他住房。分区域看，城镇有其他住房是东部、中部和东北部宅基地闲置的最主要成因。随着村庄离中心城市距离加大，家庭成员长期外出务工原因对宅基地闲置程度的影响增加，而城镇有其他住房原因的影响减弱。为盘活和重新利用农村闲置宅基地，各地开展了农村宅基地整治，而主要做法、安置补偿方式、推广条件等方面有所差异。针对农村宅基地整治中存在的问题，建议分区分类推进宅基地整治、适度放活宅基地流转范围、提升农户参与度、完善补偿标准、多渠道筹集资金、提升退出宅基地复垦率等。

关键词： 宅基地　闲置　整治

---

* 李婷婷，博士，中国社会科学院农村发展研究所助理研究员，主要研究领域包括土地利用转型、农村产业发展。

农村宅基地是农民生活生产的空间载体。在乡村振兴战略实施背景下，亟须摸清农村宅基地利用和闲置状况，厘清现有宅基地整治模式，探索村庄有效治理途径，从而实现土地资源可持续利用，改善农村生活生态环境，拓展农民财产性收入来源。

一 农村宅基地闲置的宏观背景和整治意义

（一）农村宅基地闲置的宏观背景

改革开放 40 多年以来，我国城镇化进程不断加快，城镇化率以年均 1 个百分点的速度增长，由 1978 年的 17.92% 提高到 2018 年的 59.58%，农村人口大规模流向城市。而受农村经济增长和农民居住环境改善影响，农村居民点用地在 20 世纪 90 年代持续增加。在农村地区人口持续减少背景下，农村居民点用地不减反增，农村出现大量"人走屋空"现象，农村宅基地闲置已成为中国农村的一个普遍现象。中国农村宅基地闲置的本质是城乡二元体制下农村居民点用地与农村人口关系失衡的产物。一方面表现为土地管理缺位和村庄建设规划缺失，新建宅基地普遍"建新不拆旧"，最终导致新建宅基地不断向村庄外围或主干交通两侧扩张形成"新村"，而"旧村"逐渐闲置废弃，形成村庄布局形态上的空心化。另一方面表现为宅基地退出机制缺失，大量闲置宅基地无法有序退出，加剧了农村宅基地的闲置。农村宅基地大量闲置带来土地资源浪费、村庄景观环境破败、基础设施配套困难、农民和农村集体财产权益难以实现等负效应。亟须通过宅基地整治盘活农村存量土地资源、统筹城乡土地利用配置、助推闲置宅基地变成乡村资产，实现乡村土地资源可持续利用、农村生活生态环境改善。

（二）农村宅基地整治的意义

农村宅基地整治的顺利开展为实现新型城镇化和乡村振兴提供有效保障。首先，当前中国的城镇化是一种不完全的、缺乏质量的城镇化，农业转移人口市民化严重滞后于城镇化①。新型城镇化建设的核心是人的城镇化。但是，农业转移人口市民化普遍面临着市民化成本过高这一障碍。从城乡统筹发展的角度看，依靠农民带资进城来突破较高的市民化成本门槛，将是解决大规模农民市民化的根本途径。宅基地作为农民手中最大的财产，通过闲置宅基地整治，可以促进土地资源向资产和资本的转变，增加农民财产性收入。可见，农村宅基地整治是实现农业转移人口市民化的重要手段。其次，乡村振兴战略总要求是"产业兴旺、生态宜居、乡风文明、治理有效、生活富裕"，农村宅基地整治的顺利开展既可以通过闲置宅基地的有偿退出优化重构乡村空间和改善农村人居环境，也可以盘活土地资源，为乡村产业发展提供土地，进而促进农民的持续性增收。最后，农村宅基地整治还可以盘活农村存量建设用地，实现城乡建设用地增减挂钩，提高了土地集约利用水平，破解了城镇化和工业化发展中的土地瓶颈。

二 农村宅基地闲置状况及成因分析

（一）认定标准、调查方法与样本村情况

1. 认定标准和测算方法

闲置宅基地认定和宅基地闲置率测算是研究的关键。不同研究者从诸多角度对农村宅基地的闲置进行了界定。朱晓华等提出的宅基地分类体系具有代表性，其将宅基地分为使用中宅基地、闲置宅基地和废弃宅基地，闲置宅基地是指居住功能完备且连续两年居住月数不足一个月的宅基地，废弃宅基地是指房屋建成过但已无地上房屋或是废弃已无法居住的宅基地②。宅基地闲置水平可以使用闲置和废弃宅基地占地面积占宅基地总面积的比重来计

① 魏后凯、盛广耀、苏红键：《推进农业转移人口市民化的总体战略——〈城市蓝皮书 No.6〉总报告》，《学术动态》（北京）2013 年第 26 期。
② 朱晓华、丁晶晶、刘彦随等：《村域尺度土地利用现状分类体系的构建与应用——以山东禹城牌子村为例》，《地理研究》2010 年第 5 期。

算，也可以使用闲置和废弃宅基地宗数占村庄所有宅基地宗数的比重来计算。本报告借鉴该宅基地分类体系和闲置宅基地认定标准，并使用基于宗数的方法来计算宅基地闲置水平。

2. 调查方法及数据来源

此次调研采用整村调查的方法，调研时间集中在 2019 年 1～2 月。对调研村庄宅基地闲置状况及成因进行考察，重点关注以下两方面信息：第一，村庄名称、地理位置、区位条件、村庄类型、人口数量等基本情况；第二，村庄宅基地的闲置数量和闲置原因。

调查问卷数据由中国农业大学、北京林业大学和吉林大学的本科生在春节返乡期间进行实地调研所得。此次调查涉及 28 个省份的 283 个村庄，剔除有缺失数据和不合理数据的问卷，选取有效问卷 140 份，对应 140 个村庄样本。以下以这 140 个村庄为分析对象。

3. 样本村情况

农村宅基地的闲置情况受区域分布、地形特征、发展水平的影响显著，合理控制样本村的结构尤为重要。统计 140 个村庄的区域分布、地形特征、村庄类型和贫困村类型，样本结构较为合理（见表1）。从区域分布来看，东部、中部、西部和东北部地区分别有 37 个、48 个、35 个和 20 个样本村庄。从地形特征来看，平原地区、丘陵地区和山区分别有 52 个、51 个和 37 个样本村庄。从村庄类型来看，城中村、近郊村庄、普通村庄和偏远村庄分别有 7 个、24 个、91 个和 18 个样本村庄。从是否为贫困村以及贫困村级别来看，非贫困村 114 个，国定、省定、省定以下贫困村分别为 8 个、9 个和 9 个。

表 1 调查样本村的结构

单位：个

区域		地形特征		村庄类型		贫困村级别	
东部	37	平原	52	城中村	7	非贫困村	114
中部	48	丘陵	51	近郊村庄	24	国定贫困村	8
西部	35	山区	37	普通村庄	91	省定贫困村	9
东北	20			偏远村庄	18	省定以下贫困村	9
总计	140	总计	140	总计	140	总计	140

（二）农村宅基地闲置状况及特征

1. 不同村庄差异较大，样本村庄宅基地闲置率平均为10.7%

2018年，140个样本村庄共有76446宗宅基地，其中闲置或废弃的宅基地高达7266宗，样本村庄的宅基地闲置率平均为10.7%。宋伟等研究结论显示，2009年中国农村宅基地的闲置率平均为10.2%。[1] 与此次抽样调查结果差异不大，可以认为我国农村宅基地的闲置率大致维持在略高于10%的水平。

中国自然条件、经济增长和社会发展地域差异明显，宅基地的闲置状况也呈现较大的差异性。样本村庄宅基地闲置程度最低的只有0.3%，最高的达到71.5%。从调查村庄宅基地闲置率的分布来看，42%的村庄宅基地闲置率在5%以内，20%的村庄宅基地闲置率在5%~10%，13%的村庄宅基地闲置率在10%~15%，8.6%的村庄宅基地闲置率在15%~20%，11.4%的村庄宅基地闲置率在25%~30%，另外有5%的村庄宅基地闲置率高于30%。

2. 东部地区宅基地闲置率最高，中部地区最低

按照东部、中部、西部、东北部四大区域统计分析，[2] 东部、中部、西部、东北部村庄宅基地的闲置率分别为13.5%、7.7%、11.4%和11.1%，呈现东部最高、西部次之、东北第三、中部最低的格局（见表2）。东部地区经济发展最快，城镇化率及城乡协调水平更高，农民转为市民的成本支付能力更强，由此引起的宅基地闲置更为普遍。此外，比较各区域内部样本村庄宅基地闲置率的差异情况，东部地区内部各村庄的宅基地闲置率标准差为10.0%，低于全国平均水平。中部地区宅基地的闲置率最低，而且区域内部

---

[1] 宋伟、陈百明、张英：《中国村庄宅基地空心化评价及其影响因素》，《地理研究》2013年第1期。

[2] 东部地区包括北京、天津、河北、山东、江苏、上海、浙江、福建、广东和海南10个省份；中部地区包括山西、安徽、河南、湖北、湖南、江西6个省份；西部地区包括内蒙古、陕西、四川、重庆、云南、贵州、广西、宁夏、青海、甘肃、新疆、西藏12个省份；东北部地区包括黑龙江、吉林、辽宁3个省份。

各村庄宅基地闲置状况的差异最小，标准差为8.5%。西部地区和东北地区的宅基地闲置率居中，但区域内部各村庄宅基地闲置状况差异较大，尤其是西部地区，标准差值高达15.4%。因此，宅基地闲置状况具有较为明显的地区差异，未来宅基地整治对策需要充分考虑各地实际。

表2 中国不同区域宅基地闲置状况及特征

单位：宗，%

区域	宅基地宗数	长期闲置或废弃的宅基地宗数	宅基地闲置率	标准差
东部	13642	1780	13.5	10.0
中部	30399	1986	7.7	8.5
西部	23537	2818	11.4	15.4
东北	8868	682	11.1	11.5
总计	76446	7266	10.7	11.4

3. 农村宅基地闲置程度随着与城镇核心区距离的增加而升高

村庄区位条件影响村庄的经济、政治、社会和文化等方面的发展，进而影响村民的就业选择、生活方式和思想观念。依村庄距离城镇的远近，将村庄分为城中村、近郊村庄、普通村庄和偏远村庄四种，统计各类型村庄的宅基地闲置状况。因城中村样本数量较少不列入分析。结果显示，宅基地闲置程度随村庄与城镇距离的增加而升高。近郊村庄的宅基地闲置率最低，6.9%的闲置率远远低于全国平均水平，且近郊村庄样本的宅基地闲置状况差异不大，标准差只有9.4%。普通村庄的宅基地闲置率为11.3%，高于全国平均水平，且各普通村庄的宅基地闲置状况差异增大。偏远村庄的宅基地闲置率和标准差均远高于全国平均水平，分别为11.4%和12.0%（见表3）。这表明，村庄与城镇距离越近，宅基地利用效率越高。这与实际情况相符，城镇近郊区村民更容易进入城镇工作，但受城市较高房价影响，许多村民返乡居住；也有许多近郊村庄发展了住房租赁市场，大量外来人口居住于此，这些原因均可能使靠近城镇的村庄宅基地闲置率较低。而远离城市的村庄则因为人口长距离流出，部分宅基地难以被利用而闲置。

表3 表3　中国不同村庄类型宅基地闲置状况及特征

单位：宗，%

村庄类型	宅基地宗数	长期闲置或废弃的宅基地宗数	宅基地闲置率	标准差
近郊村庄	15073	643	6.9	9.4
普通村庄	49683	5460	11.3	11.7
偏远村庄	8368	783	11.4	12.0
总计	76446	7266	10.7	11.4

4. 平原地区村庄宅基地闲置程度最高，丘陵地区最低

地形通过土地资源的稀缺程度和交通区位条件差异影响农民的土地利用方式、居住方式、生活方式和就业选择，进而影响宅基地的使用和闲置状况。按照地形特征将村庄分为平原地区村庄、丘陵地区村庄和山区村庄，统计分析不同地形条件下样本村庄宅基地闲置程度。结果显示，平原地区村庄的宅基地闲置程度最高，闲置率为11.9%，且平原地区内部各村庄的宅基地闲置程度也表现出较大的差异。平原地区村庄是人口集聚的主要区域，也是乡村人口流出的集中区域，人口流出对宅基地的闲置影响更为明显。山区村庄的宅基地闲置率为11.0%，但是山区内部样本村庄宅基地的闲置状况差异最为明显。丘陵地区的村庄宅基地闲置程度最低，闲置率仅为9.1%，远低于全国平均水平，且丘陵地区内部各村庄宅基地的闲置程度差异也最小，标准差只有9.5%（见表4）。

表4　中国不同地形特征的村庄宅基地闲置状况及特征

单位：宗，%

地形特征	宅基地宗数	长期闲置或废弃的宅基地宗数	宅基地闲置率	标准差
平原	25014	2930	11.9	11.8
丘陵	31470	2097	9.1	9.5
山区	19962	2239	11.0	13.0
总计	76446	7266	10.7	11.4

5. 农村宅基地闲置程度随村庄贫困程度的加深而提高

不同级别贫困村表征着贫困程度的差异，从省定以下贫困村到省定贫困

村再到国定贫困村，村庄的贫困程度在加深。从调查结果看，国定贫困村和省定贫困村的宅基地闲置率分别为12.1%和13.8%，省定以下贫困村和非贫困村宅基地闲置率依次为10.1%和10.4%（见表5）。深度贫困村及其周边地区普遍缺乏产业支撑，外出务工成为重要的生计方式，因难以支付完全城镇化所需成本，外出务工群体难以留在城市，只能阶段性返乡，宅基地闲置程度较高。而省定以下贫困村和非贫困村家庭，则因村子区位条件较好，或更容易居住在城市，宅基地闲置率要低。

表5　中国不同级别贫困村的村庄宅基地闲置状况及特征

单位：宗，%

贫困村级别	宅基地宗数	长期闲置或废弃的宅基地宗数	宅基地闲置率	标准差
国定贫困村	4279	561	12.1	14.7
省定贫困村	4431	713	13.8	15.3
省定以下贫困村	4790	272	10.1	10.7
非贫困村	62946	5720	10.4	10.9
总计	76446	7266	10.7	11.4

（三）农村宅基地闲置的成因分析

1. 在全国范围内，家庭成员长期外出依然是宅基地闲置的最主要原因

在快速城镇化和工业化推动下，农民空间转移、就业结构分化、生活方式改变、收入水平提高和改善生活意愿增强等都不同程度地影响农村宅基地的扩张规模、扩张速度和空间形态[①]。与此同时，受农村人口持续转移、乡村住房建设无序、乡村宅基地退出机制缺失等约束，农村宅基地闲置问题日益凸显。在此情况下，厘清宅基地闲置成因可以以成因为导向，为农村宅基地集约节约利用和乡村振兴提供理论支撑和方法。

---

① Li Y. R., Liu Y. S., Long H. L., Cui W. G., "Community-based Rural Residential Land Consolidation And Allocation can Help to Revitalize Hollowed Villages in Traditional Agricultural Areas of China: Evidence from Dancheng County, Henan Province", *Land Use Policy*, 2014, 40: 91－100.

在此次调研中，将闲置宅基地按照损毁无法居住、村内有其他住房、家庭成员长期外出务工、城镇有其他住房进行分类统计，以此来判断宅基地闲置理由。从全国来看，家庭成员长期外出务工成为宅基地闲置的最主要原因，有30.4%的宅基地因此而被闲置，26.4%的农村宅基地因为转移人口在城镇有其他住房而被闲置（见图1）。宅基地用地管控不严造成的"一户多宅"在宅基地闲置成因中占23.2%，另外有20.0%的宅基地因损毁无法居住而被闲置。

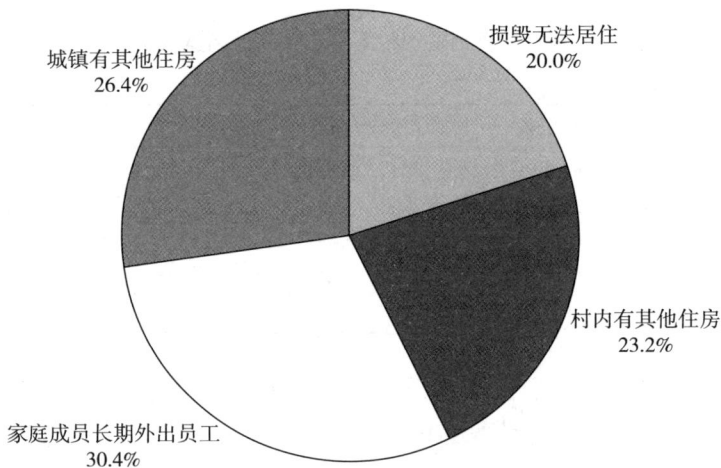

图1　中国农村宅基地闲置成因构成

2. 城镇有其他住房是东部、中部和东北部宅基地闲置的最主要成因

中国四大区域经济社会发展形势差异明显，各区宅基地闲置主要原因也存在差异。东部地区经济社会发展程度最高，该区域的农民收入水平也较高，收入结构更加多元，推动了人口的市民化进程。调查结果显示，东部地区在城镇有其他住房成为农村宅基地闲置的最主要原因，比例高达30.8%。其次为家庭成员长期外出务工，比例达27.3%。中部地区经济社会发展次于东部地区，优于西部地区，城镇有其他住房同样是宅基地闲置的最主要原因，比例为27.6%。不同的是，中部地区房屋损毁无法居住造成宅基地闲置比例高达27.3%。西部地区经济社会发展相对落后，

因当地缺乏产业支撑，农民不得不外出务工以维持生计，且较为落后的经济水平又阻碍了转移人口市民化进程。在宅基地闲置成因分析中则表现为，38.0%的宅基地因家庭成员长期外出务工闲置，27.0%的宅基地因村内有其他住房而闲置，只有20.5%的宅基地因农户在城镇有其他住房而闲置。东北地区人均耕地资源明显高于全国平均水平，是我国规模化农业的主要区域，乡村人口流出明显。农户在城镇有其他住房、家庭成员长期外出务工寻求新的就业机会是东北地区宅基地闲置的主要原因，分别占到34.3%、32.6%（见表6）。

可见，分区域来看，城镇有其他住房已成为东部、中部和东北部地区宅基地闲置的最主要成因。家庭成员长期外出务工造成宅基地闲置的情况在西部和东北地区较为突出，可结合当地返乡情况来决定宅基地的整治模式和退出路径。受"一户一宅"政策的影响，村内有其他住房已不是宅基地闲置的最主要因素。但需要注意的是，中部地区有大量闲置宅基地是损毁造成的，应当探索适于当地的宅基地退出路径。

表6　中国不同区域宅基地闲置成因构成

单位：%

区域	损毁无法居住	村内有其他住房	家庭成员长期外出务工	城镇有其他住房
东部	21.1	20.8	27.3	30.8
中部	27.3	23.3	21.7	27.6
西部	14.5	27.0	38.0	20.5
东北	18.0	15.0	32.6	34.3
总计	20.0	23.2	30.3	26.4

3. 家庭成员长期外出务工和城镇有其他住房这两个成因分别呈现与城镇核心区距离增加逐步增强和弱化的特征

就家庭成员长期外出务工来看，随着村庄与城镇核心区距离的增加，由家庭成员外出务工造成宅基地闲置的比例逐步增加，近郊村庄、普通村庄和偏远村庄占比分别为27.5%、29.0%和47.7%。城镇有其他住房造成宅基地闲置的比例却随着村庄与城镇核心区距离增加而逐步降低，近郊村庄、普通村庄和偏远村庄占比分别为31.6%、28.1%和18.5%。损毁无法居住和村内有其他住房这两个宅基地闲置的成因并没有表现出较强的城乡演变规律。值得注意的是，普通村庄"一户多宅"现象比较普遍，村内有其他住房导致宅基地闲置的比例高达26.8%，偏远村庄宅基地损毁无法居住导致宅基地闲置的比例最高，达27.4%（见表7）。

近郊村庄靠近城镇，处于城镇和农村因素犬牙交错的形态之中，既有较强的村落表象性因子，也具有明显的城市化因子①。凭借距离城镇较近的区位优势，近郊村庄村民更便于在城市就业、村庄居住，避免长期外出无法回家居住造成宅基地闲置。近郊村庄经济条件普遍优于远郊村庄，生活方式和行为习惯更接近城镇居民，在城镇买房的意愿和能力都较强，因此近郊村庄出现大量城镇购房者，进而造成农村宅基地闲置。远离城镇的村庄农民，会选择租住在城镇以节约通勤时间成本和金钱成本，这种家庭成员长期外出务工导致大量宅基地闲置。介于近郊和远郊的普通村庄，宅基地闲置成因受到城市吸引力和农村拉动力作用强弱的影响，宅基地闲置成因最为复杂和多元。

表7 中国不同村庄类型宅基地闲置成因构成

单位：%

村庄类型	损毁无法居住	村内有其他住房	家庭成员长期外出务工	城镇有其他住房
近郊村庄	19.8	21.1	27.5	31.6
普通村庄	16.1	26.8	29.0	28.1
偏远村庄	27.4	6.4	47.7	18.5
总计	20.0	23.2	30.3	26.4

4. 农村宅基地闲置成因构成在不同地形特征的村庄间呈现较大差异

平原地区、丘陵地区和山区的农村宅基地闲置成因构成差异较大（见表8）。平原地区既是我国人口聚集区，也是我国经济增长极所在。一方面，人口高度集聚决定了农村人地关系较为紧张，村内宅基地建新拆旧执行较为

---

① 李传喜：《边缘化与边缘效应：概念解读及其行为方式——近郊村落城市化的社会学思考》，《温州大学学报》（社会科学版）2014年第5期。

彻底，"村内有其他住房"造成宅基地闲置的比例较低，只占到14.0%。另一方面，平原地区农村有靠近经济增长极的区位优势，农村的劳务输出渠道也必然多元化，"家庭成员长期外出务工"导致的宅基地闲置最为普遍，比例高达39.7%，远高于其他地形区。在当前加快发展乡村特色产业和强调农村产业融合的现实需求下，丘陵地区充分发挥其生态环境优势，坚持生态、循环、低碳、高效的绿色发展理念，大力发展生态农业、旅游农业、休闲农业、特色经济作物，探索出了丘陵地区现代农业发展新路子，大幅提高了农民收入，在发展现代农业的过程中又开阔了眼界，强化了与城镇的联系，并促进大量农户在城镇购房，丘陵地区有34.1%的宅基地因城镇有其他住房而闲置。山区农村人居环境较差，乡村发展规划缺失，宅基地管理政策缺位，为"一户多宅"现象提供了更多可能性，有42.1%的宅基地因村内有其他住房而被闲置。

表8　中国不同地形特征的村庄宅基地闲置成因构成

单位：%

地形特征	损毁无法居住	村内有其他住房	家庭成员长期外出务工	城镇有其他住房
平原	23.3	14.0	39.7	23.0
丘陵	22.1	17.5	26.3	34.1
山区	13.2	42.1	21.7	23.0
总计	20.0	23.2	30.3	26.4

5. 国定贫困村宅基地闲置成因与其他级别贫困村和非贫困村差异较大

国定贫困村经济发展最为落后，经济社会发展速度缓慢，农民收入水平较低，收入结构单一，基础设施落后，公共服务严重不足。国定贫困村有近一半的闲置宅基地是家庭成员长期外出务工造成的，远高于其他级别贫困村和非贫困村。此外，国定贫困村存在大量损毁无法居住的宅基地，且在村容村貌上表现为破败。国定贫困村大多数家庭尚在生存线上挣扎，在城镇落户和居住的能力较低，仅有12.1%的宅基地因在城镇有其他住房而被闲置，低于全国平均水平，更远远低于其他级别贫困村和非贫困村。就村内有其他住房这一造成宅基地闲置成因来看，国定贫困村也远低于全国平均水平（见表9）。在我国的脱贫攻坚战中，大多数脱贫标准采用"两不愁、三保障"标准，其中有一项是保障住房安全。可见，现阶段贫困村农户的主要目标是对危房加以改造，进而实现住房安全。村内有其他住房造成宅基地闲置，往往是农户在早期宅基地利用管理的缺位、农民改善住房愿望增强和能力提高同时满足条件下，形成的"一户多宅"现象，显然与现阶段主要保障住房安全的贫困村农户实际情况不相符。

表9　中国不同级别贫困村的宅基地闲置成因构成

单位：%

贫困村级别	损毁无法居住	村内有其他住房	家庭成员长期外出务工	城镇有其他住房
国定贫困村	26.4	11.6	49.9	12.1
省定贫困村	19.4	7.5	39.2	33.9
省定以下贫困村	19.9	31.3	14.0	34.9
非贫困村	19.5	26.1	28.0	26.4
总计	20.0	23.2	30.3	26.4

三　农村闲置宅基地整治的主要模式与问题

（一）农村闲置宅基地整治的主要模式

受地区经济、制度与政策等多种因素的影响，全国各地宅基地整治形成了各具特色的退出模式，主要包括上海的宅基地置换模式、嘉兴的"两分两换"模式、天津的宅基地换房模式、成都的联合建房模式、重庆的"双置换"模式和广州的宅基地换商品房模式。这些模式的主要做法、农民安置及身份转变、农民补偿方法及标准、新增建设用地分配方法、运行机制和推广条件如表10所示。

宅基地整治的基本思路即对宅基地使用权和房屋所有权通过实物安置或货币化安置的手段进行置换，对退出的宅基地进行平整复垦为耕地，复垦后

表 10 宅基地整治模式比较

整治模式	代表地区	主要做法	农民安置及身份转变	农民补偿方法及标准	新增建设用地分配方法	运行机制	推广条件
宅基地置换模式	上海	置换村民集中搬迁至安置基地,在新的安置基地上集中建设多层、联排及叠加住宅;出让节余土地得到资金平衡;承包经营用地换取城镇户口和城镇社会保险	置换村民集中搬迁至安置基地	无偿	一部分用于规划还迁住宅基地;另一部分用于出让	自上而下	1. 经济发达地区;2. 整村搬迁
"两分两换"模式	嘉兴	农村住宅换城镇房产,土地承包经营权置换社会保障	宅基地置换公寓房或产业用房(采取股本经营方式,实行保底分红)	原住房与新住房的差额面积,按每平方米 300～400 元的标准补偿	三分之一用于建设安置区;三分之一用于工业区和农业区开发,解决农民搬迁以后的就业问题;三分之一左右用于搞房地产开发,所得的资金用于公共服务配套和农民安置房的建设成本支出	自上而下	1. 经济发达地区;2. 对新增建设用地指标有需求;3. 有适于工业区发展的条件
宅基地换房模式	天津	农村宅基地按照规定的置换标准无偿地换取小城镇中一套住宅,迁入小城镇居住;农民原有宅基地统一组织整理复耕,实现耕地占补平衡;规划出一块可供市场开发出让的土地,通过土地出让获得的收入,平衡小城镇的建设资金;复垦后的土地仍然发包给本村村民	集中迁入小城镇居住;"农民"变"居民";农民拥有土地承包经营权	村民居住原面积超出分配面积部分,给予村民货币补偿	一部分用于规划还迁住宅小区;另一部分用于市场开发	自上而下	1. 城市近郊地区;2. 村庄内有宅基地换房意愿的农户达到一定规模

续表

整治模式	代表地区	主要做法	农民安置及身份转变	农民补偿方法及标准	新增建设用地分配方法	运行机制	推广条件
联合建房模式	成都	农户向其所在的集体经济组织提出联合建房申请,集体经济组织同意申请后,将农户合法取得的宅基地扣除自住用地后,剩余部分进行流转,使宅基地中扣除自住用地的部分变为集体建设用地,这部分土地的权利由宅基地使用权变为集体经营建设用地使用权;农村集体经济组织与联建方签订集体建设用地使用权出让合同,实现集体建设用地权利主体的变更	在村集体建房	无偿	一部分村民自住;另一部分由联建方使用	自下而上与自上而下	1. 村庄有重建需求;2. 社会资本愿意进入
"双置换"模式	重庆	用城市的社会保障换农村的承包地,用城市的住房换农村的宅基地	不负责安置;农民放弃土地承包经营权;"农民"变"市民"	对宅基地和承包地进行一次性补偿	宅基地指标纳入区集体建设用地储备库,退出的承包地由各镇土地流转中心统一登记造册,由各村土地流转服务站统一管理和经营	自上而下	1. 城市近郊地区;2. 拥有稳定的非农收入来源,并自愿退出宅基地使用权和土地承包经营权的本地农村户籍人口
宅基地换商品房模式	广州	新增农用地归农村集体经济组织所有,原土地使用者享有优先耕种流转收益;实行承包经营权流转的,农民可依权属获得流转收益;农民自愿退出宅基地的,更可给予一次性货币补偿或等价置换商品房	获得补偿或等价置换商品房	可给予一次性货币补偿或等价置换商品房;农民可依权属获得流转收益	宅基地复垦的新增农用地归农村集体经济组织所有,原农用地使用者享有优先耕种流转的权利	自上而下	对农村零散、闲置、低效的建设用地的整治和归并

的耕地发包给农户或者流转给新型经营主体。退出宅基地的整治面积去除安置农户用地后形成节余建设用地指标，通过土地出让获得的收益用于拆迁安置、设施建设及服务配套，解决宅基地整治中的资金瓶颈。

在宅基地整治中，安置补偿环节最受宅基地退出农户关注。就上述诸多整治模式来看，安置补偿主要分为实物安置和货币化安置两种。实物安置即以房换房，根据安置区位的不同，实物安置又可分为就近安置和异地安置。货币化安置即以房换货币，根据农户使用货币购买房屋途径的差异，货币化安置又可分为"货币化补偿＋市场购买"和"货币化补偿＋平台购买"。当然，嘉兴的"两分两换"模式和天津的宅基地换房模式，采用"实物安置＋货币化安置"综合性安置补偿方式，即依据农村宅基地房屋评估价值，给予实物安置，并对超出部分给予货币补偿。嘉兴的"两分两换"创新了分红安置方式，做法是将退出宅基地置换为产业用房，采取股本经营方式，实行保底分红。针对社会上最关心的宅基地退出农户的社会保障问题，现有模式普遍做法是用土地承包经营权置换城镇户口和社会保险，且主要对异地实物安置和货币化安置的农户施行。

就宅基地整治各模式推广条件来看，现有整治模式普遍适于在经济发达地区或城市近郊区推广。经济发达地区和城市近郊区新增建设用地需求旺盛，土地出让价格较高，能够平衡整治过程中产生的农民补偿安置、土地平整、社会保险和社区管理等多项费用，为农村宅基地整治提供了必要条件。而经济发达地区和城市近郊区的农民多元化就业转型较为明显，对农村土地的依附性较弱，为宅基地整治提供了充分条件。另外，地方实践为提高退出宅基地的使用效率，倾向于采用整村整治或者在退出意向农户达到一定比例的村庄开展，使退出宅基地复垦后集中连片，增强可利用性。

（二）农村闲置宅基地整治存在的问题

1. 现有宅基地整治模式主要集中在宅基地闲置程度较低的城市近郊区，偏远农村的大量闲置宅基地却得不到盘活

现有的宅基地整治模式普遍发生在城市近郊区，而城市近郊区的宅基地

闲置程度往往低于普通村庄和偏远村庄，这就使得宅基地整治项目往往包含大量正在使用的宅基地，导致拆迁成本剧增、资源过度浪费。而偏远村庄的宅基地闲置程度几乎是近郊区农村的两倍，整治潜力巨大，但由于偏远村庄的土地出让价格低，整治项目难以维持资金平衡，大量"沉睡"的土地资源难以盘活。宅基地整治项目和宅基地闲置程度形成较大的由城到乡的空间错位。

2. 公众参与机制缺乏，农民主体地位缺失

农民权益保护是宅基地退出工作的基础和首要前提。目前，宅基地整治自上而下的运行模式决定了宅基地退出过程的主导者是政府，安置和补偿的选择、复垦耕地的分配机制、社会保险权益分配等环节缺失农户参与机制。而农户作为宅基地整治中最为核心的利益主体，被动接受征收决议及补偿方式，从某种程度上忽视了农民的主体地位。农民主体地位的缺失严重影响宅基地整治的效果和效率。首先，农民的真正利益诉求得不到回应，严重损害农民的财产权、知情权和决定权。其次，农户生计分化是普遍现象，宅基地闲置的成因上表现出较大的区域差异、村庄类型差异、地形差异和贫富差异。其中，尤以家庭成员长期外出务工和城镇有其他住房这两个成因的城乡分异规律最为明显。统一的安置方式和补偿形式显然难以满足不同生计农户的需要，不利于宅基地整治工作的顺利推进。最后，宅基地整治具有外部性特点，在缺乏农户监督的情况下，地方政府可能会缺乏动力去认真执行宅基地整治政策或者在执行过程存在不规范行为。

3. 宅基地退出补偿标准不完善，城乡隔离的地价参照系导致城乡差距拉大

农村宅基地退出补偿问题是新型城镇化背景下农民市民化面临的重要现实问题。现有的补偿存在补偿方式重经济补偿轻社会保障、补偿标准偏低等问题。首先，宅基地退出补偿方式较为单一。目前为农户提供的补偿方式主要包括住房实物补偿和货币补偿两种，上述两种方式仅考虑到较为单一的经济补偿，而对农民放弃宅基地使用权后的长久生计有所忽略。货币化补偿方式还容易变相增加地方隐性债务危机，有推高地方房价的风险。其次，宅基地退出补偿标准不合理。现有的宅基地退出补偿标准方面，退出宅基地普遍采用国家征用土地的标准进行补偿或进行面积置换，

宅基地上的房屋拆迁补偿标准尚未明确规定，宅基地发展权带来的增值收益更不在补偿范围内。现有的补偿标准远低于农民的心理预期，获得的补偿不足以维持基本生活，不利于调动农民退出宅基地的积极性，也无益于退出宅基地的农村居民的市民化。最后，城乡隔离的建设用地价格体系导致城乡差距进一步拉大。近郊农户在宅基地退出中参照城市建设用地价格获得高额补偿，远郊地区大部分宅基地退出多是政府主导，补偿标准多以农地价值计算，退出补偿标准偏低，导致失地农户生活水平下降，土地价值差异导致城乡差距进一步拉大①。

4. 资金来源渠道有限，社会参与度低

在宅基地整治项目中需要投入大量的资金，主要包括宅基地摸底调查、宅基地和房屋确权、抵押贷款的政府担保、有偿回收宅基地、安置房屋建设、土地复垦等。如何实现资金平衡，是宅基地整治面临的重要挑战之一。现行的宅基地整治资金平衡方案中，资金来源主要依靠地方政府拨款，缺少社会资本的参与，使得宅基地整治能否成功推行在很大程度上取决于地方政府的财政状况，增加了政府的财政负担，同时使得宅基地整治只能在地方财政雄厚地区开展，经济较为落后或区位较远村庄的闲置宅基地缺乏退出动力。

5. 退出宅基地复垦为耕地的积极性不高，且用途易被改为城镇建设用地

宅基地整治是为了建设用地指标的平衡，原宅基地退出后复垦为耕地，达到耕地的占补平衡。实际上，在宅基地整治项目中，由于宅基地的复垦需要投入不菲的成本，并且复垦后短期内无法产生很大的效益，村镇对于复垦缺乏积极性，在缺乏第三方监督的情况下，不少宅基地退出后成为闲置土地，在一定程度上影响了宅基地整治工作的政策支持。在社会资本参与的整治项目中，理应复垦为耕地的部分退出宅基地的用途极有可能被改为城镇建设用地，并由此获得建设资金，而剩余的退出宅基地则可能直接沦为闲置土地，继而导致抛荒。

---

① 朱从谋：《基于土地发展权与功能损失的农村宅基地退出补偿研究》，浙江工商大学硕士学位论文，2018。

四 对策建议

1. 闲置宅基地退出的补偿和安置需要分区分类施策

就全国来看，家庭成员长期外出务工仍然是宅基地闲置的主要成因。但是分区域来看，城镇有其他住房已成为东部、中部和东北部宅基地闲置的最主要成因。分区域开展宅基地整治应注意区分这两类成因。在县域尺度范围内，近郊村庄的闲置宅基地主要由城镇有其他住房造成，而偏远农村则由家庭成员长期外出务工造成，宅基地整治的补偿和安置还需要根据村庄类型分类推进。可见，宅基地整治应遵循各地区的实际情况，分区分类差异化推行。

2. 在县域所有集体经济组织内放活宅基地流转，促进偏远农村流动人口的逐步市民化

偏远农村的宅基地闲置程度最高，且大部分由家庭成员外出务工造成。由于偏远农村的流动人口无法承担高额的市民化成本，农村宅基地承担了大量的社会保障功能。为了促进偏远农村流动人口的市民化，建议在县域范围内适当放活宅基地流转的交易范围，允许宅基地在县域内所有集体经济组织间自由流转，使得偏远地区在城镇务工但没有能力完全实现市民化的流动人口可以购买近郊地区的宅基地而实现安家落户。同时做好相应配套措施，促进偏远农村流动人口的逐步市民化。

3. 引进公众参与理念，确立农户主体地位

宅基地整治过程是一个典型的公共政策制定过程，其合法性、科学性应当来源于整治决策的公共性和公共利益。政府应该引进公众参与理念，对宅基地整治相关政策进行广泛宣传，让农户及时掌握宅基地整治政策导向，促使农户主动参与整治活动。因此，通过广泛宣传，引导农户积极参与宅基地整治决策的各个环节，让农户真正了解并掌握其宅基地相关权利，引导农户主动参与，有助于促进宅基地整治顺利进行。农户宅基地退出决策行为受主观条件和客观条件的共同影响，政府更应该调查农民意愿，根据农民意愿来制定方案，赋予农民多样化的选择。农户参与宅基地整治各环节，还有利于农户对政府工作的有效监督，进而协调和规范宅基地整治决策行为，保障农户权益。

4. 建立由宅基地使用权退出和土地发展权损失构成的补偿价值体系

宅基地退出意味着农户将失去附着在宅基地上的各项权益的长期持有和继承，亟须建立由宅基地使用权退出以及土地发展权的损失构成的宅基地退出补偿价值体系。首先，在实物补偿基础上，构建农村宅基地退出功能补偿机制，凸显宅基地的社会保障功能，并由政府以城镇居民和农村农户的社会保障支出差额为依据对宅基地退出的农户进行补偿。构建包含农村转移人口落户制度、长效养老保障机制、空心村整治财税制度以及就业安置等在内的村庄综合整治的制度保障体系，解决农户退出宅基地的后顾之忧。其次，在宅基地退出中，地方政府不仅要补偿宅基地退出对农户造成的功能损失，也要对农村集体、农户的土地发展权进行合理补偿。对于退出宅基地再利用过程中实现的经济收益应该科学合理地在实际拥有者和农村集体经济组织之间进行分配。

5. 构建城乡统一的建设用地价格体系，分区域制定不同的宅基地补偿标准

当前国家推行的旨在建立城乡统一建设用地市场的农村土地市场化改革表明农村闲置宅基地退出已成为不可逆转的趋势。地方政府应当从构建城乡统一建设用地市场出发，着手建立城乡配套的用地价格体系，在宅基地退出补偿中，综合考虑宅基地价值构成、宅基地价值与影响因素等，以土地定级为基础，参照国有土地市场基准地价及市场交易价格等划定土地级别，建立覆盖所有农村的宅基地地价体系，分区域制定不同的宅基地补偿标准，并且更加注重远郊农户宅基地价值充分实现①。进而解决好宅基地退出价值评估、增值收益核算与分配、建立兼顾公平与效率的补偿机制等问题。

6. 完善宅基地权能，构建土地信息平台以促进宅基地流转和退出

现有的法律制度规定农村宅基地只能在村集体内部流转，尚不允许城市

---

① 朱从谋：《基于土地发展权与功能损失的农村宅基地退出补偿研究》，浙江工商大学硕士学位论文，2018。

居民或本村集体经济组织成员外的其他农民购买村庄的农民住房，导致大量闲置宅基地无法退出。亟须在"三权分置"框架下完善宅基地权能，从理论上厘清所有权、资格权和使用权权能边界、内涵及相互关系，从实践中探索各项权能的实现机制。在各地区还应该构建统一的土地信息平台，用于公布宅基地流转基本信息、宅基地退出的程序和环节，以促进宅基地的流转和退出，克服过于依赖政府决策的宅基地流转和退出。

G.13
农地与农房融资担保的应用与发展

孟光辉*

摘　要： 对农地经营权和农民住房财产权的抵押担保制度的多年探索，
积累了许多有用经验，但也暴露出"两权"担保能力偏弱、
过度利用政府信用背书、有效推进难度大等问题。新修订的
《农村土地承包法》确认了农地经营权担保的合法地位，但
在具体运用路径上，许多问题值得探索。农房市场的放开，
是农房有效担保的关键条件。

关键词： 土地经营权　农房　抵押　融资担保

一　农地和农房金融化利用政策变化

集体土地的金融化利用，既是中国农村土地制度改革的重要内容，也是
农村金融发展的重要举措。以融资担保的方式来盘活"沉睡"的农村产权
资产，被视为"三农"改革的最重要突破口之一。经过多年的探索，中国
农用地和农民住房的抵押贷款利用，无论在理论上还是实践中，均积累了一
定的经验。2018 年 12 月国务院向第十三届全国人大常委会第七次会议提交
的《关于全国农村承包土地的经营权和农民住房财产权抵押贷款试点情况

---

* 孟光辉，法学博士，管理学博士后，山东农业大学经济管理学院（商学院）副教授，国
家金融与发展实验室特聘研究员，执业律师，研究方向为农村金融、融资担保制度和不动
产权问题。

的总结报告》（以下简称《总结报告》，农地的经营权和农民住房财产权以下统称"两权"）显示，① 截至 2018 年 9 月末，全国 232 个试点地区农地抵押贷款余额 520 亿元，同比增长 76.3%，累计发放 964 亿元；59 个试点地区农房抵押贷款余额 292 亿元，同比增长 48.9%，累计发放 516 亿元。② 对于这样的成绩，是否能够真正体现"两权"抵押贷款的实际情况，有待进一步分析。

2018 年 12 月 29 日，全国人大通过了《农村土地承包法》修正案，确立了土地经营权的独立法律地位和融资担保权能。这是《土地管理法》颁布 32 年以来，对集体土地利用方式的重大调整，也是《担保法》颁布 23 年、《物权法》颁布 11 年、新中国成立近 70 年以来，农地金融化利用的重大法律突破。本次修法，把土地经营权的金融化利用，由以前的惯用称谓"抵押贷款"改为"融资担保"，不是简单的法律术语更换，而是从理论到实践的更大突破。当然，土地经营权的担保合法化后，从制度到具体实践，既涉及理论问题，也有大量实体问题，更事关具体程序，远非《农村土地承包法》第 47 条 172 个字所能解决。如何保证农地担保制度的完整落地，对理论和实践都将是个巨大的挑战。

第十三届全国人大常委会第七次会议决定，取消全国"两权"抵押贷款试点的政策，恢复试点地区对相关《土地管理法》《担保法》等的适用。这意味着农地和农房的金融化利用，需要更高层级的制度设计来推动。农地金融化利用因为《农村土地承包法》的修订而迎来了相对光明的前景，但是农房的融资担保制度，只能寄希望于我国《土地管理法》《担保法》《物权法》的系统性修订。与农地不同的是，农房更与农民的居住权、成员权等息息相关，稍大幅度的政策变动，例如允许宅基地的公开市场交易，均被

---

① 由于农地和农房在不同的政策时期，称呼不完全一致。本文为叙述方便，不同时期的农村承包土地经营权、农用地、农村土地经营权、土地承包经营权等均以"土地经营权"称谓，泛指农用地的使用权。个别地方以"农地"强调农村土地之意义。在农民宅基地上建设的农民住房，统一以"农房"称呼。

② http://www.npc.gov.cn/npc/cwhhy/13jcwh/2018－12/24/content_2067766.htm.

视为"地震"。虽然近二十年，农房抵押贷款制度取得了一定成绩，但其前景如何，仍然要在雾里看花中不断探索。

二 "两权"抵押贷款制度的历史与发展情况

围绕农村集体土地的金融化利用，从 1987 年中国的《土地管理法》实施以来，来自地方政府和民间的探索步伐，一直未中断过。

（一）"两权"担保制度探索历程

与金融发展水平相异的是，中国土地金融化利用的探索并非最早发生在东部发达地区，而是在中国的西南和西北欠发达地区。最早农地金融的试验点是贵州省湄潭县。1988 年 2 月经国务院批准，贵州省湄潭县成为农村土地制度建设试验点，开始了农地金融制度的探索。该试验区最早进行了土地银行的探索，让土地银行承担农业中长期投资信贷职能，并在法律允许的前提下进行农地抵押融资。但是由于资金来源不足、贷款风险较大、金融政策不配套等，土地抵押贷款回收较困难。到 1997 年，这项为期 9 年的探索试验夭折。[①] 湄潭试验为我国后续农地经营权抵押贷款业务探索积累了许多宝贵的经验。在西北宁夏同心县，为解决广大农户的贷款需求问题，2006 年 9月农户自发成立了土地经营权抵押贷款协会，作为担保组织，自愿以自家承包土地经营权入股协会成为会员，通过会员联保、协会总担保，向信用社申请获得贷款。2007 年，由于担心土地经营权抵押贷款协会没有法律地位会影响其效力，当地农户将土地经营权抵押贷款协会改制为土地经营权流转合作社，率先在西部地区探索农地经营权抵押贷款。此类把土地担保转化为集体组织保证人的变相担保方式的实施，取得了一定成绩。2007 年 6 月国家发展和改革委员会批准重庆市和成都市设立国家级综合配套改革试验区。随

---

① 王浩、董玉成、焦闯：《陕宁两省（区）农村两权抵押融资比较》，《青海金融》2016 年第3 期。

后，成都市在全国率先整体推进农村产权资产的抵押融资，① 重庆也开启了"三权"（林权、土地经营权、住房财产权）抵押贷款。2007 年 11 月，东部的浙江省嘉兴市也首次以政府为主导开展农房抵押贷款试点。2008 年 4 月，浙江省政府金融工作会议决定"开展农房抵押贷款试点"，就此全面铺开了此项业务。② 浙江丽水市随后出台了《关于推进农村住房抵押贷款工作的意见》，在全省较早试点开展农房抵押贷款业务。③ 2008 年 10 月，银监会《关于加快推进农村金融产品服务方式创新的意见》发布，提出在中部六省和东北三省组织开展加快推进农村金融产品和服务方式创新试点。借此，政府主导的农地金融服务试验大量开始。随着 2010 年 5 月银监会出台《关于全面推进农村金融产品和服务方式创新的指导意见》，全国各地陆续展开了"两权"抵押贷款业务。2010 年黑龙江的克山县被省政府确定为农村土地承包经营权抵押贷款试点县。同年 10 月，中国人民银行银川中心支行出台管理办法，对宁夏同心县农地经营权抵押贷款的操作流程进一步明确，加快了农地抵押贷款的推进。同样在宁夏，2011 年平罗县被确定为全国第一批农村土地经营管理制度改革试验区。2010 年 4 月，东北的黑龙江省第一笔土地经营权抵押贷款也顺利完成。④ 在福建，2011 年 12 月福建沙县被列为国家农村改革试验区，开启了农地金融利用的探索。2013 年 5 月，仙游县推进城乡一体化综合配套改革试验，⑤ 在政府主导下，推出了农房抵押贷款业务。晋江农商行亦于 2014 年 6 月出台《晋江农商银行农房抵押贷款管理办法》，⑥ 把农房抵押业务作为日常业务开展。

---

① 李宏伟、文曦、林园：《两权抵押贷款试点实践》，《中国金融》2017 年第 2 期。
② 董惠媛：《农村金融机构开办农房抵押贷款业务面临的问题及建议——以嵊泗县农村商业银行为例》，《中外企业家》2018 年第 13 期。
③ 陈明亮、叶银龙、金晓芳等：《推进农民住房财产权抵押贷款的实践和前景——基于浙江丽水 1800 户农村居民调查》，《浙江金融》2017 年第 9 期。
④ 张英奇、阳晓霞：《黑土地上播撒金色希望——黑龙江省"两权"抵押贷款试点启示录》，《中国金融家》2016 年第 7 期。
⑤ 郑晓梅、高周贤、张坤宁：《农村"两权"抵押贷款情况调查——以福建省为例》，《当代农村财经》2017 年第 7 期。
⑥ 郑晓梅、高周贤、张坤宁：《农村"两权"抵押贷款情况调查——以福建省为例》，《当代农村财经》2017 年第 7 期。

2014 年中央一号文件《关于全面深化农村改革加快推进农业现代化的若干意见》提出："在落实农村土地集体所有权的基础上，稳定农户承包权、放活土地经营权，允许承包土地的经营权向金融机构抵押融资。"2015 年 8 月，国务院通过《关于开展农村承包土地的经营权和农民住房财产权抵押贷款试点的指导意见》，同年 12 月 27 日，第十二届全国人民代表大会常务委员会决定，授权国务院在部分试点县（市、区）行政区域分别暂时调整实施有关法律规定，为开展"两权"抵押扫除法律障碍，并于 2017 年 12 月 27 日决定延长授权至 2018 年 12 月 31 日。2016 年，中国人民银行、中国银监会、中国保监会、财政部、农业部联合发布《农村承包土地的经营权抵押贷款试点暂行办法》，正式开展全国大范围的"两权"抵押贷款业务。经过几年的试验探索，2018 年 12 月国务院正式向全国人大报告试点经验情况，并终止了"两权"抵押贷款的试点政策。随着《农村土地承包法》的修订完成，土地经营权的融资担保制度被法律正式接纳。

（二）实践情况分析

综合分析《总结报告》内容，结合各地试点政策的实际执行情况，可以发现"两权"担保实践背后隐藏着一些共性特征。

1. "两权"实际独立担保能力有限①

第一，担保方式的多样性反映了"两权"担保能力偏弱。涉及"两权"担保的信贷业务，担保方式的组合情况，一定程度上反映出"两权"担保能力比重。土地经营权或农民住房财产权是否可以作为主要的贷款担保方式，反映了该类方式的担保能力。分析全国"两权"抵押贷款担保的实际做法（见表 1），可以看到，在包含专业担保机构担保、风险基金担保、农户联保、第三方公司担保、机构担保、保证保险等在内的多种担保方式，在各地"两权"抵押贷款业务中均被组合使用。并且，几乎所有的试点地方

---

① 土地承包经营权和农民住房财产权在担保能力、形式上虽然有一定差别，但在总体试点效果上，体现出的特征基本一致，因此一并讨论。

均设立了以担保基金、收储基金为主的贷款风险分担机制。虽然目前未见到单纯的"两权"抵押担保贷款的公开数据，但是从担保方式的多样组合的情况看，可以反映出"两权"抵押单独担保能力偏弱。《总结报告》称"190 个农村承包土地的经营权抵押贷款试点地区、48 个农民住房财产权抵押贷款试点地区设立了风险补偿基金，140 个农地抵押贷款试点地区、29 个农房抵押贷款试点地区成立了政府性担保公司，以出资额为限提供风险补偿或担保代偿，有效分担金融机构开办'两权'抵押贷款业务风险"。各类补偿基金设立本身，就反映了"两权"担保不足以分流贷款违约风险，侧面反映了"两权"担保能力偏弱。

表1　"两权"抵押贷款业务担保形式明细（截至 2018 年）

序号	地域	融资担保方式	相关促进措施
1	辽宁昌图县	①②	政府设立 300 万元保证金
2	湖南汉寿县	①③⑥	土流网担保;政府性担保公司常德市财鑫担保公司、常德市农信担保公司增信支持
3	内蒙古土右旗	①⑤	政府出资 400 万元成立内蒙古敕勒川现代农牧业投资发展公司贷款担保，由政府与银行按照 3∶7 的比例来分担贷款风险
4	河北平乡县	①③④	政府投资 1000 万元成立平乡县强农投资有限公司为贷款担保
5	青海海东县	①③	政府设立 50 万元补偿基金
6	内蒙古通辽市	①③⑤	
7	山东省肥城市	①③	政府设立 500 万元补偿基金
8	贵州湄潭县	①③	政府出资 6000 万元成立贵州湄潭祥农现代农业发展有限责任公司为农村产权抵押贷款试点提供担保。县财政出资 500 万元设立"两权"抵押贷款风险补偿基金
10	广西田阳县	①③	出资 200 万元风险基金,政府基金分担 80% 风险,并补贴 20% 利息
11	广西田东县	①③	政府出资 3000 万元成立助农融资担保公司,为贷款担保
12	云南开远市	①③	政府 500 万元专项资金设立农村产权抵押融资风险金
13	云南富民县	①③	昆明市和富民县两级财政共同出资 2000 万元建立农地经营权抵押贷款风险补偿金
14	四川成都市	①③④	政府 2010 年开始建立用于收购农村产权融资抵押资产的风险基金

序号	地域	融资担保方式	相关促进措施
15	福建沙县	①②③	省、县两级财政出资400万元成立源丰农村土地承包经营权保证金。另200万元为农业贷款利息补贴
16	福建古田县	①③④⑤	合作社社员成立3000万元保证金
17	福建漳浦县	①④	合作社成立互助担保金
18	福建南屏县	①③	2014年屏南县政府拨付500万元依托小额贷款促进会设立了农村承包土地经营权抵押贷款担保基金
19	福建建瓯市	①③	2014年建瓯市财政出1000万元成立国有全资的建瓯市绿瓯农林发展有限公司担保贷款
20	福建省整体情况	—	担保方式13个试点县均设立风险补偿基金,其中有13个试点县(市)到位风险补偿金超过9000万元。成立省级农业融资担保机构以后,将逐渐整合风险补偿金的利用
21	陕西省平利县	①②③	县政府整合资金3000万元,设立"两权"抵押贷款风险补偿基金

注：各个代码含义如下：①土地经营权抵押（或住房财产权抵押）；②农业保险＋①；③专业担保机构（含担保基金、保证保险）＋①；④其他自然人、合作社、企业、基层组织等保证（含联保）＋①；⑤抵押、质押担保（含让与反担保）＋①；⑥其他方式＋①（注明方式）。

资料来源：通过各地公布数据和公开文献检索得到。

第二，微观业务实践反映了土地经营权担保能力偏弱。为了验证具体业务中"两权"抵押的担保能力，笔者重点调研了北京、黑龙江、江西、广西部分农业融资担保专业机构对"两权"抵押担保的态度和实际运用情况（见表2）。

表2　土地经营权抵押业务结构（截至2018年）

单位：万元

序号	客户类别	放款额度	反担保措施
1	农民专业合作社	500.00	①②⑦
2	农民专业合作社	1000.00	①②④⑦
3	农民专业合作社	150.00	①⑦
4	农民专业合作社	500.00	①②⑦
5	农民专业合作社	100.00	①②⑦
6	农民专业合作社	750.00	①⑦
7	农民专业合作社	350.00	①⑦

序号	客户类别	放款额度	反担保措施
8	农民专业合作社	577.00	①②⑦⑧
9	农户	300.00	①⑦⑧
10	农户	300.00	①⑦⑧
11	农户	180.00	①②⑦⑧⑩
12	农机专业合作社	220.00	①⑦⑧
13	农户	99.00	①⑦⑧
14	农户	300.00	①⑦⑧
15	农户	180.00	①②⑦⑧
16	农机专业合作社	500.00	③⑦
17	种植专业合作社	240.00	③⑦
18	农机专业合作社	500.00	③⑦
19	农机专业合作社	500.00	③⑦
20	农机专业合作社	150.00	③⑦⑧
21	种植专业合作社	480.00	③⑦
22	农户	260.00	①④⑦⑧⑩
23	农户	150.00	①②⑦⑧
24	农户	100.00	①③⑦⑧
25	农户	35.00	④⑦⑨
26	农户	60.00	①⑦⑧⑨
27	农户	15.00	①⑦
28	农户	23.00	①⑦
29	农户	10.00	①⑦
30	农户	23.00	①⑦
31	农户	25.00	①⑦
32	农户	220.00	①⑦⑧
33	农户	60.00	①④⑦⑧
34	农户	300.00	①④⑦⑧
35	农户	50.00	①③⑦⑧⑨
36	农户	50.00	①④⑦
37	农户	40.00	①⑦⑨
38	农民专业合作社	289.80	①②⑦⑧⑨
39	农民专业合作社	296.70	①②⑦⑧⑨
40	农民专业合作社	299.90	①②⑦⑧⑨
41	农民专业合作社	299.90	①②⑦⑧⑨
42	农民专业合作社	300.00	①②⑦⑧⑨

序号	客户类别	放款额度	反担保措施
43	农民专业合作社	296.70	①②⑦⑧⑨
44	农民专业合作社	295.50	①②⑦⑧⑨
45	农民专业合作社	297.60	①②⑦⑧⑨
46	农民专业合作社	4000.00	①②④⑥⑦⑧⑨
47	农民专业合作社	2588.00	①⑦⑧⑨
48	农民专业合作社	400.00	①⑦⑧⑨
49	农民专业合作社	800.00	①②⑦⑧
50	家庭农场	180.00	①⑦⑧
51	农民专业合作社	371.00	①⑦⑧⑨
52	农机专业合作社	218.00	①②⑦⑩
53	农机专业合作社	600.00	①③⑦⑨
54	农业开发公司	800.00	①⑤⑦
55	农机专业合作社	1000.00	①⑦
56	农户	46	⑦
57	农户	87.00	⑦
58	农户	120.00	①④⑦
59	农户	100.00	①⑦
60	农户	30.00	①⑦⑨⑩
61	农户	100.00	①④⑥⑦⑨
62	农户	50.00	③⑦
63	农户	95.00	⑦
64	农机专业合作社	850.00	①③⑥⑦⑨
65	种植专业合作社	300.00	①④⑦
66	农户	150.00	④⑦
67	农户	300.00	①④⑦⑨
68	农民专业合作社	80.00	①⑦
69	农民专业合作社	990.00	①②⑦
70	农民专业合作社	300.00	①②⑦
71	农民专业合作社	300.00	①②⑦
72	农民专业合作社	300.00	①②⑦
73	农民专业合作社	300.00	①②⑦
74	农民专业合作社	300.00	①②⑦
75	农民专业合作社	300.00	①②⑦
76	农户	170.00	①⑦
77	农业企业	300.00	③⑦

序号	客户类别	放款额度	反担保措施
78	农业企业	300.00	④⑦
79	农业企业	500.00	⑦
80	农业企业	500.00	④⑦
81	农业企业	300.00	⑦
82	农业企业	300.00	⑦
83	农业企业	300.00	①⑦
84	农业企业	700.00	①④⑤⑦
85	农业企业	490.00	①⑦
86	农业企业	150.00	①⑦
87	农业企业	300.00	①⑦
88	农业企业	120.00	①⑦
89	农业企业	360.00	①⑦
90	农业企业	500.00	①⑤⑦
91	农业企业	300.00	①⑦
92	农业企业	1000.00	①③⑦
93	农户	6.00	①⑦
94	专业合作社	50.00	①⑦
95	专业合作社	100.00	①⑦
96	专业合作社	200.00	①④⑦
97	专业合作社	20.00	①⑦
98	农户	10.00	①⑦
99	农户	15.00	①⑦
100	农户	10.00	①⑦
101	农户	16.00	①⑦
102	农户	30.00	①⑦
103	农户	10.00	①⑦
104	农户	16.00	①⑦
105	农户	50.00	①⑦
106	农户	70.00	①⑦
107	农户	50.00	①⑦
108	农户	50.00	①⑦
109	农户	99.00	①④⑦
110	农户	100.00	①⑦

注：反担保措施代码含义是：①自然人保证，②企业信用保证，③动产抵押，④不动产抵押，⑤股权质押，⑥应收账款质押，⑦土地经营权抵押，⑧地上物抵押，⑨应收补贴款质押，⑩其他（情况需备注）。

资料来源：对黑龙江、北京、江西、广西四地"两权"抵押贷款业务资料信息。

　　土地经营权抵押担保业务相对农房抵押的业务，试点多，规模大。通过随机调取中国东北（黑龙江）、华南（江西）、华北（北京）、东南（江西）四地的部分农业信贷担保公司的贷款业务资料，分析经营权抵押担保贷款的特征，可以找到一些共同点。需要说明的是，该类业务中，贷款银行最终会得到国有专业担保公司的保证函，而借款人提供的土地经营权等作为反担保方式提供给担保公司。银行的绝大部分贷款风险由担保公司所承担，最低的风险分担比例也在70%。银行以担保公司的保函为主要风险分流渠道，但因为农户也提供了土地经营权抵押的反担保，出于业务统计的需要，大部分业务也进入银行"两权"抵押贷款业务的统计范围。但无论是直接抵押给银行，还是作为反担保抵押给担保机构，土地经营权在担保能力上并无实质差别，可以反映土地经营权的真实担保能力情况。

　　相关调研共涉及110笔业务，总共担保贷款额度为35220.1万元，平均额度为320.18万元。反担保方式主要包含了自然人保证、企业信用保证、动产抵押、不动产抵押、股权质押、应收账款质押、土地经营权抵押、地上物抵押、应收补贴款质押等共10种担保方式。毫无疑问，单纯依靠土地经营权担保的贷款业务，基本上可以认为土地经营权担保是贷款业务风险的主要分流方式。按照金融业务惯例，考虑到合作社、农业企业等贷款时，法定代表人或实际负责人一般也要提供连带责任保证，并且农户配偶一方贷款另一方也要承担连带保证责任，或成为共同贷款人因素，只有土地经营权和自然人保证担保的业务，大体上也可认为是以土地经营权抵押作为主要担保方式。

　　在全部贷款业务采取的反担保方式组合中，以土地经营权加自然人保证进行反担保的共有41笔，担保贷款额为6647万元，分别占业务总数的37%、担保贷款总额的18.9%，平均担保贷款额162万元，占总平均贷款额的50.6%；单纯依靠土地经营权作为担保方式的只有6笔，担保贷款额为1328万元，分别占业务总数的5.4%、担保贷款总额的3.8%，平均担保贷款额221万元，是总平均担保贷款额的69%。

在土地经营权抵押外，还附加了各类抵押、质押或其他非典型担保方式组合的数量约占业务总数的63%。

可见，是否选择土地经营权作为独立担保方式，主要取决于贷款额度，一般小额度的才可能单独选择土地经营权作为担保。这反映出，土地经营权的独立担保能力明显偏弱。国有农业担保机构在为农户提供担保时，主要的衡量依据还是农户自身的经营能力和社会信用，"两权"抵押反担保大多作为一种补充，并不作为风险分流的主要方式。"一般情况下，'两权'抵押可以做的业务，即便没有该类反担保，也可以做。"某省级国有担保机构的风控总监的态度也基本印证了调研数据分析的结论。

2. "两权"抵押业务的实质是政府信用背书

根据《总结报告》，全国"两权"抵押贷款试点中至少258个地方成立了贷款风险补偿基金，并且有169个试点成立了农业融资担保公司。这反映出"两权"抵押担保存在缺陷。分流和缓释金融风险是担保的价值所在。推动"两权"抵押贷款担保的初衷是建立一个市场机制下"三农"领域贷款的风险分流渠道。如果"两权"担保能力足够，自身就可以作为承担风险的载体，而不需要风险补偿基金或担保公司为之兜底。通过表1也可以看出，地方的风险补偿基金大多分担了70%以上的贷款风险。银行或担保机构敢于操作"两权"抵押类的涉农金融业务，主要倚重的是担保基金或担保机构的兜底作用。这能解释有担保基金或担保机构的地区，"两权"抵押业务相对量较多的原因。风险补偿基金和农业担保公司均是政府财政出资并承担风险，其本质上是政府信用的背书。"两权"抵押担保业务的推进，主要原因在于政府背书，而不在于"两权"的担保能力。补偿基金的实质是金钱质押担保，农业信贷担保公司的保证也只是完成了银行的风险转嫁，二者均未解决"三农"领域贷款无法依靠自有的土地和房产分流风险的核心问题。

3. "两权"抵押实践与司法脱离

通过司法强制力来化解"两权"抵押贷款业务风险①，本是正常制度逻辑。但现实的"两权"抵押业务的推进，从中央到地方，从政策制定到实际执行，均以行政为主导，鲜有司法介入。2015年国家"两权"抵押试点正式开启之前，出于地方综合改革试验和金融探索的需要，行政机关主导了各类"两权"抵押贷款活动，但司法力量介入其中的事例并不多见。即便是部分省级人民法院或地方人民法院制定的所谓司法支持改革的政策，在"两权"司法推进的过程中也大多流于形式。究其原因，地方自行实践的"两权"抵押未被法律认可，是根本症结所在。2015年后，全国人大决定暂停相关法律在试验区的使用，为试点政策扫除障碍，但通过法院实现"两权"抵押权的，仍然鲜有所闻。除了"两权"抵押资产处置渠道不畅通原因之外，对"两权"抵押权的司法执行配套制度缺位，是重要原因。中国实行物权法定的原则，既有规则体系主要建立在"集体土地一般不能抵押"这个大原则上，许多制度均以此为基础，在制度被明确修订之前，司法介入的障碍比比皆是。由此导致的结果就是，各级政府竭力推崇的"两权"抵押担保制度，只能在行政强力推动下实施，缺少了法院的强制力保障，不能够进入可持续的良性循环。"两权"的担保物权实现，主要依靠行政机构，鲜有通过司法渠道实现者。这也是"两权"抵押担保发展缓慢的根本原因之一。

三 "两权"融资担保存在的问题

2018年12月29日修订的《农村土地承包法》规定，"承包方可以用承包地的土地经营权向金融机构融资担保，并向发包方备案。受让方通过流转

---

① "两权"抵押贷款风险偏高。例如，2017年末，黑龙江省兰西县的土地经营权抵押贷款不良率为13%，高出全县贷款综合不良率50.6%，大体反映出该类业务不良率水平。参见白春学、张兴邦《农村土地经营权抵押贷款县域试点情况研究——以黑龙江兰西为例》，《黑龙江金融》2018年第3期。

取得的土地经营权，经承包方书面同意并向发包方备案，可以向金融机构融资担保"。这项规定确立了农地经营权的独特法律地位。

（一）农地经营权的担保问题

《农村土地承包法》建立的土地经营权担保制度虽然只有172个字，但是其实质内容却在多个方面与以往的"抵押贷款"担保政策有较大区别。

1. 担保用途有限

法律规定，土地经营权只能用于"向金融机构融资担保"。这样的表述，带来了理解和适用上的困难。首先，这意味着土地经营权除了抵押给金融机构以外，不能抵押给其他主体。例如，私人之间的借贷就不能用土地经营权抵押担保。但乡土社会中的个人借贷还是普遍现象，禁止农民之间借贷用土地经营权抵押，限制了土地担保的范围。"金融机构"也是个不太确切的概念。融资担保公司并未有金融机构许可证，往往被认为是"类金融"机构。其是否可以适用土地经营权的融资担保，值得商榷。其次，融资担保的范围也过于狭窄。合同履约担保，比如订单农业的履约，对于农户和农业企业，利用土地经营权来进行担保，既方便也现实，但法律把经营权的担保范围局限在"融资担保"领域，事实上限制了土地经营权能的发挥。

2. 缺乏系统的制度衔接

目前除了《农村土地承包法》确立了土地经营权的担保制度以外，相应的专门法律《担保法》《物权法》均没有修改，基本法律《土地管理法》连同各种相关的法规、规章等也并未废除。当前仅仅以一部孤法来支撑土地经营权担保制度体系，绝无可能。法律制度上的衔接和配套制度的建设，是制度推行的当务之急。

3. 操作困难

土地经营权融资担保并未以存在土地经营权证为前提，并采用了登记对抗主义原则，担保物权成立以合同签订生效为准。现实当中，抵押权登记的载体就无从确知。并且，当前的物权登记体系中，并未包含"两权"的登记。抵押登记机构的确认，需要得到政府明确指令。大量土地经营权是流转而来，实行抵押登记时，需要征得承包方的同意。但是一片土地往往属于众多承包人，抵押登记时，事先得到每个人的同意，操作难度加大。

（二）农村住房财产权的担保问题

农房的抵押担保不仅仅是个技术实现的问题，更涉及中国集体土地利用制度的改变。

1. 试点结束后制度复原

在试点时期，关于集体土地使用权不能转让的法律规定在试点地区被暂时中止执行。但是 2018 年 12 月 31 日之后，试点政策被终止，恢复到"宅基地不能对外转让的"基本制度范围内。也就是说，目前农房的抵押担保回到了试点之前的无效状态。农房的抵押就意味着农房可能会对外转让，没有了试点政策，事实上终结了"农民住房财产权"的融资担保可能性。

2. 农民住房财产权界定模糊

宅基地作为集体土地，只有集体组织成员才有权利获得。但是大量通过继承、赠予等原因获得的农村住宅，其继承人未必是村集体组织成员。该类房产权利是否属于"农民住房财产权"，当前法律制度并未明确规定，处于模糊状态。一方面，农房是农村集体组织成员的福利保障，另一方面，基于物权和继承制度的安排，非集体经济组织成员也能合法获得民房。显然内部存在制度安排上的矛盾。不解决该问题，诸多农房的抵押问题，法理上和逻辑上，都难以解释。

3. 不动产交易存在困境

集体土地不能外流，是现行法律的基本原则。但是，作为农房的抵押如果仅仅局限在本集体组织内部流动，由于农民几乎都会自有住房，加上乡村伦理的制约，农房在集体组织内交易几乎没有可行性。如此便不能形成可持续的农房市场，抵押权的实现将极为困难。此外，农村普遍实行"一户一宅"制度，但最高人民法院的司法解释规定，为了保障被执行人基本的居住条件，如果抵押住宅是被执行人的唯一住宅，一般不予执行。普遍的做法是要求农民至少再提供其他合法住所，这意味着农民的住宅不止一处。显然，司法实践要求和农民住宅的法律规定在事实上存在矛盾。

4. 集体土地制度下的担保制度异化

《总结报告》称，农房抵押试点政策终止，等待土地管理法修订以后再定。在既有集体土地制度下，既不能放开农宅市场，也不能剥夺农民住宅权利，导致的结果就是农宅的交易范围极度狭窄，成为金融抵押品种的"瑕疵品"。一方面，大量的农民进城，"空心村"现象成为普遍状态，农民有处分和金融化利用民房的需求，另一方面，《物权法》《担保法》并未认可农房的担保资格，导致事实上的隐形担保方法层出不穷。比如，有的把农房以租赁的方式租给他人，获得他人的借款。法律并未禁止农房租赁，而以农房租赁权担保借款。最终结果就是，要么变成了事实上的农房买卖，要么成为新的矛盾纠纷爆发点。现实中，法律并不能有效禁止农房的商业化利用。现实制度反而异化了物权的利用方式。

四 "两权"融资担保的发展路径与前景

"两权"抵押担保作为农村产权资产金融化利用的突破和创新，历来被寄予厚望。但是长期愿景和近期目标，存在较大差距。

（一）土地经营权融资担保的技术设计

制度被法律确定之后，进入实际操作的状态，仍然需要具体落地的技术措施和配套制度。从"工具"的角度来考量土地经营权的实操方案，首先要解决担保物权保护的矛盾和担保物权登记的技术障碍问题。

1. 担保物权与债权冲突的化解思路

农地的抵押担保过程中最主要困境之一，就是流转来的土地抵押给金融机构，贷款违约且存在拖欠租金时如何处理。两种保护思路，一是保护土地流出人，一般是土地承包人。当土地流入人即经营人拖欠租金时，流出人可以依据土地流转合同要求主张自己的权利，甚至可以收回土地经营权。这样的结果就是抵押权人即金融机构的权利落空。二是保护抵押权人即金融机构，当拖欠租金时，原土地流出人不得主张收回承包地，而是由抵押权人（金融机构）取得经营权处分权利。二者优先保护谁，存在内在矛盾。《农村土地承包法》规定，"实现担保物权时，担保物权人有权就土地经营权优先受偿"。法律做出了优先保护抵押权人的价值选择，但并未提出解决此类矛盾的思路。比较现实的做法就是，抵押担保时，就把租金支付义务当作抵押权的附带条件，并作为担保能力的主要衡量因素纳入担保债权的考量范围。当实现抵押权时，支付租金作为抵押权实现的附随义务，必须履行。这样二者的矛盾就容易解决，并且并未损害土地原权利人的租金权利。当然，现实中如何解决该矛盾，方法选择很多。例如，有的金融机构预留一部分保证金作为土地经营权租金保障，保障在抵押担保物权生效期间的担保能力。

2. 担保物权登记技术障碍的突破

确权颁证是确认经营权本身的重要手段，但不是抵押担保的必要条件。法律制度采纳了"登记对抗主义"做法，担保物权从合同生效时成立，受到法律保护。这意味着，经营权本身并不要求颁证确认，一纸合同足以达到法定条件。现实操作情况是，没有经营权证，在既有不动产登记的规则下，实现的方式并不明确。权利双方的真实性，经营权的具体位置、面积和当事主体等，在没有确权颁证时，似乎很难确定，登记机构很难操作。对此，解决的思路很简单。如果不用登记，抵押担保的当事人自行签订一份合同就可以了，把必要事项在合同中注明，不需要更多烦琐的手续。如果确定要登记，登记机构只要负责形式审查就可以，比如身份信息是否正确，是否具有合法的代理手续，合同是否签字，合同约定的必要信息是否具备即可，而不必进行实质性审查。因为抵押担保的利害关系人最终是合同的当事人，由他们承担不利的后果。出于自身利益的考虑，他们足以尽到谨慎义务。更何况作为抵押权人的金融机构具备专业审核的力量。即便登记错误，当事人负担后果即可，登记机构不宜做更多的实质要求。

（二）农房担保的未来

从农房的担保现实情况看，实际担保效果并不理想。但作为农民的重要财产权，农房不能有效金融化利用也是农民的损失。为此，应当创造条件，保障农房的金融化利用。

1. 适度放开农房交易市场

在宅基地"三权分置"理论框架下，探索农房的金融化利用方式，已经成为当下的必要任务。解决农房的抵押问题，首先要正确判断农民失房的风险负担问题。作为理性人，农民与城市居民一样，对处分自己房产的后果自由判断，是否抵押应当交由农民自己决定。法律不应当以"保护农民"为由限制农民处分自己的房产。以农民的社保体系不健全为由，限制农民对自己房产的处分，并未有充分依据。事实上，城市社会保障系统也并没有对市民的住房问题兜底，尤其是在高房价下，政府也没有能力兜底。如果放开农房市场，将逐渐提升农房的价值，农民在农村获得住房的概率和自由度更高，反而有利于农村的发展。当前社会情况下，在严格划定农村宅基地空间并保障土地资源合理利用的前提下，向社会开放农房交易市场，是解决农房金融化利用的有效途径。

2. 农房利用的合理路径探索

在保持农村集体土地制度不变的情况下，落实宅基地"三权分置"理论，把农房的利用权力，即使用权独立出来。借鉴城市房地产有限年度使用法办法，赋予农房在一定期限内，例如，30年、50年的独立使用权。通过法律制度上的认可，纠正当前农房利用过程中的扭曲做法，借此盘活农村产权资产，开创金融化利用的合法渠道。这与目前农村小产权房的以租代购，实质上是同一道理。承认农房一定期限内的转让或抵押，不过是把现实的普遍现象法律化确认而已，并无多大技术上的障碍。

G.14
构建乡村振兴多元投入保障机制

董　翀*

摘　要： 随着乡村振兴战略的全面推进，"三农"领域持续产生大量筹融资需求，乡村振兴多元投入保障机制的作用越发重要。本报告首先分析了当前乡村振兴多元投入保障机制的发展现状，即财政投入对农业农村的支持力度连年加大，引导和激励金融部门和社会资本向"三农"领域流动；金融投入已成为农业农村发展的重要融资来源，创新不断；社会资本投入乡村有效带动了资金、技术、人才、管理等稀缺资源向乡村流动，对农业农村领域资源优化配置和乡村公共产品补充供给产生了积极作用。财政投入、金融投入和社会资本投入在保障乡村振兴战略实施中也存在许多问题，一是财政能直接调动的资金规模有限，引导和撬动其他资源的效率较低；二是信贷资金供给总量明显不足，长期大额信贷供给短缺，其他金融手段发展不充分，农村金融配套服务机制不健全；三是农村要素供给保障机制和其他相关配套机制不完善，社会资本投入面临制度性障碍。对此，本报告建议，调整优化财政投入方式，拓宽资金筹集渠道，提高资金使用效率；完善农村金融供给体系，激发各类金融机构服务乡村振兴的积极性；完善配套服务机制，通过制度性供给，引导社会资本投入乡村振兴。

---

* 董翀，管理学博士，中国社会科学院农村发展研究所助理研究员，研究方向为农村金融、合作经济。

关键词: 乡村振兴　多元投入保障机制　财政投入　金融投入　社会资本投入

随着乡村振兴战略的全面推进,"三农"领域持续产生大量筹融资需求和投资机会,乡村振兴多元投入保障机制的作用越发重要。因此,2019年中央一号文件《中共中央　国务院关于坚持农业农村优先发展做好"三农"工作的若干意见》(以下简称《意见》)中提出,优先保障"三农"资金投入,坚持把农业农村作为财政优先保障领域和金融优先服务领域,公共财政更大力度向"三农"倾斜,县域新增贷款主要用于支持乡村振兴。

构建乡村振兴多元投入保障机制,需要处理好政府与市场之间的关系,这表现为财政支持、金融助力和社会资本参与三方面的整合发力与协调分工。近年来,随着财政支农投入持续增加和农村金融改革不断深化,以财政支持为引导,以信贷支持为核心,以社会资本参与为新动力的多元投入保障机制正在逐步形成。随着各项惠农支农政策持续出台,农村产权制度改革等一系列重大制度改革扎实推进,限制乡村发展的制度障碍逐步被打破,制度性交易成本降低,有效激发了各类经营主体进入农业农村的积极性。由于国内外日益激烈的市场竞争环境和"去产能、抓环保"的政策约束的双重挤压,以及乡村综合多元发展背景下更丰富的可投资领域的吸引,再加上部分工商企业家的乡土情怀和社会责任感的驱动,工商业资本进入农业农村成为一种理性的投资策略。综上,财政支农、金融助农和社会资本参农的现实状况已成为构建乡村振兴多元投入保障机制的良好基础。

一　乡村振兴投入保障机制的现状

(一)财政投入支农现状

财政投入在乡村振兴保障机制中起指引和撬动的作用。通过支持农业生产基础设施建设，着力改善农村金融生态，推进农村金融机构改革，完善农村金融风险分担体系等一系列调整政府内部资源配置结构的手段，财政投入引导非政府部门进行合理资源配置，借助税收优惠、增加投资和补贴等方式，激励金融部门和社会资本向"三农"领域流动，从而发挥其促进乡村产业发展、优化收入分配结构和稳定农业经济增长的作用。

自 2004 年以来，中央财政对农业农村的投入力度连年加大，至 2012 年达到高位并一直保持至今。全国财政农林水支出从 2007 年的 0.32 万亿元增加到 2018 年的超过 2 万亿元，2019 年全国一般公共预算拟安排农林水支出约 2.2 万亿元[①]。中央财政农业四项补贴从 2004 年的 145.7 亿元增加至 2017 年 1567 亿元，增长了 9.75 倍（见图 1）。2019 年，财政部提出进一步建立投入保障机制，通过建立土地指标跨省域调剂机制，将土地增值收益更多用于"三农"；并继续完善支持政策体系，通过补贴、与地方政府和社会资本合作等方式，支持深化农业供给侧结构性改革，保障国家粮食安全和重要农产品有效供给，支持统筹推进山水林田湖草综合治理，完善以绿色生态为导向的财政支农政策体系，支持农村社会事业发展，促进城乡基本公共服务均等化，从而充分发挥财政资金的引导作用，帮助农村地区引入新技术、新业态，促进农村一二三产业融合发展，撬动金融和社会资本进入乡村。

（二）金融投入支农现状

金融是实体经济的血液，金融投入是乡村振兴投入保障机制的重要内容。2019 年中央一号文件提出，打通金融服务"三农"各个环节，建立县域银行业金融机构服务"三农"的激励约束机制，实现普惠性涉农贷款增速总体高于各项贷款平均增速；推动农村商业银行、农村合作银行、农村信用社逐步回归本源，为本地"三农"服务；研究制定商业银行"三农"事

---

① 《财政部：今年全国一般公共预算拟安排农林水支出约 2.2 万亿元》，中公网，2019 年 3 月 7 日。

业部绩效考核和激励的具体办法；用好差别化准备金率和差异化监管等政策，切实降低"三农"信贷担保服务门槛，鼓励银行业金融机构加大对乡村振兴和脱贫攻坚中长期信贷支持力度；支持重点领域特色农产品期货期权品种上市。这指明了金融投入支持乡村振兴的发力点和着力点。

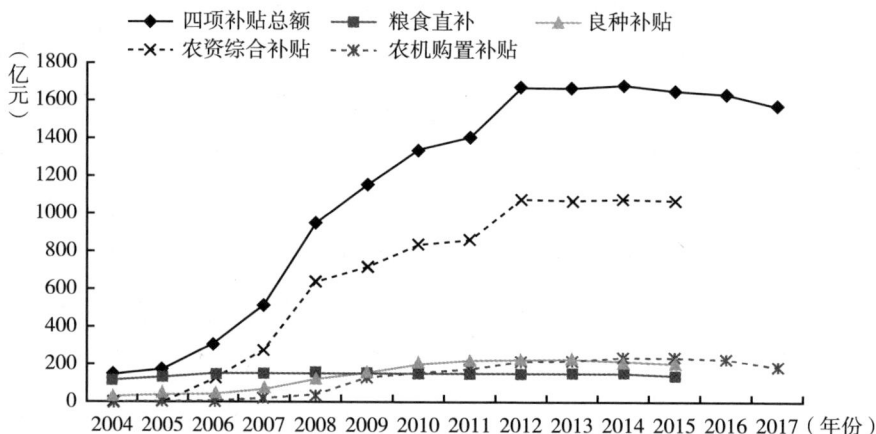

图1　2004～2017年中央财政农业四项补贴规模

注：2015年后粮食直补、良种补贴、农资综合补贴合并为农业支持保护补贴，2016年农业支持保护补贴总额为1404.91亿元；2017年农业支持保护补贴总额为1381亿元。

资料来源：农业农村部、财政部内部资料，以及周振、涂圣伟、张义博《工商资本参与乡村振兴的趋势、障碍与对策》，《宏观经济管理》2019年第3期。

自2004年以来，历年中央一号文件均强调推动金融资源更多向农村倾斜，2016年中央一号文件进一步提出加快构建多层次、广覆盖、可持续的农村金融服务体系。在政策的持续引导下，金融机构投放的涉农信贷已成为农业农村发展的重要融资来源。截至2018年末，全国银行业金融机构覆盖率达到96%，全国行政村基础金融服务覆盖率为97%[①]。2009～2018年十年间，金融机构"三农"贷款投向余额持续增加。农村（县及县以下）贷款投放余额从2009年的7.45万亿元增长至2018年的26.64万亿元，增长了2.58倍；农户贷款投放余额从2009年的2.01万亿元增长至2018年的

---

① http：//yn. people. cn/n2/2019/0312/c372455 - 32729048. html.

9.23 万亿元，增长了 3.59 倍；农业贷款投放余额从 2009 年的 1.94 万亿元增长至 2018 年的 3.94 万亿元，增长了 1.03 倍（见图 2）。自 2007 年创立涉农贷款统计以来，全部金融机构涉农贷款余额累计增长了 440.98%，涉农贷款余额从 2007 年末的 6.1 万亿元增加至 2018 年的 33 万亿元。主要农村金融机构（农村信用社、农村合作银行、农村商业银行）人民币贷款余额从 2008 年的 3.7 万亿元增长至 2018 年的 16.98 万亿元，占全部金融机构人民币各项贷款余额的比重也从 2008 年的 11.6% 增长至 2018 年的 12.5%①。

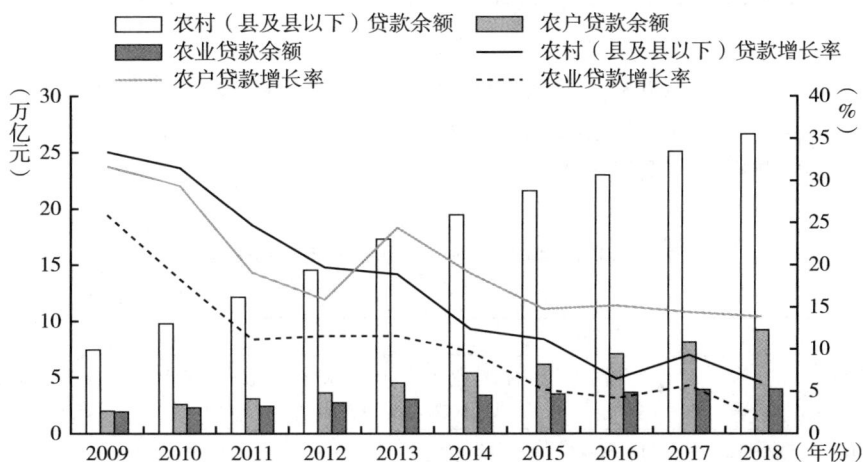

图 2 2009~2018 年金融机构三农贷款投向规模及增长

注：农村（县及县以下）贷款包括金融机构发放给注册地位于县及县以下的企业及各类组织的所有贷款和农户贷款。

资料来源：中国人民银行网站，http://wzdig.pbc.gov.cn。

在涉农信贷不断增长的同时，农村金融机构的总资产和总负债也实现了稳定持续增长，农村金融机构的总资产从 2014 年的 22.12 万亿元增长至 2018 年的 34.58 万亿元，农村金融机构的总负债从 2014 年的 20.48 万亿元增长至 2018 年的 31.88 万亿元，农村金融机构总资产和总负债占银行业金融机构的比例也一直稳定在 13% 左右（见表 1）。

---

① www.cbrc.gov.cn/chinese/home/docViewPage/110009.html.

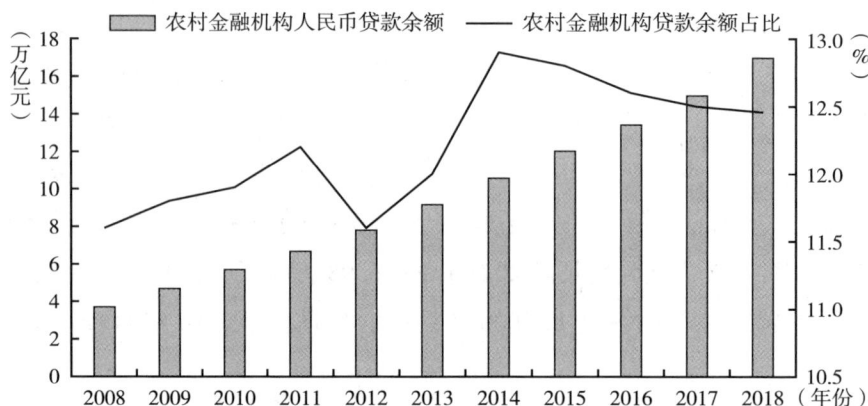

图3 2008～2018年农村金融机构人民币贷款余额及占比

注：图中统计的农村金融机构是指农村信用社、农村合作银行、农村商业银行。

资料来源：国家统计局网站。

表1 2014～2018年农村金融机构资产负债情况

单位：万亿元，%

年份	总资产			总负债		
	年末余额	比上年同期增长	占银行业金融机构比例	年末余额	比上年同期增长	占银行业金融机构比例
2014	22.12	16.52	12.83	20.48	15.99	12.80
2015	25.66	16.01	12.87	23.74	15.91	12.89
2016	29.90	16.51	12.87	27.72	16.75	12.91
2017	32.82	9.78	13.00	30.40	9.64	13.05
2018	34.58	5.36	12.89	31.88	4.89	12.93

注：农村金融机构包括农村商业银行、农村合作银行、农村信用社和新型农村金融机构。

资料来源：中国银行保险监督管理委员会网站，http：//www.cbrc.gov.cn/chinese/newIndex.html。

此外，实施乡村振兴战略要求建立健全适合农业农村特点的农村普惠金融体系，合作金融作为商业性金融和政策性金融的重要补充，是实现金融普惠的重要手段。虽然银监会批准成立的正规农村资金互助社只有49家，但民间自发成立的农民资金互助社、农民合作社内部信用互助等非正规合作金融组织迅速发展，2015年开展内部信用合作的农民合作社已有6

万多家①。农村合作金融在一定程度上缓解了中低收入农户生产生活中面临的资金短缺问题，有助于促进农户自我发展，从而对增加农户收入和实现乡村振兴产生积极作用。

除涉农信贷投放外，近年来，农业保险、农业资产证券化和"三农"互联网金融等涉农金融业务也迅速发展，创新不断。在农业保险方面，截至2018年末，全国保险机构乡镇机构覆盖率达到95%；全国农业保险全年实现保费收入572.65亿元，为1.95亿户次农户提供风险保障3.46万亿元，承保粮食作物面积11.12亿亩；涉农小额贷款保证保险实现保费收入4.1亿元，赔付支出8.3亿元，帮助20万农户撬动"三农"融资贷款138亿元②。在农业资产证券化方面，2017年底，中国农业银行成功发行农盈2017年第一期绿色信贷资产支持证券（浙江"绿水青山"专项信贷资产证券化项目），向浙江省水利水电、污水治理、水资源综合利用等相关领域发放了"绿水青山"专项对公贷款600多亿元，有效带动项目投资1500多亿元，成为银行间市场首单经认证的绿色信贷资产证券化产品，开创了利用资产证券化等投行工具推动绿色产业发展、加快生态文明建设的新模式③。在"三农"互联网金融方面，借助金融科技和大数据技术缓解了农村金融市场长期存在的信息不对称所致的市场失灵问题，互联网金融以较低的成本有效满足了农村金融市场的部分特定金融服务需求，在短短数年中获得了迅速发展。根据2018年5月发布的《"三农"互联网金融蓝皮书：中国"三农"互联网金融发展报告（2017）》的数据，2016年，"三农"领域互联网金融交易金额为400亿~450亿元，增长率为250%，"三农"互联网金融的业务范围也从简单的生产金融向消费金融、供应链（产业链）金融、融资租赁、分期购买、公益型助农金融产品等各个领域延伸。尽管2017年以来随着互联网金融政策环境趋紧，"三农"互联网金融业务的增长率有所下降，但预期其仍会保持较快增长势头。

---

① 农业部农村经济体制与经营管理司、农业部农村合作经济经营管理总站编《中国农村经营管理统计年报（2015年）》，中国农业出版社，2015。

② http：//yn. people. com. cn/n2/2019/0312/c372455 - 32729048. html.

③ http：//stock. 10jqka. com. cn/20171222/c602167690. shtml.

（三）社会资本参与乡村振兴的现状

随着中国农业与农村经济向产品优质、经营高效转型和相关政策多年持续的引导，一方面，城乡要素流动性的增强使农村"补短板"领域的较高资本回报率优势逐渐显现，而工商业资本却面临着国内外激烈的市场竞争环境和"去产能、抓环保"的政策约束，社会资本迫切寻求新的投资领域；另一方面，经济社会长期稳定发展促使城乡居民对美好生活的要求不断提升，这要求乡村的功能从单纯的生产功能向生产、生活、生态的综合功能发展，这为社会资本进入农业农村提供了更丰富的可选择领域。此外，不少工商企业家具有乡土情怀和社会责任感，有回报乡村、实现自我价值的愿望，愿意投资一些公益性大于营利性的农业农村领域行业。因此，社会资本进入乡村的规模不断增加，所涉及的领域日益丰富，其与农村各类经营主体的合作形式和利益联结机制也不断创新。社会资本也逐渐成为乡村振兴多元投入保障机制的重要组成部分。社会资本投入乡村有效带动了资金、技术、人才、管理等稀缺资源向乡村流动，对农业农村领域资源优化配置和乡村公共产品补充供给产生了积极作用。

近年来，社会资本投入乡村的规模不断增加。从全国土地流转面积数据来看，流转入工商资本企业的耕地面积从 2013 年的 0.32 亿亩增长至 2016 年的 0.46 亿亩，四年间增长了 43.75%，其占全国土地流转总面积的比重约为 10%（见表 2）。随着乡村新业态的不断出现和农村一二三产业的融合发展，社会资本投入乡村涉及的领域日益多样，逐渐从单一的农业产业化经营延伸拓展至农村资产盘活、生态修复、基础设施建设等领域。农业产业化经营仍然是社会资本投入乡村的最主要方面，农产品加工、乡村旅游、休闲农业等领域最受工商资本青睐。不少工商资本企业采用融合多种涉农业务的复合经营模式，如开办集农业种养殖、农产品加工、电子商务和休闲农业于一体的田园综合体等。与此同时，社会资本投入乡村的方式也日益多样。社会资本投入乡村常常通过"公司 + 农户""公司 + 村集体 + 农户""公司 + 合作社 + 农户""公司 + 基层政府 + 村集体"等方式。社会资本从事农业产业经营时，往往采用"公司＋农户""公司＋村集体＋农户""公司＋合作社＋农户"等方式，而在从事闲置宅基地开发等涉及乡村资源利用或基础设施建设等具有公共产品性质的业务领域经营时，则常常采用"公司＋基层政府＋村集体"的方式。尽管社会资本投入乡村对促进农民增收、提高农民获得感有一定的作用，但是目前社会资本与农户的利益联结总体上仍较松散，绝大多数社会资本采用的主要利益联结形式不外乎向农户支付土地租金或劳动工资、以略低于市场价的销售价格向农户提供农资、以略高于市场价的收购价格收购农户生产的农产品等。

表2　2013～2016年工商资本流转入耕地面积

单位：亿亩，%

年份	流转入企业耕地面积	流转入企业耕地面积占全国土地流转面积的比重
2013	0.32	9.4
2014	0.39	9.6
2015	0.44	10.3
2016	0.46	9.7

资料来源：历年《农村经营管理》有关"农村家庭承包耕地流转情况"的报告以及周振、涂圣伟、张义博《工商资本参与乡村振兴的趋势、障碍与对策》，《宏观经济管理》2019年第3期。

二　当前乡村振兴投入保障机制存在的问题

（一）财政投入存在的问题

在财政收支矛盾较为突出的情况下，财政投入能直接调动的资金规模有限。中央财政农业四项补贴总额自2013年以来连续下降，2017年比上年下降了4%（见表3）。第一产业固定资产投资（不含农户）的绝对量虽然持续增加，但其同比增长率自2014年开始出现大幅下降，其占全年固定资产投资（不含农户）总额的比重也始终保持在3%左右的低位（见表3、图4）。同时，虽然财政投入力图通过以奖代补、贷款贴息、基金引导等多种方式发挥财政资金的引导作用,以撬动金融和社会资本投向农业农村,但是,由于行业内资金整合与行业间资金统筹相互衔接配合不足,财政资金使用效率低下,从而弱化了财政投入资金的导向性和杠杆作用。财政投入虽然明显促进了金融机构涉农信贷资金和社会资本参与乡村振兴,但其与"建立财政、银行、保险、担保'四位一体'的多元化立体型支农政策体系"的目标还存在一定的距离。

表3 2007~2017年中央财政农业四项补贴增长率

单位:%

年份	四项补贴总额比上年增长	粮食直补比上年增长	良种补贴比上年增长	农资综合补贴比上年增长	农机购置补贴比上年增长
2007	65.8	0.0	59.5	130.0	233.3
2008	84.8	0.0	80.6	131.2	100.0
2009	21.3	0.0	28.1	12.2	225.0
2010	16.4	0.0	29.0	16.6	19.2
2011	4.8	0.0	10.0	3.0	12.9
2012	18.6	0.0	1.8	25.3	22.9
2013	-0.1	0.0	0.9	-0.6	1.4
2014	0.9	0.0	-4.9	0.7	8.7
2015	-1.8	-7.0	-5.3	-0.6	-0.2
2016	-1.1	-0.7	-3.6		
2017	-4.0	-1.7	-18.4		

资料来源:农业农村部、财政部内部资料,以及周振、涂圣伟、张义博《工商资本参与乡村振兴的趋势、障碍与对策》,《宏观经济管理》2019年第3期。

(二)金融投入存在的问题

尽管金融投入是当前乡村振兴多元投入保障机制的重要组成部分,但是,金融投入仍然存在一些重要问题。首先,相对于乡村振兴日益旺盛的资金需求,信贷资金供给总量明显不足。虽然自2009年至今,农村金融机构人民币贷款余额和金融机构"三农"贷款投向总量连年增长,但是,农村金融机构人民币贷款余额占全部金融机构人民币各项贷款余额的比重自 2014 年开始出现连续下降（见图3），金融机构农村（县及县以下）贷款占全部贷款的比重和农业贷款占全部贷款的比重同期也出现明显下降，仅农户贷款占全部贷款的比重有微弱上升（见图5）。金融机构农村（县及县以下）贷款同比增长率、农业贷款同比增长率和农户贷款同比增长率更是十年来持续明显下降（见图2）。农业贷款占比在低位中保持下降趋势，2018 年农业借助占比不足3%的信贷支持贡献了 7.2% 的国内生产总值增加值。2018 年末，农村（县及县以下）贷款余额26.64 万亿元，同比增长6%，增速比上年末低 3.3 个百分点；农户贷款余额9.23 万亿元，同比增长13.9%，增速比上年末低 0.5 个百分点；农业贷款余额 3.94 万亿元，同比增长1.8%，增速比上年末低 3.9 个百分点。

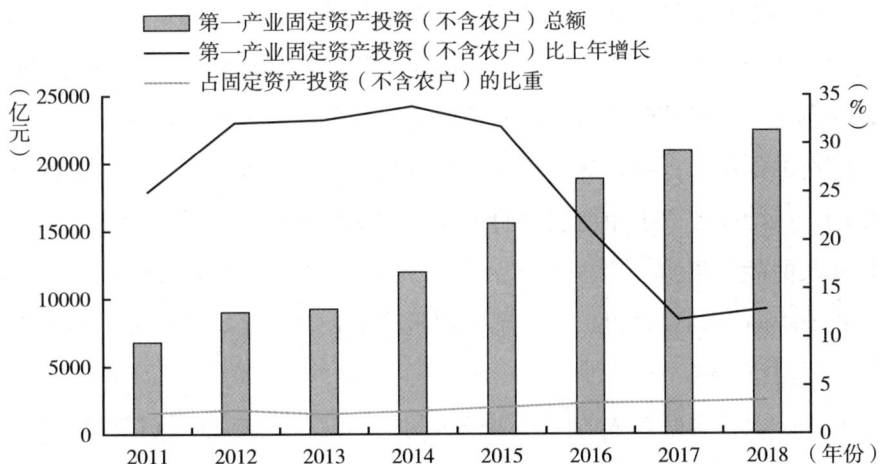

图 4　2011～2018 年第一产业固定资产投资（不含农户）总额、增长率及占比

资料来源：国家统计局网站。

其次，涉农信贷中的长期大额信贷供给严重不足。随着乡村振兴战略的全面推进和农村一二三产业的融合发展，农村各类经营主体的资金需求越来越呈现多样性、多层次性的特点，专业大户、家庭农场、农民合作社、农业企业等新型农业经营主体对长期大额信贷的需求日益旺盛，而政策性金融、商业金融与合作金融的协同配合机制和信贷、担保与保险的风险分担机制仍不完善，金融产品创新不足，涉农信贷资金供给和需求不能有效对接。有资料显示，在农业企业获得的贷款中，短期贷款占全部贷款的比重达到80%，中长期贷款占比仅为20%①。缺乏合格的抵押物和担保人，涉农经营主体的长期、大额信贷需求无法得到满足，只好不断延续短期贷款，导致流动资金紧张甚至经营困难。与此同时，政策性金融在某些非必要领域的不当使用导致农村金融市场的正常秩序被扰乱，原本能够发挥作用的商业性金融与合作金融被挤出，金融资源被低效配置，社会信用环境在一定程度上遭到破坏。

最后，虽然资产证券化、保险、产业基金、融资租赁和互联网金融等创新较多，但其大多仍处于发展初期，支持乡村振兴的作用有限，当前主要发挥作用的还是政策性金融机构和商业性金融机构发放的涉农信贷，金融投入的发力方式相对单一。大多数合作金融组织没有合法地位，或者缺乏有效监管，或者受到金融监管系统严控甚或封杀，因而没有得到良好的发展，无法发挥应有的作用。证券市场、保险市场发育不足。涉农证券市场基本没有发挥作用，风险投资、上市融资等直接融资案例较少且融资规模很小；农产品期货涉及的品类很少，很多农产品期货还是空白，期货市场机构投资者较少；农业保险市场发育也仍不成熟，保险产品创新不足、风险分散机制不完善等问题亟待解决。

此外，农村金融投入的配套服务机制仍不健全，农业融资担保服务、农村产权登记交易服务覆盖范围有限，业务规模较小，乡村各产业领域的社会信用信息登记和查询服务系统仍在逐步建立完善中，财务管理服务、内部经营管理咨询和法律服务等更是只有少数经营主体才有能力获取和使用，这在一定程度上导致了隐性壁垒的产生，从而阻碍了金融投入支持乡村振兴作用的有效发挥。

---

① 张宏宇等：《金融支持农村一二三产业融合发展问题研究》，中国金融出版社，2016。

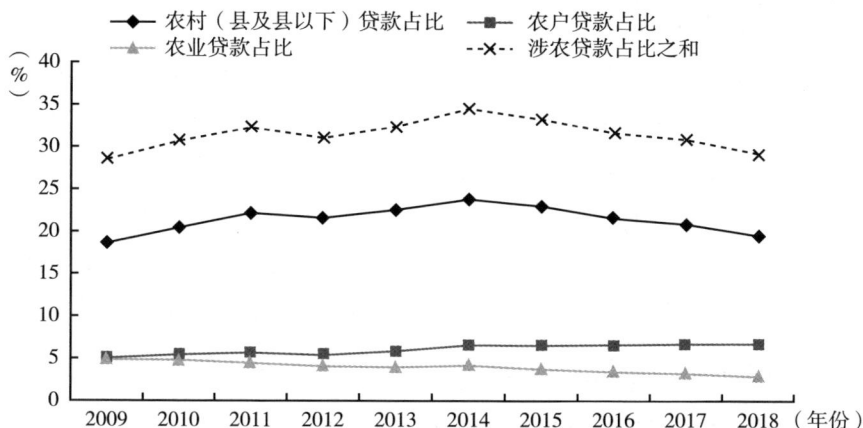

**图5　2009~2018年各项涉农贷款余额占全部金融机构
人民币各项贷款余额的比重**

资料来源：根据中国人民银行网站和国家统计局网站公布的数据计算得出。

（三）社会资本投入存在的问题

尽管社会资本投入乡村的规模不断增加、所涉及的领域不断丰富多样，社会资本投入仍面临诸多问题。首先，由于农村要素市场改革相对滞后，农村要素供给保障机制不完善，社会资本投入乡村的配套土地、资金和劳动力要素需求都无法得到有效满足。一方面，为严格保护耕地，流转基本农田发展设施农业的社会资本企业往往难以获得设施农用地用于产业项目，而可用于建设用地的宅基地和农房也常常由于产权不明晰、长期闲置损坏严重等问题难以被用于发展乡村产业。另一方面，社会资本投入乡村的产业项目往往涉及资金规模较大，投资周期较长，产业回报较慢，对长期大额信贷有较强的需求。但是，由于存在一定的制度障碍，很多社会资本企业经营乡村产业项目时面临融资难题，常常需要靠民间借贷或其他产业收益勉强支撑运营，一旦出现风险便难以为继，导致不少地方出现社会资本下乡"烂尾""跑路"事件，使各方均蒙受巨大利益损失。同时，由于农村青壮年劳动力大多外出务工，留在乡村的劳动力数量有限且普遍综合素质较差，社会资本投入的乡村产业项目难以找到稳定的劳动力队伍，技术管理人才也严重不足。此外，农村公共产品供给不足、基础设施不完善也影响了社会资本投入的作用，不少社会资本企业由于乡村基础设施条件太差、需要投入大量成本进行改善而中途放弃投资乡村产业项目，造成各方损失。

其次，相关配套机制不完善导致社会资本投入乡村产业后面临较大风险，从而阻碍社会资本投入的持续发力。一方面，由于农产品价格形成机制尚不完善，农业产业化经营时常面临市场价格周期性波动带来的风险。社会资本企业往往缺乏农业产业化经营的经验和对经营风险的认识，这进一步加剧了其从事农业经营的风险。而农业保险市场发育尚不完善，保险产品单一，保障水平较低，不足以为遭受经营风险的社会资本企业提供有效保障。另一方面，农村社会信用体系建设滞后也使得社会资本企业投入乡村产业后无法规避农户违约风险，很多社会资本企业与农户的合作都是采取"利益共享，风险独担"的方式。此外，由于农村集体资产的产权不明晰，权能受限，农村集体经济组织以集体产权入股与社会资本合作产业项目时，也面临潜在的法律风险。

最后，一些地区的社会资本引导政策不恰当，社会资本投入乡村振兴受到制度性障碍的制约。某些地方政府为了吸引社会资本投入，通过行政命令或优惠政策大力扶持特定产业项目，导致社会资本在政策驱动和补贴激励下不经科学规划就急于投资建设，对项目风险估计不足，最终面临经营困难、仅靠补贴艰难度日的局面。而也有一些地方政府出于各种原因设置了准入制度、土地流转规模限制制度、强制分红制度等一系列门槛，导致社会资本进入乡村时遭遇隐性壁垒，或需要支付较高的交易成本，极大地影响了社会资本进入乡村的积极性，阻碍了社会资本投入发挥作用。

三　构建乡村振兴多元投入保障机制的政策建议

（一）调整优化财政投入方式，拓宽资金筹集渠道，提高资金使用效率

首先，充分发挥财政投入"四两拨千斤"的作用，通过财政、金融和

社会资本相结合的方式，拓宽资金筹集渠道。中央财政应进一步健全完善土地增值收益分配使用机制和政策，及时出台调整完善土地出让收入使用范围、提高土地出让收益用于农业农村比例的政策。地方政府可以通过设立地方财政支持的涉农信贷风险补偿基金、政府出资的融资担保机构等手段降低涉农资金的运营风险，提升涉农资金的安全性，并通过财政资金的杠杆作用撬动金融资金和社会资本进入农业与农村，进一步扩大乡村振兴投入保障资金的规模。

其次，有效发挥财政资金的引导作用，进一步健全农业信贷担保体系，打通农业信贷担保体系与新型农业经营主体之间的"最后一公里"，健全农业信贷担保费率补助和以奖代补机制，研究制定担保机构业务考核的具体办法，加快做大担保规模；充分发挥现代种业发展基金、贫困地区产业发展基金、中国农垦产业发展基金等基金作用，带动农业领域社会投资；强化财政资金考核激励约束，引导农村金融机构回归本源、履行支农责任。同时，继续推动涉农资金整合，提高资金使用效率，调整优化财政支农资金支出结构，促进多元投入保障机制协调发力。

（二）完善农村金融供给体系，激发金融机构服务乡村振兴的积极性

首先，应充分发挥政策的导向扶持作用，利用多种货币政策工具，通过加大定向降准、再贷款、再贴现支持力度，为金融机构开展涉农信贷业务提供稳定的政策预期。完善信贷政策，通过发挥宏观审慎政策的逆周期调节和结构引导作用，将涉农信贷业务纳入信贷政策导向评估体系，完善涉农贷款财政奖励制度和农村金融机构定向费用补贴政策，建立信贷风险补偿基金，强化涉农金融机构的正向激励机制、约束机制和补偿机制，延续并完善有关税收优惠政策，激发金融机构开展涉农业务的积极性，增加涉农信贷供给。

其次，应积极鼓励涉农信贷类金融产品创新，满足乡村新业态和各类经营主体的信贷需求。针对新型经营主体的长期大额信贷需求，设计中长期低息贷款产品；针对小额分散的信贷需求，灵活设置还款期限。创新农村抵质

押方式，加强与担保基金和涉农保险的有机结合，加强对信用评级结果的运用，在此基础上适度扩大信贷额度。拓宽融资租赁范围，设计适合乡村经营主体的租赁贷款产品，充分发挥融资租赁方便快捷、期限灵活的优势，满足相关经营主体的长期、大额信贷需求。

最后，应开拓直接融资渠道，充分发挥股票、证券、期货、保险等非信贷机制在乡村振兴投入保障机制中的作用。培育涉农上市公司，鼓励和帮助涉农企业通过股票市场和证券市场融资；支持风险投资、私募股权投资等参与乡村振兴；探索增加农产品期货品种和促进期货市场投资的路径，继续鼓励涉农保险产品创新，按照扩面、增品、提标的要求完善保险政策，发挥期货市场和保险市场平抑风险的作用；鼓励"三农"互联网金融、网络众筹等数字金融技术为特定经营主体提供低成本的金融服务。

此外，还应扩大农村金融立法的覆盖面，配合实体经济发展需求，调整和细化现有的农村金融法律体系，同时理顺监管体制，健全监管协调机制，探索金融监管机制创新，提高监管的效率和精度，使合作金融组织、新兴金融组织的发展有法可依，有章可循，促进建立竞争有序、健康发展的农村金融市场。应给予农村合作金融组织合法地位，创新监管体制，充分利用行业组织或社会中介的监管优势，鼓励农村合作金融健康发展，用活用足农村内部金融资源，激发农民发展的主体性和能动性。同时，加快农村地区的个人信用体系和移动支付体系建设，充分发挥互联网的作用，利用大数据建立更精准的农村金融信息管理系统，优化农村地区的金融生态环境。

（三）通过制度性供给，引导社会资本投入乡村振兴

要充分发挥社会资本投入在乡村振兴保障中的作用，首先要继续深化农村要素市场改革，完善农村要素供给保障机制。一方面，优先满足"三农"发展所需的要素配置，破除妨碍城乡要素自由流动、平等交换的体制机制壁垒，改变农村要素单向流出格局，推动资源要素向农村流动。在土地方面，优化乡村土地资源配置，完善设施农用地政策，适度扩大涉农项目建设用地供给，支持社会资本参与盘活农民闲置宅基地和闲置农房等农村存量建设用

地。在资金方面，完善农村集体产权权能，鼓励加快推进农村产权确权颁证，完善产权价值评估体系，扩大农村抵押担保物范围，积极探索涉农产权抵押融资办法，鼓励地方探索基于农村资产确权，辅以农业保险、风险补偿金保障的农村产权抵押贷款机制。在劳动力方面，建立稳定的农村产业工人和技术人才队伍，建设好新型职业农民、农业科技人才、农民企业家"三支队伍"，建立长效激励机制，积极引导人力资本要素向农村流动。

其次，为确保社会资本投入持续发力，应进一步完善相关配套机制。加快补齐农村基础设施短板，加快构建乡村物流基础设施网络，推进县级仓储配送中心建设，提高乡村水、电、气、路、信等基本公共服务水平，引导社会资本嵌入乡村社区发展。健全农村产权流转交易市场，推动农村各类产权流转交易公开规范运行。建立农村土地流转风险保障制度，维护各方合法权益。加快农村社会信用体系建设，充分利用数字技术建立市场信息服务机制和诚信管理机制。

最后，建立具有针对性的差异化激励政策，引导社会资本投资于合适的乡村产业领域。在农业农村基础设施建设、农村环境整治与生态修复等具有公共产品性质的领域，应积极采取税收优惠、项目补贴等政策激励手段，吸引社会资本的参与；在具有一定正外部性的农村资源开发利用领域，应着力降低各种制度性交易成本，鼓励社会资本参与；在一般的农业产业经营领域，也应在法律法规框架内尽可能降低社会资本参与的制度性障碍，充分发挥市场作用。建立政企沟通机制，让社会资本对参与乡村振兴形成明确的政策预期，避免政策驱动盲目投资所带来的资源浪费。

Abstract

In 2018, achievements have been made in the development of high-quality agriculture, and the quality and safety of agricultural products have been improved. The green development of agriculture has been vigorously promoted, and the use of chemical fertilizers and pesticides has been reduced. The total production of the farming, forestry, animal husbandry and fisheries industries has risen steadily, and comprehensive benefits have increased. The value-added of the primary industry reached 6.47 trillion Yuan, an increase of 3.5% in real terms. This accounted for 7.2% of China's GDP, a decrease of 0.4% compared to the previous year.

In 2018, China's grain production has witnessed continuous structural adjustments. The growing area of grain crops was 117.04 million hectares, a 0.8% decrease compared to the previous year. The total output was 657.89 million tons, a decrease of 0.6%. The total amount of grain production was close to the highest level in history. The growing area of soybean crops was 8.4 million hectares, an increase of 1.9%. The total output was 16 million tons, an increase of 4.8% compared to the previous year.

In 2018, the production of cotton and sugar crops increased. The growing area of cotton crops reached 3.35 million hectares, an increase of 4.9% compared to the previous year. The growing area of oil crops has dropped to 12.89 million hectares, a decrease of 2.5%. The growing area of sugar crops has grown to 1.63 million hectares, an increase of 5.5%. The total amount of cotton production was 6.1 million tons, an increase of 7.8%. The total amount of oil production reached 34.39 million tons, a decrease of 1.0%. The total amount of sugar production was 119.76 million tons, an increase of 5.3%.

In 2018, China has witnessed a slight decline in meat production. The total amount of meat production (including pork, beef, mutton and poultry) was

85. 17 million tons, a decrease of 0. 3% compared to the previous year. Among them, the total amount of pork production was 54. 04 million tons, a decrease of 0. 9% . The total amount of beef, mutton, and poultry production reached 6. 44 million tons, 4. 75 million tons, and 19. 94 million tons, an increase of 1. 5% , 0. 8% , and 0. 6% , respectively.

In 2018, the total amount of aquatic production was 64. 69 million tons, an increase of 0. 4% compared to the previous year. Among them, the output of aquaculture products was 50. 18 million tons, an increase of 2. 3% .

In 2018, producer prices of agricultural products dropped by 0. 9% . Among them, the producer price of plantation products increased by 1. 2% , that of forestry products decreased by 1. 1% , that of animal husbandry and its products decreased by 4. 4% and that of fishery products increased by 2. 6% , respectively. Food consumption prices of urban and rural residents increased by 1. 8% compared to the previous year.

In 2018, the per capita disposable income of rural residents was 14617 Yuan, an increase of 6. 6% . The per capita disposable income of rural residents in poverty-stricken areas rose to 10371 Yuan, an increase of 8. 3% . The ratio of per capita disposable income between urban and rural residents was 2. 69, a decrease of 0. 02% . Among the per capita disposable income of rural residents, salary income, net operation income, net transferable income and net property income reached 5996 Yuan, 5358 Yuan, 2920 Yuan and 342 Yuan, contributing to 42. 0% , 27. 9% , 26. 8% and 3. 3% of their income increase, respectively.

In 2018, the per capita consumption expenditure of rural residents was 12124 Yuan, an increase of 8. 4% in real terms. Among them, the expenditure on food, tobacco and alcohol was 3646 Yuan, and the proportion of food consumption to total household spending (the Engel's coefficient) was 30. 1% , which was 1. 1 percentage point lower than that in the previous year. The upgrade of rural residents' consumption structure was accelerating.

In 2018, the production and living conditions of rural residents continued to improve. The newly-implemented irrigated area of arable land was 720000 hectares, and the newly-implemented irrigated area where efficient and water-saving techniques were used reached 1. 44 million hectares. The implementation of demonstration projects, such as "Broadband Countryside" and "100 – Megabyte Countryside", as well as the construction of information infrastructure projects of the new generation, have been promoted at an accelerated pace. Smart agriculture has vigorously developed, and the digitalization level of agricultural production, operation, management and service has further increased. Rural environmental governance continued to advance, particularly in the areas of domestic sewage and waste treatment, as well as China's "Toilet Revolution".

In 2019, China's agriculture and rural economy are expected to continue to grow at a steady pace. The market of agricultural products is likely to fluctuate, but the price operation of agricultural products can play an active role in balancing the interests of producers and consumers. The value-added of the primary industry is expected to reach 6. 7 trillion Yuan, an increase of 3. 5% in real terms. The total amount of grain production will possibly increase to about 670 million tons, while the total amount of pork production is expected to decrease to approximately 52 million tons. Producer prices of agricultural products and consumer prices for food will possibly increase by 5% at a maximum rate compared to 2018. The per capita disposable income of rural residents is likely to reach 16000 Yuan, with an expected increase of 6. 5%. It is projected that the ratio of per capita disposable income between urban and rural residents will possibly reduce to 2. 66.

Contents

I　General Report

Abstract: In 2018, China's agriculture and rural economy maintained sustainable development and some new situations emerged. Achievements have been made in the development of high-quality agriculture, and the quality and safety of agricultural products and the overall efficiency of agriculture have been improved. The value-added of the primary industry approached 6. 5 trillion Yuan, an increase of 3. 5% in real terms compared to the previous year, and its share in GDP steadily dropped to 7. 2% . The agricultural structure adjustment has effectively improved the balance of major product supply and demand. The total output of grain production reached 660 million tons, a decrease of 0. 6% compared to the previous year. The output of soybean reached 16 million tons, an increase of 4. 8% . Owing to various unfavorable factors, the output of pig meat was 54. 4 million tons, a decrease of 0. 8% compared to the previous year. The production of beef, mutton and poultry has continued to increase. The agricultural trade deficit expanded while agricultural imports increased rapidly. Agricultural producer price decreased by 0. 9% , while food consumer price increased by 1. 8% . The per capita disposable income of rural residents approached 15 thousand Yuan, an increase of 6. 6% in real terms. The ratio of per capita disposable income between urban and rural residents was 2. 69, and the income distribution structure of different rural resident groups improved. Especially, the per capita disposable income of rural residents in poor areas has exceeded 10 thousand Yuan. The farmers' consumption structure has been upgraded and rural consumption has continued to expand. The agricultural and rural development has played a positive role in economic development and social stability. In 2019, some regular trends and changes in the operation of agricultural and rural economy will continue. It is projected that the value-added of the primary industry will reach 6. 7 trillion Yuan, with an actual increase of 3. 5% in real terms, and the total output of grain production and pig meat production will possibly reach 670 million tons and 52 million tons, respectively. The per capita disposable income of rural residents is expected to reach 16 thousand Yuan in the coming year.

Keywords: Agriculture and Rural Economy; Agricultural Commodity Production; Import and Export; Agricultural Commodity Price; Farmers' Income

II Special Reports

G. 2 The Income and Expenditure of Rural Residents

and the Situation of Poor Population in 2018 *Hongbo LIU* / 041

Abstract: In 2018, the income of rural households increased rapidly, and the consumption structure has become optimized. The per capita disposable income of rural households was 14617 Yuan, an increase of 8. 8% or a real increase of 6. 6% after deducting price factors. The per capita consumption expenditure of rural households was 12124 Yuan, an increase of 10. 7% or 8. 4% in real terms. The Engel's coefficient has dropped continuously, while the per capita expenditure in health care and medical services, household facilities and services, the residence, transportation and communication, education, culture and recreation increased rapidly. Significant progress has been made in fighting against poverty. The rural poverty population reduced obviously in different regions, and the poverty incidence in each province was less than 6% .

Keywords: Rural Income; Composition of Consumption Expenditure; Poverty

G. 3 An Analysis of Production and Prices of Agricultural

Products in 2018   *Xianhong BAI / 049*

Abstract: A good momentum was maintained in the development of agriculture in 2018. The production of cotton, sugar crops, livestock, poultry and fishery increased to varying degrees as compared to last year. The production of grain and oil crops decreased to varying degrees as compared to last year. The supply of main agricultural products was sufficient and the agricultural price was smooth and steady in general. The supply-side structural reform on agriculture moved forward smoothly. The structure distribution of agricultural production has been improved.

Keywords: Agricultural Output; Production Inputs; Grain Crop

G. 4 The Development of the Farming Industry in 2018

and Prospects for 2019   *Ruijuan ZHANG & Miao BAI / 067*

Abstract: Based on the food security idea of "storing grain on the ground" and the storage pressure of three major grain crops, the sown area of cereals in China was moderately reduced in 2018, while the sown area of soybean, cotton and sugar crops increased. From the perspective of food security, although the sown area of grain has decreased, the per unit yield has increased, so the annual grain output has slightly decreased compared to the previous year, and it remains at a high level. In 2018, except for corn, the imports of wheat, rice, barley, sorghum, cassava and soybean crops decreased, and rice exports hit a new high.

Among the cash crops, the imports of cotton, edible vegetable oil and sugar increased during the same period. In 2018, except for the corn price, the price of wheat, rice, soybean, oil and sugar crops have decreased. The main reason for the increasing cost of production is attributable to the increase in land cost and human cost. In 2019, the output of rice and wheat is not likely to decrease in a substantial manner, the high quality and high price system will be established. The corn production will possibly increase slightly in some places, but the probability of a large increase can be hardly achieved. The production areas of soybean and oil crops will possibly expand with a high probability of production increase. The sugar production will possibly increase. In 2019, the increase in rice prices seems hardly to happen, while the probability of a decrease in wheat and soybean prices is high. Corn and cotton prices are more likely to rise, and sugar prices will be able to bottom out. Affected by a widening price gap at home and abroad and the increase in domestic production cost, the import pressure of the crops industry is still relatively high.

Keywords: Grain Crop; Cash Crop; Farming Industry

G. 5 The Development of the Forestry Industry in 2018 and Prospects for 2019　　*Haipeng ZHANG & Hongfei JIANG* / 091

Abstract: This chapter analyzes China's forestry investment and afforestation, forest products production, international trade and forest products market in 2018, and provides an outlook of the development trend of forestry economy in 2019. In 2018, China's forestry investment scale and afforested area both increased, and forestry total output reached 7. 33 trillion Yuan. The proportion of forestry output to the tertiary industry increased by 4 percentage points. The domestic timber production increased slightly, and the production of wood-based panels, bamboo and non-wood forest products declined. Besides, forest products trade has broken through 160 billion U. S dollars, and wood forest products accounted for 3/4 of the total import and export trade. In particular, the imports of wood forest products mainly consisted of wood pulp, logs and sawn timber, while the exports were mainly in the form of wooden furniture. Exports of logs, sawn timber and other products were declining. The domestic forest products market has shrunk, and the market development of various forestry products continued to differentiate. In 2019, China's afforestation area will remain at a high level, and the proportion of forestry industry investment is expected to continue to increase. The proportion of the tertiary industry in forestry will continue to increase, while the timber output will increase slightly. The growth of import and export trade of forest products will be slowing down, and the situation of export of forest products is severe. The domestic forest products market tends to be stable, and the increase in wood products' price will probably be insufficient.

Keywords: Forestry Production; Forest Products Market; Forest Products Trade

G. 6　The Development of the Livestock Industry in 2018 and Prospects for 2019　　　　　　　　　*Lei HAN* / 115

Abstract: In 2018, the output of pork production decreased while the output of other livestock production increased compared to 2017, and trade deficit further increased. Overall, the prices of both meat and milk decreased in the first half-year and increased in the second half-year. To be specific, affected by the epidemic situation of African swine fever, the pork price decreased significantly, beef and mutton prices fluctuated slightly at a high point, while milk price bottomed out significantly. In 2019, the overall production of animal husbandry will remain stable. The prices of all livestock products will increase compared to 2018, and the efficiency of animal husbandry will be slightly improved. The trade of livestock products will present a situation of increasing import volume and import diversification.

Keywords: Animal Husbandry; Livestock Product; Market Price; Cost-benefit

G. 7　The Development of the Fisheries Industry in 2018
and Prospects for 2019　　　　　　　　*Zifei LIU ∕ 132*

Abstract: In 2018, the development of fishery economy adhered to the principles of ecological priority and green development. With the supply-side structural reform as the main line, the fishery economy developed in an all-around way. The aquatic production and output increased steadily. The income growth of fishermen was high. Aquaculture output increased to more than 50 million tons from 49 million tons last year. Both the market exchange volume and sum increased steadily, and the quality and safety level of aquatic products was relatively high. At the same time, growth in imports was higher than exports because of Sino-US trade friction, international isomorphic competition as well as the decreased competitiveness of aquatic products. So the trade surplus continued to decrease to 7.46 billion US Dollars. Based on the former policy of "ecological priority and green development", the fishery economic orientation inclines to optimize the industrial structure, enhance the supply capacity of aquatic products, promote the transformation and upgrading of aquaculture, strengthen resources and ecological restoration, adjust international trade and cooperation strategies, and achieve high-quality development. In 2019, the output of aquatic products will possibly reach 66 million tons, the output of aquaculture is likely to continue to increase, and the output of inshore fishing will possibly drop again. It is projected that prices will rise slightly and the trade surplus will continue to decline.

Keywords: Aquatic Product; Fishery Economy; Demand; Aquaculture; Fishing

G. 8　The Opening-up and Foreign Trade of China's
Agriculture in 2018 and Prospects for 2019

Bingchuan HU ∕ 157

Abstract: In 2018, the adverse trade balance of China in agricultural products continued to expand. For traditional labor-intensive agricultural products such as vegetables and aquatic products, their trade surplus continued to shrink. But there was a trade deficit in fruits for the first time. Obviously, it can be seen that the trend has been irreversible since the initial appearance of domestic agricultural trade deficit in 2004. Therefore, the function and orientation of agricultural trade should be reassessed. In fact, due to statistical caliber and other technical reasons, no matter for foreign capital utilized in agriculture or for the foreign capital invested from agriculture, their functions have been largely underestimated, and agricultural two-way investments will further increase. Under promotional function of agricultural product trade and agricultural two-way investments, the agricultural science and technology cooperation will also be expanded simultaneously.

Keywords: Agricultural Product Trade; Use of Foreign Fund in Agriculture; Foreign Direct Investment in Agriculture; Agricultural Science and Technology Cooperation

III Reports on Hot Issues

G. 9 The Reduction of Chemical Fertilizers and Adoption
of Organic Fertilizers as a Substitution in the New Era:
Progress and Policy Suggestions *Ruomei SUN* / 172

Abstract: The reduction of chemical fertilizers and the increase in organic fertilizers are becoming important goals and methods to achieve the green development of agriculture in China. Firstly, this chapter reviews the history of fertilizer production and management since the founding of China, and evaluates the progress of organic fertilizers replacement policies since 2015. Secondly, it uses statistical data to describe China's fertilizer production and consumption, indicating that China's fertilizer production and consumption have continued to grow miraculously over the past 60 years since the founding of China. This situation ended in 2015, and from 2016 to 2018 both fertilizer production and utilization have experienced negative growth. Thirdly, based on the findings from a survey, the study summarizes the supply problems in the current organic fertilizer application. Fourthly, it provides suggestions, namely, reconstructing the fertilizer industry system that is suitable for modern agriculture to realize the scientific and precise management of nitrogen fertilizers.

Keywords: Fertilizer Decrement; Organic Fertilizer; Fertilizer Industry; Nitrogen Fertilizer Management

G. 10 The Cultivation of New Type Professional Farmers under the Strategic Framework of Rural Revitalization

Junxia ZENG / 190

Abstract: China is in the transition period from traditional agriculture to modern one. New type professional farmers are the main force of modern agriculture, proving talents for rural revitalization. The cultivation of new type professional farmers is an important way to improve farmers' human capital, quality, income, and to promote the transition from farmer's identity to professional career. After years of concept formulation and cultivation policy evolution, new type professional farmers have initially established a cultivation system. The team building of new type professional farmers has made substantial progress, including the continuous expansion of the team size and the substantial increase in the number of cultivation. However, the construction of new type of professional farmers' teams is still incompatible with modern agriculture. There are problems such as insufficient attraction of cultivation, insufficient total amount, uncertain certification standards, low precision, and imperfect mechanism. In order to better strengthen the construction of new type professional farmer teams, it is necessary to adhere to the priority development of agriculture and rural areas, strengthen legal and financial supports, unify the concept standards of professional farmers, establish a system of new type professional farmers, strengthen the supervision and evaluation mechanisms, and promote reforms and innovations of the cultivation system.

Keywords: New Type Professional Farmer; Farmer Cultivation; Talent Revitalization

G. 11 Three Types of Pilot Reforms of China's Rural Land System:

An Evaluation and Suggestions *Hongzhi CUI* / 208

Abstract: The three pilot reforms (the reform of rural land expropriation, the introduction of operational construction land into the market and the reform of rural housing land system) have promoted the construction of a unified urban and rural construction land market, strengthened the ability of land security for rural industrial development, increased the income of farmers' land property, raised the level of rural land use and governance, and provided the basis for the revision of relevant laws. However, there are some problems, such as unbalanced promotion of reforms, unbalanced distribution of the three reform pilot samples, relatively insufficient pilot land expropriation system reforms, insufficient effective ways to balance the benefits of the state, the collective and individuals, and insufficient exploration and practice of the "separation of the three rights" in the residential land. The main reasons for these problems are the insufficient coordination and matching of the three reform pilot projects with relevant reforms and social and economic development, the flaws in the top-level design and the insufficient reform motive force in the pilot areas. To further promote the three types of pilot reforms of the rural land system, China can adopt several measures: firstly, to encourage various explorations in the pilot areas; secondly, to promote the three pilot reforms of the rural land system as a whole; thirdly, to insist on giving full play to the decisive role of the market in the allocation of resources and an effective role by the government; fourthly, to insist on the simultaneous advancement of the pilot construction and law amendment, leading them to move in the same directions. On the basis of the above reform ideas, and guided by the national policy requirements and the existing problems in the reform pilot projects, this chapter puts forward some suggestions on deepening the three types of pilot reforms of China's rural land system.

Keywords: Rural Land System; Three Types of Pilot Reform; Evaluation; Policy Suggestion

G. 12　The Idleness and Rectification of Rural Homesteads in China: Current Situations, Challenges and Policy Suggestions

Tingting LI / 228

Abstract: In recent years, the problem of idle residential land in rural areas has become increasingly common. In 2018, the average degree of idleness of rural homesteads was 10.7%. According to the regional analysis, the degree of idleness of rural residential land in the east is the highest, followed by the west, the northeast and central China. According to the location conditions of the villages, the farther the villages from the city, the higher the degree of idleness of housing sites. From the view of terrain condition, it can be seen that the villages in the plain agricultural areas have the highest degree of idleness and the lowest in the hilly areas. From the perspective of rural poverty, the degree of idleness of the village residential land increases with the deepening of village poverty. Two main reasons for the idleness of rural homestead are long-term migration of family members and the possession of housing units in cities and towns. In terms of regions, the possession of housing units in cities and towns is the main cause for the idleness of rural homestead in the east, northeastern and central China. The farther away the village is from the central city, the greater the impact of long-term migration of family members on the degree of idleness of rural homestead, the lower the impact of the possession of housing units in cities and towns. In order to revitalize and utilize rural idle land, rural residential land rectification has been carried out in various places. Differences exist concerning main practices, resettlement compensation methods and promotion conditions. To address the problems identified in the practices of rural homestead rectification, the study suggests a number of measures, including promoting homestead rectification based on regional divisions and type classifications, activating the circulation scope of homestead appropriately, enhancing farmers' participation, improving compensation standards, raising funds through multiple channels, and enhancing the reclamation rate of exiting homestead.

Keywords: Rural Housing Land; Idleness; Rectification

G. 13　The Application and Development of Financing Guarantee for Rural Land and Homesteads in China

Guanghui MENG / 249

Abstract: Many years' exploration on the mortgage guarantee system of farmland management right and farmer's housing property right has accumulated lots of useful experience, but it also exposes some problems such as weak guarantee ability, excessive use of government credit endorsement and difficult implementation. The newly revised Rural Land Contracting Law has confirmed legal status of the guarantee of the right to farmland management. There are many problems worth exploring in the specific application path. The liberalization of the farm housing market is the key condition for the effective utilization of farm housing guarantee.

Keywords: Rural Land Use Right; Rural Real Estate; Mortgage; Financing Guarantee

G. 14　The Construction of Multi-investment Guarantee Mechanisms under the Strategic Framework of Rural Revitalization

Chong DONG / 267

Abstract: With the comprehensive promotion of the strategy of rural revitalization, there is a large amount of financing demand in the field of agriculture, rural areas and farmers, and the role of multi-investment guarantee mechanism in rural revitalization is becoming more and more important. This chapter starts by presenting the current status of multi-investment guarantee mechanism in supporting rural revitalization in China. The government finance input is continuing to increase support for agriculture, rural areas and farmers, guiding and encouraging the financial sector and social fund to flow to rural areas. Financial input has become an important source of financing for agricultural and rural development, with constant innovation. Social fund input effectively drives the flow of scarce resources such as capital, technology, human resource and management to rural areas, which has played a positive role in optimizing the allocation of resources in agricultural and rural areas and in supplementing the supply of rural public goods. Afterwards, it analyzes the current problems in government finance input, financial input and social fund input mechanisms. Firstly, the scale of funds directly mobilized by government finance is limited, and its efficiency of guiding and leveraging other resources is low. Secondly, the total supply of credit funds is obviously insufficient, the supply of long-term and large amounts credit is short, other financial means are not fully developed, and the supporting service mechanism of rural finance is imperfect. Thirdly, the supply guarantee mechanism of rural factor and other related supporting mechanisms are not perfect, and the guiding policies of social fund in some areas are inappropriate, which leads to the restriction of the role played by social fund input. Finally, the chapter puts forward suggestions on the establishment of a multi-investment guarantee mechanism for rural revitalization: firstly, adjusting and optimizing the mode of financial investment, broadening the channels of fund raising and improving the efficiency of fund utilization; Secondly, improving the rural financial supply system and stimulating the enthusiasm of various financial institutions to serve the strategy of rural revitalization; Thirdly, improving the supporting service mechanism and guiding social fund to invest in rural revitalization through institutional supply.

Keywords: Rural Revitalization; Multi-investment Guarantee Mechanism; Government Finance Input; Financial Input; Social Fund Input

权威报告·一手数据·特色资源

皮书数据库

ANNUAL REPORT(YEARBOOK)
DATABASE

当代中国经济与社会发展高端智库平台

所获荣誉

- 2016年，入选"'十三五'国家重点电子出版物出版规划骨干工程"
- 2015年，荣获"搜索中国正能量 点赞2015""创新中国科技创新奖"
- 2013年，荣获"中国出版政府奖·网络出版物奖"提名奖
- 连续多年荣获中国数字出版博览会"数字出版·优秀品牌"奖

成为会员

通过网址www.pishu.com.cn访问皮书数据库网站或下载皮书数据库APP，进行手机号码验证或邮箱验证即可成为皮书数据库会员。

会员福利

- 已注册用户购书后可免费获赠100元皮书数据库充值卡。刮开充值卡涂层获取充值密码，登录并进入"会员中心"—"在线充值"—"充值卡充值"，充值成功即可购买和查看数据库内容。
- 会员福利最终解释权归社会科学文献出版社所有。

数据库服务热线：400-008-6695
数据库服务QQ：2475522410
数据库服务邮箱：database@ssap.cn
图书销售热线：010-59367070/7028
图书服务QQ：1265056568
图书服务邮箱：duzhe@ssap.cn

社会科学文献出版社 皮书系列
SOCIAL SCIENCES ACADEMIC PRESS (CHINA)
卡号：521819359752
密码：

S 基本子库
SUB DATABASE

中国社会发展数据库（下设 12 个子库）

全面整合国内外中国社会发展研究成果，汇聚独家统计数据、深度分析报告，涉及社会、人口、政治、教育、法律等 12 个领域，为了解中国社会发展动态、跟踪社会核心热点、分析社会发展趋势提供一站式资源搜索和数据分析与挖掘服务。

中国经济发展数据库（下设 12 个子库）

基于"皮书系列"中涉及中国经济发展的研究资料构建，内容涵盖宏观经济、农业经济、工业经济、产业经济等 12 个重点经济领域，为实时掌控经济运行态势、把握经济发展规律、洞察经济形势、进行经济决策提供参考和依据。

中国行业发展数据库（下设 17 个子库）

以中国国民经济行业分类为依据，覆盖金融业、旅游、医疗卫生、交通运输、能源矿产等 100 多个行业，跟踪分析国民经济相关行业市场运行状况和政策导向，汇集行业发展前沿资讯，为投资、从业及各种经济决策提供理论基础和实践指导。

中国区域发展数据库（下设 6 个子库）

对中国特定区域内的经济、社会、文化等领域现状与发展情况进行深度分析和预测，研究层级至县及县以下行政区，涉及地区、区域经济体、城市、农村等不同维度。为地方经济社会宏观态势研究、发展经验研究、案例分析提供数据服务。

中国文化传媒数据库（下设 18 个子库）

汇聚文化传媒领域专家观点、热点资讯，梳理国内外中国文化发展相关学术研究成果、一手统计数据，涵盖文化产业、新闻传播、电影娱乐、文学艺术、群众文化等 18 个重点研究领域。为文化传媒研究提供相关数据、研究报告和综合分析服务。

世界经济与国际关系数据库（下设 6 个子库）

立足"皮书系列"世界经济、国际关系相关学术资源，整合世界经济、国际政治、世界文化与科技、全球性问题、国际组织与国际法、区域研究 6 大领域研究成果，为世界经济与国际关系研究提供全方位数据分析，为决策和形势研判提供参考。

法律声明

"皮书系列"（含蓝皮书、绿皮书、黄皮书）之品牌由社会科学文献出版社最早使用并持续至今，现已被中国图书市场所熟知。"皮书系列"的相关商标已在中华人民共和国国家工商行政管理总局商标局注册，如LOGO（　）、皮书、Pishu、经济蓝皮书、社会蓝皮书等。"皮书系列"图书的注册商标专用权及封面设计、版式设计的著作权均为社会科学文献出版社所有。未经社会科学文献出版社书面授权许可，任何使用与"皮书系列"图书注册商标、封面设计、版式设计相同或者近似的文字、图形或其组合的行为均系侵权行为。

经作者授权，本书的专有出版权及信息网络传播权等为社会科学文献出版社享有。未经社会科学文献出版社书面授权许可，任何就本书内容的复制、发行或以数字形式进行网络传播的行为均系侵权行为。

社会科学文献出版社将通过法律途径追究上述侵权行为的法律责任，维护自身合法权益。

欢迎社会各界人士对侵犯社会科学文献出版社上述权利的侵权行为进行举报。电话：010-59367121，电子邮箱：fawubu@ssap.cn。

社会科学文献出版社